Ganzheitliches IT-Projekt-management

Wissen, Praxis, Anwendungen

von
Prof. Dr. Walter Ruf
und
Thomas Fittkau

Oldenbourg Verlag München Wien

Bibliografische Information der Deutschen Nationalbibliothek

Die Deutsche Nationalbibliothek verzeichnet diese Publikation in der Deutschen Nationalbibliografie; detaillierte bibliografische Daten sind im Internet über <http://dnb.d-nb.de> abrufbar.

© 2008 Oldenbourg Wissenschaftsverlag GmbH
Rosenheimer Straße 145, D-81671 München
Telefon: (089) 4 50 51- 0
oldenbourg.de

Lektorat: Wirtschafts- und Sozialwissenschaften, wiso@oldenbourg.de
Herstellung: Anna Grosser
Coverentwurf: Kochan & Partner, München
Gedruckt auf säure- und chlorfreiem Papier
Druck: Grafik + Druck, München
Bindung: Thomas Buchbinderei GmbH, Augsburg

ISBN 978-3-486-58567-4

Für Sigrid, Benjamin und Katharina
Für Michaela und Niklas

Vorwort

Die „richtigen IT-Systeme" zur „richtigen Zeit" und mit „vertretbarem Aufwand", das ist heute in vielen Unternehmen von herausragender Bedeutung für den langfristigen Erfolg.

IT-Systeme werden im Rahmen von IT-Projekten beschafft, erstellt, angepasst, aktualisiert und in regelmäßigen Abständen überarbeitet. Diese Aufgaben werden im Rahmen von IT-Projekten umgesetzt, die wie man aus vielen Negativbeispielen weiß, nicht unproblematisch für ein Unternehmen sind.

Einfache Kochrezepte nur in Form von Leitfäden oder Checklisten werden in diesem komplexen Aufgabengebiet wenig weiterhelfen. Zu vielschichtig sind die Aufgaben und Probleme, die man bei IT-Projekten bewältigen muss. Ein umsichtiger Weg sollte heute durch eine ganzheitliche Orientierung gekennzeichnet sein. Das bedeutet, dass der Projekterfolg weit mehr ist als eine gute Idee für ein IT-Produkt. Die Ziele, Interessen und Sorgen all derer, die am IT-Projekt beteiligt sind, müssen in einem ausgewogenen Verhältnis berücksichtigt werden. Dies ist nicht einfach, wenn man bedenkt, dass von einem IT-Projekt Unternehmensleitung, Fachabteilungen, Mitarbeiter, Kunden, Gremien, Ausschüsse, der IT-Projektleiter und die IT-Projektmitarbeiter in unterschiedlicher Form tangiert werden.

Erfolg wird man bei IT-Projekten dann haben, wenn man ganzheitlich orientiertes theoretisch fundiertes Wissen mit in der Praxis bewährten Ansätzen verbinden kann. Gerade diese Kombination aus theoretischen Erkenntnissen und praktisch erprobten Ratschlägen soll helfen, sich das stets interessante und spannende Feld des IT-Projektmanagements zu erschließen. Ausgewählte Modelle wie z.B. der Projektmanagementansatz der IBM sind vielfach praxiserprobt und können unter Beachtung der theoretischen Ausführungen leicht individuell angepasst werden.

Dieses schwierige Umfeld transparent zu machen und die Chancen für erfolgreiche IT-Projekte deutlich zu steigern ist das Anliegen dieses Buches. Es wendet sich gleichermaßen an Leser in Hochschulen und der Industrie, die sich jenseits von Hochglanzprospekten für eine ingenieurmäßige Entwicklung von IT-Produkten interessieren.

An vielen Stellen wurden Vorlagen und Vorschläge integriert, die direkt in einer konkreten IT-Projektmanagementaufgabe verwendet werden können. So findet man z.B. Mustervorlagen für Organisationsaufgaben, Erläuterungen zu frei verfügbaren Tools (z.B. für das V-Modell XT) oder auch Hinweise in Form von Erfolgsfaktoren, Fallstricken und Praxistipps. Letztere beruhen auf den persönlichen Ansichten der Autoren. Sie lassen sich nicht immer auf wissenschaftlichen Erkenntnissen aufbauen, sondern sollen als „best practice"-Anregungen verstanden und selbstverständlich gerne auch kritisch hinterfragt werden.

Nützliche Links, eine detaillierte Gliederung und ein umfangreiches Stichwortverzeichnis sollen helfen, die „richtigen Informationen" zur „richtigen Zeit" schnell zu finden.

Abschließend möchten wir uns an dieser Stelle bei jenen Personen bedanken, die zum Gelingen dieses Buches beigetragen haben. Unser Dank geht zunächst an die Organisationen, in denen wir tätig sind, also die Hochschule Albstadt-Sigmaringen und die IBM Deutschland GmbH, die uns bei der Umsetzung unterstützt haben. Wir bedanken uns weiter bei Frau Sigrid Bunte-Ruf, Frau Susanne Demmer, Herrn Jörg Bauer und Herrn Marc Groth für die unermüdliche Arbeit „im Hintergrund".

Nicht zuletzt bedanken wir uns bei Herrn Dr. Schechler vom Oldenbourg Verlag für seine Hinweise zur Vorbereitung der Veröffentlichung und dafür, dass er unser Buch allgemein zugänglich gemacht hat.

Albstadt/Paderborn im August 2007

Dr. Walter Ruf   Thomas Fittkau
Professor an der   Senior Project Manager
Hochschule Albstadt Sigmaringen   IBM Deutschland GmbH

Inhaltsverzeichnis

Abbildungsverzeichnis

Tabellenverzeichnis

Abkürzungsverzeichnis

A_{Pi}	Anzahl Artikel aus Produktbereich i
A	Aufwand / Ausgaben
AC	Actual Costs / Ist-Kosten
ACWP	Actual Cost Work Performed
ADV	Automatisierte Datenverarbeitung
AG	Auftraggeber
AN	Auftragnehmer
AZ	Anwenderzufriedenheit
BAC	budget at completion / ursprünglich geplantes Gesamtbudget
BCWP	Budgeted Cost Work Performed
BCWS	Budgeted Cost Work Schedule
BSC	Balanced Scorecard
C/SCSC	Cost/Schedule Control Systems Criteria
CAPM®	"Certified Associate in Project Management" Zertifizierung des PMI
CASE	Case Aided Software Engineering
CEO	Chief Executive Officer / Geschäftsführer
CIO	Chief Information Officer
COCOMO	constructive cost model
CPI	Cost Performance Index
CV	Cost Variance / Kostenabweichung
DV-Bereich	Datenverarbeitungs-Bereich
E	Einnahmen
E	Entscheidungzeitpunkt
EA	Entwicklungsaufwand
EAC	Estimated at Completion / erwartete Gesamtkosten zum aktuellen Zeitpunkt
ED	Entwicklungsdauer
ERP	Enterprise Resource Planning
EV	Earned Value / Fertigstellungswert
EVA	Earned Value Analyse / Earned Value Management
f.	folgende

ff.	fortfolgende
FG	Fortschrittsgrad
Fifo	first in first out
FMEA	Failure Mode and Effects Analysis / Fehler-Möglichkeits- und Einflussanalyse
ggf.	gegebenenfalls
i	Kalkulationszinssatz
IGC	International Group of Controlling
IPMA	International Project Management Association
IS	Informationssysteme
IT	Informationstechnik
IuK	Information und Kommunikation
IV-Controlling	Controlling der Informationsverarbeitung
KBSt	Koordinierungs- und Beratungsstelle der Bundesregierung für Informationstechnik in der Bundesverwaltung
korr.	korrigiert
K_T	Kosten pro Transaktion
kum.	kumuliert
MS	Microsoft
N	Nutzungsdauer des Produktes
NBW	Nettobarwert / Kapitalwert (Kapitalwertmethode)
OBS	Organisational Breakdown Structure
p	Eintrittswahrscheinlichkeit eines Risikos
PA	Produktivanteil der Arbeitszeit
PF	Projektfortschrittsstufe
PM	Projekt Management
PM/COE	Project Management / Center of Excellence der IBM
PMBOK®	"Project Management Body of Knowledge" Methodenführer des PMI
PMI	Project Management Institute
PMP®	"Project Management Professional" Zertifizierung des PMI
PV	Planned Value / geplante Kosten
PW	password / Passwort

RASCI-Verfahren	responsible accountable supportive consulting informed-Verfahren
ROI	Return on Investment
SLA	Service Level Agreements
SPI	Schedule Performance Index / Termin-Performance
SV	Schedule Variance / Terminplanabweichung
SW-System	Softwaresystem
T	Zeit / Index für das Jahr
TCO	Total Cost of Ownership
TK-Anlage	Telekommunikationsanlage
U	Umsatz
WBS	Work-Breakdow-Structure / Projektstrukturplan
Web	World Wide Web / Internet
WT	Weiterbildungstage / Mitarbeiter
WWPMM	Worldwide Project Management Method der IBM
XP	Extreme Programming
XT	Etreme Tailoring

1   Überblick und Grundlagen

Ganz allgemein betrachtet hat es eigentlich jeder von uns im Laufe seines Lebens irgendwann mit einem Projekt zu tun. Man könnte z.B. die Ausbildung, das Studium, einen Hausbau oder ein Jubiläum als ein *persönliches Projekt* auffassen.

Auch beim Staat, den Kommunen oder der öffentlichen Verwaltung finden sich viele Beispiele für *staatliche / gesellschaftliche Projekte*. Beispiele hierzu sind der Straßenbau, Bau von Messehallen, Häfen oder Kindergärten. Auch der Umzug des Parlaments und der Regierung von Bonn nach Berlin lässt sich als ein Projekt auffassen.

Bei den Unternehmen gehören Projekte zu einem integralen Bestandteil des Geschäftslebens. Ohne Projekte gibt es keine Weiterentwicklung des Unternehmens. Für Unternehmensprojekte finden sich deshalb sehr viele Beispiele, die entsprechend dem Aufgabenbereich aufgeteilt werden können, z.B. in:

- Technische Projekte
    - Entwicklung einer neuen Maschine / Anlage
    - Einführung einer neuen Fertigungstechnologie
- Betriebswirtschaftliche Projekte
    - Materialwirtschaftsprojekt zur Materialversorgung / -entsorgung / Recycling
    - Unternehmenszusammenschlüsse
    - Finanzierungsprojekte
    - Gründung von Tochtergesellschaften
    - Sanierungsprojekte
    - Messeprojekte
    - Organisationsprojekte
        - Einführung einer Außendienstorganisation für einen neuen Geschäftszweig
        - Verlagerung von betrieblichen Aktivitäten im Rahmen von Outsourcing
        - Aufbau einer „schlanken" Organisation (Lean Management)
    - IT-Projekte

Gerade letztere bilden den nachfolgenden Schwerpunkt und sollen demzufolge detailliert betrachtet werden.

In der betrieblichen Praxis und auch in der wissenschaftlichen Diskussion wurden die Begriffe der Datenverarbeitung und Informationsverarbeitung in den letzten Jahren weitgehend durch den Begriff *Informationstechnik (IT)* abgelöst. Dabei wird unter dem Begriff IT oft auch die Kommunikationstechnik subsumiert.

IT-Systeme bestehen aus Hardware, Software und sind Bestandteil in Geschäftsprozessen. Es handelt sich um äußerst vielseitige und anpassungsfähige Systeme, die in vielen Bereichen des beruflichen Lebens Einzug gehalten haben. Das Abheben von Geld an einem Bankautomat, der Kauf von Lebensmitteln in einem Supermarkt, die Ermittlung und Überweisung von Gehältern und Löhnen oder auch die Entnahme von Gütern aus einem Lager, all das sind Vorgänge, die ohne IT-Systeme nicht mehr denkbar wären. Nur noch in Ausnahmefällen arbeiten heute Unternehmen ohne IT-Systeme. Typischerweise ist heute jeder Arbeitsplatz in der Verwaltung mit IT ausgestattet.

In Kapitel 1.1 wird beschrieben, was man sich unter einem IT-Projekt vorstellen kann. Anschließend werden in Kapitel 1.2 die Grundlagen für ein IT-Projektmanagement gelegt.

Lernziele von Kapitel 1

Durch das erste Kapitel soll der Leser einen Überblick erhalten, was man sich unter IT-Projektmanagement vorstellen kann. Dazu wird ausgehend von bereits vorhandenen persönlichen Erfahrungen aus anderen Bereichen eine Brücke zu IT-Projekten hergestellt. Man soll erkennen, dass es für Unternehmen nach wie vor schwierig ist, IT-Projekte erfolgreich zu bearbeiten und worin dies begründet ist. Darüber hinaus erfährt der Leser, wie die Risikobereiche systematisch strukturiert werden können.

Es wird gezeigt, welche Bedeutung IT-Projekte in einem Unternehmen haben und man kann erkennen, dass IT-Projekte für die Erreichung von Unternehmenszielen wichtig sind. Damit lassen sich Vorteile im Wettbewerb erzielen.

Eine wesentliche Voraussetzung für erfolgreiche IT-Projekte ist, dass sich das IT-Projektmanagement Klarheit über die anzustrebenden Ziele verschafft. Gleich am Anfang erfährt man, wie ein Zielsystem strukturiert werden kann.

Damit die vielfältigen Aufgaben beim IT-Projektmanagement eingeordnet werden können, wird ein mehrdimensionales Grundmodell für ein ganzheitliches IT-Projektmanagement hergeleitet. Aus diesem Modell können die vom IT-Projektmanagement zu bearbeitenden Aufgaben abgeleitet und deren Beziehungen zueinander erkannt werden.

Zusammengefasst: Das sollten Sie nach diesem Kapitel wissen:
– Beispiele für Projekte
– Wie sehen heute die Statistiken zu einem erfolgreichen IT-Projekt aus?
– Was sind heute die typischen Problembereiche bei IT-Projekten?
– Benennen der Risikobereiche von IT-Projekten.
– Einteilung von IT-Projekten nach Kriterien.
– Aufbau eines Zielsystems für ein IT-Projekt.
– Was sind die Bestimmungsgrößen für ein IT-Projekt?
– Erkennen der Besonderheiten bei einem ganzheitlichen IT-Projektmanagement.
– Überblick zu den Aufgaben im IT-Projektmanagement.

1.1   IT-Projekte

1.1.1   Probleme bei IT-Projekten

Sehr viele IT-Projekte werden nicht zu einem erfolgreichen Ende geführt. Nach einer Untersuchung der Standish Group (vgl. www.standishgroup.com 17.3.2007) wurden 2006 nur 35% innerhalb des Zeitplanes, des Budgetrahmens und entsprechend den User-Anforderungen abgeschlossen (vgl. o.V.: Computer Zeitung, 19.2.2007, S. 1).

Bei Wallmüller findet man die Zusammenfassung einer Untersuchung in der Schweiz von 2001, in der man herausfand, dass im Durchschnitt weniger als 50% der betrachteten IT-Projekte erfolgreich abgeschlossen wurden (vgl. Wallmüller, E.: (2004), S. 73 ff.).

Etzel / Heilmann berichten von einem gescheiterten IT-Projekt, bei dem ein Kassen-
system in einer Handelskette eingeführt werden sollte. Die Einführung verzögerte
sich um ein ganzes Jahr, das Projekt verschlang ein Vielfaches des geplanten Budgets, der Geschäftsführer schied anschließend aus dem Unternehmen aus, wichtige
Leistungsträger kündigten und die verbleibenden Projektmitarbeiter haben das Zutrauen in die eigene Leistungsfähigkeit verloren (vgl. Etzel, H.-J.; Heilman, H.:
(2003), S. 59).

Von S. Streitz wird vermerkt, dass ein Viertel aller IT-Projekte nicht zu Ende geführt werden. Die Hälfte aller IT-Projekte überschreiten die geplanten Kosten / verfügbare Zeit und beinhalten gleichzeitig weniger Funktionen. Nur ein Viertel der IT-
Projekte können erfolgreich umgesetzt werden (vgl. Streitz, S.: (2004), S. 1).

Etwas besser wird die Situation in der Computerwoche dargestellt. Hier liest man,
dass in 2006 die erfolgreich abgeschlossenen IT-Projekte mit 35% einen neuen
Höchststand erreicht haben. Bedenklich ist, dass damit immerhin noch ca. 75 % der
IT-Projekte problembehaftet waren und ca. 20 % nie fertiggestellt wurden (vgl. o.V.
Computerwoche v. 16. März 2007, S. 1).

Aus den oben erwähnten Beispielen wird deutlich, dass der Kampf um den Erfolg
und die Vermeidung von Misserfolgen zum Projektalltag bei IT-Projekten gehören.
Es ist davon auszugehen, dass in Unternehmen IT-Projekte auch künftig einen hohen
Stellenwert haben werden, weil die Informationstechnologie ein zentraler Wachs-
tumstreiber bleiben wird. Durch IT entsteht immer noch neues Potenzial für strategische Weiterentwicklungsmöglichkeiten. Web 2.0, Triple Play als Integration von
Telefon, Internet und Fernsehen oder die Bildung von virtuellen Partnerschaften für
unternehmensübergreifende Zusammenarbeit sind nur ein paar Beispiele, die erkennen lassen, dass auch künftig IT-Projekte zur Sicherung eines langfristigen Unter-
nehmenserfolgs von hoher Bedeutung sind.

Seit mehr als 30 Jahren wird versucht, IT-Projekte systematisch abzuwickeln. Zu
den typischen Problemen bei IT-Projekten zählen:

–   Kostenproblem
    Die geplanten Kosten können oft nicht eingehalten werden.
–   Terminproblem
    Der angestrebte Fertigstellungstermin wird deutlich überschritten.
–   Komplexitätsproblem
    Für die Realisierung von IT-Projekten sind im Wesentlichen die vier Faktoren

- Integration in die Unternehmensstrategie,
- Berücksichtigung von betrieblichen Anforderungen,
- Rücksichtnahme auf das menschliche Potenzial und deren Interessen und die
- Beherrschung der technischen Herausforderungen

von Bedeutung.

- Qualitätsproblem

Unter Qualität versteht man allgemein die Gesamtheit von Eigenschaften und Merkmalen eines Produktes oder einer Dienstleistung. Als Beispiele zu Qualitätsmerkmalen bei IT-Systemen sind zu nennen: Performance, Effizienz, Bedienbarkeit, Änderbarkeit, Robustheit oder Verständlichkeit. Bei IT-Projekten gelingt es häufig nicht, die geforderten Qualitätsmerkmale zu erreichen.

- Zielerreichungsproblematik

Eine weitere Gefahr besteht darin, dass die entwickelten IT-Systeme nicht in der Lage sind, die Probleme zu beheben bzw. die Wünsche zu erfüllen. In diesen Fällen sind oft die Fachabteilungen enttäuscht, da sie nicht bekommen, was sie eigentlich längst erwartet haben (vgl. Hoffmann, K.: (2003), S.20).

- Konkurrenzproblematik

Einzelne IT-Projekte stehen im Hinblick auf die verfügbaren Ressourcen zu anderen Projekten oder zu den normalen Geschäftsprozessen in Konkurrenz.

- Wettbewerbsproblematik

Mit Hilfe von IT-Projekten werden Unternehmensziele umgesetzt und Wettbewerbsvorteile angestrebt. Ähnliches machen auch Wettbewerber. Das Unternehmen, das IT-Aufgaben besser löst als Mitbewerber hat Vorteile am Markt.

1.1.2 Risiken bei IT-Projekten

Die Frage, warum IT-Projekte mit so vielen Problemen behaftet sind, ist in den spezifischen Risiken von IT-Projekten begründet. So kann man IT-Projekte z.B. nicht mit Hilfe von mathematischen Funktionen beschreiben oder Vorhersagen über die spätere Leistungsfähigkeit mit arbeitswissenschaftlichen Methoden machen. Auch der Versuch, zunächst einen Prototyp unter Laborbedingungen zu erstellen, ist nur sehr eingeschränkt möglich. Die nachfolgende Sammlung von Risikobereichen soll deshalb dazu dienen, den Blick des IT-Projektleiters auf ein vielfältiges Gebilde von speziellen Risiken zu lenken.

⊕ Erfolgsfaktoren – Fallstricke - Praxistipp

Jedes IT-Projekt birgt andere Risiken in sich. Zu jedem Projekt sollten die wesentlichen Risiken und eine Bewertung der Eintrittswahrscheinlichkeit aufgelistet werden.

Risikobereiche bei IT-Projekten:
- Vertragsrisiken / rechtliche Risiken wie:
  - unklare Vertragsformulierungen
  - fehlende Vereinbarungen
    Es kommt z.B. vor, dass die Mitwirkungspflicht des Auftraggebers nicht geregelt ist.
  - Abnahmerisiken
    Die Abnahme eines IT-Produktes kennzeichnet das Ende der Leistungserbringung. Durch vertragliche Regelungen sollte eine formale Vereinbarung für das Projektende festgelegt werden.
- verbindliche Vorhersagen für Termine, Kosten und Qualitätsmerkmale sind schwierig
- Planungsrisiken / Spezifikationsrisiken
  IT-Produkte lassen sich im Rahmen der Projektplanung nicht beliebig genau spezifizieren, weil eine endgültige Festlegung von Algorithmen gleichzeitig deren Realisierung darstellt.
- personelle Risiken
  Für die Umsetzung von IT-Projekten werden häufig vorhandene Mitarbeiter eingesetzt. In wie weit diese Mitarbeiter den zusätzlichen und oft neuen IT-Projektanforderungen gewachsen sind, lässt sich nicht im Vorfeld klären.
- Risiken durch viele Projektpartner
  Zur Umsetzung von IT-Projekten werden häufig neue Partner benötigt. Neben dem eigentlichen Projektteam werden einmalig Spezialisten aus mehreren Bereichen (z.B.: Logistikspezialisten, Steuerberater, Juristen, Medienberater oder allgemein externe Dienstleister) integriert.
- Ressourcenrisiken
  Die zu verwendende Infrastruktur (Rechner, Netze, Software, Kommunikationseinrichtungen, Büroeinrichtungen usw.) ist oft einmalig. Damit fehlt es an Erfahrungen zur Beurteilung von Ressourcenrisiken.

– Technologierisiko
Nach wie vor beobachten wir bei der IT-Technologie einen andauernden Verän-
derungsprozess. In kurzen Abständen kommen Neuentwicklungen mit erheblichen Leistungsverbesserungen auf den Markt. Die Entscheidung von heute für
eine Komponente kann bereits morgen überholt sein.

Auf die zentrale Bedeutung der spezifischen Risiken bei IT-Projekten soll an dieser
Stelle lediglich hingewiesen werden. Eine detaillierte Betrachtung erfolgt im Rahmen der Ausführungen zum Risikomanagement in Kapitel 6.4.3.

1.1.3   Einteilung von IT-Projekten

Unter einem Projekt versteht man allgemein „ein zeitlich begrenztes Entwicklungsvorhaben zum Lösen von Problemen innerhalb eines vorgegebenen Zielsystems"
(Kurbel, K.; Pietsch W.: (1989), S. 135).
Ähnlich wird ein Projekt in DIN 69901 verstanden als „Vorhaben, das im Wesentlichen durch Einmaligkeit der Bedingungen in ihrer Gesamtheit gekennzeichnet ist,
wie z. B.:
– Zielvorgabe
– zeitliche, finanzielle, personelle oder andere Bedingungen
– Abgrenzungen gegenüber anderen Vorhaben
– projektspezifische Organisation".

Dabei weisen Projekte allgemein folgende Hauptmerkmale auf (vgl. Stahlknecht, P.;
Hasenkamp, U.: (2005), S. 214):
– Jedes Projekt ist in seiner Art einmalig für das Unternehmen.
– Ein Projekt setzt sich aus mehreren Teilaufgaben zusammen.
– Die Umsetzung erfolgt in einem Team.
– Zur Umsetzung benötigt man Ressourcen wie Personal und Sachmittel.
– Es werden eine Mindestdauer und ein Mindestaufwand benötigt.
– Jedes Projekt hat einen definierten Anfang und ein definiertes Ende.

Ähnlich, jedoch auf IT-Aufgaben bezogen, sieht es bei IT-Projekten aus. Hierbei handelt es sich um einmalige Vorhaben mit hoher Komplexität, die ein innovatives Vorgehen erfordern, deren Start und Ende terminiert sind und die mit beschränkten Ressourcen auskommen müssen. Die Umsetzung ist mit Risiken verbunden (vgl. Heilmann, H.: (2003), S. 5).

IT-Projekte haben folgende Merkmale:
- die Gestaltung von Software (Einsatz, Anpassung oder Neuentwicklung) ist eine Kernaufgabe.
- die Auswahl und Nutzung von Hardware stellt eine wesentliche Voraussetzung für das Projekt dar.
- die Projektmitarbeiter sind überwiegend IT-Spezialisten.
- das Projektergebnis ist ein Anwendungssystem, mit dem Geschäftsprozesse unterstützt werden.

IT-Projekte lassen sich entsprechend Abbildung 1 gliedern nach:
a) den Projektarten (vgl. Sneed, H., M.: (2003), S.32)
  - Entwicklungsprojekte
  - Migrationsprojekte
  - Sanierungsprojekte / Wartungsprojekte
  - Einführungsprojekte
  - Integrationsprojekte
b) der Projektgröße
  - Kleinprojekte
  - mittelgroße Projekte
  - Großprojekte
Eine Unterteilung wird oft anhand der Laufzeit und der Projektgesamtkosten vorgenommen. Streitz bezeichnet IT-Projekte mit einer Laufzeit von bis zu 3 Monaten und Projektkosten bis zu 50.000 € als Kleinprojekte. IT-Projekte mit einer Laufzeit von über einem Jahr und Projektkosten über 500.000 € stellen Großprojekte dar (vgl. Streitz: (2004), S. 8). Dabei ist der Übergang zwischen den Klassen fließend.

c) dem Anwendungsgebiet

    – ERP-Projekte (Enterprise Resource Planning)

    – Web-Projekte / E-Business-Projekte

    – Multimediaprojekte

    – …

Entsprechend dieser Gliederung erfolgt eine erste Strukturierung des Umsetzungs-
prozesses. Dabei werden die Auswahl für ein Vorgehensmodell und die Festlegung
der Rahmenorganisation für die Umsetzung vorgenommen.

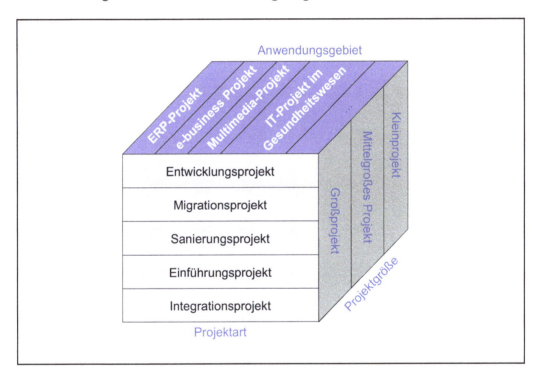

Abbildung 1:   Einteilung von IT-Projekten

Nachdem wir in diesem Abschnitt dargestellt haben, was man unter einem Projekt
versteht, widmet sich das nächste Kapitel dem IT-Projektmanagement.

1.2   IT-Projektmanagement

Für IT-Projekte gelten die allgemeinen Regeln des Projektmanagements, wobei der
Gegenstand das Managen von IT-Projekten ist. Jeder Managementprozess benötigt

ein Ziel. Darauf wird in Kapitel 1.2.1 eingegangen. Anschließend sollen die Bestimmungsgrößen bei IT-Projekten erläutert werden (Kapitel 1.2.2).

1.2.1   Ziele beim IT-Projektmanagement

Eine wesentliche Aufgabe für den Projektleiter ist es, die Projektziele richtig zu erfassen und zu dokumentieren. Nur durch eine klare Zieldefinition hat der Projektleiter eine gesicherte Planungsgrundlage.

Unter einem Ziel versteht man allgemein einen zukünftigen, erstrebenswerten Zustand, der so vom Entscheidungsträger gewollt wird. Wie jedes menschliche Handeln, sollte sich auch die Entwicklung von IT-Systemen an Zielen orientieren (vgl. Biethahn, J.; Mucksch, H.; Ruf, W.: (2004), S. 272 f.).
Unter einem Projektziel versteht man nach DIN 69905 „die Gesamtheit von Einzelzielen, die durch das Projekt erreicht werden sollen, bezogen auf Projektgegenstand und Projektablauf."

Der Projektgegenstand betrifft das IT-Produkt und der Projektablauf die Prozessschritte (Ablauf), mit denen das IT-Produkt erstellt wird.
Die Umsetzung von IT-Projekten orientiert sich dabei an den Zielen, den Bedürfnissen und Erwartungen der Stakeholder, hierzu zählen Eigentümer, Mitarbeiter, Kunden, Lieferanten, Gläubiger bis hin zu Staat / Gesellschaft. Diese gilt es unter Einsatz von Wissen, Können und Werkzeugen möglichst zu erfüllen oder gar zu übertreffen.

Ziele können komplementär (kompatibel) sein und sich ergänzen. So wird zum Beispiel durch das Ziel „Standardisierung bei den verwendeten IT-Komponenten" auch das Ziel „Wartungsfreundlichkeit" positiv beeinflusst. Von Zielkonkurrenz oder inkompatiblen Zielen spricht man, wenn die Erreichung des einen Ziels das andere Ziel unmöglich macht. So wird sich z.B. die Steigerung von Qualitätszielen wie schnelle Antwortzeiten, Portabilität oder 24h-Verfügbarkeit nicht positiv auf Ziele wie kurze Entwicklungszeiten oder Kostenminimierung auswirken. Eine Zielneutralität liegt vor, wenn das eine Ziel das andere Ziel nicht tangiert. Durch Rahmenbedingungen, die von den Stakeholdern vorgegeben werden, wird der Gestaltungs-spielraum bei der Zielfestlegung eingeschränkt.

Die Vielfalt der Ziele und die Berücksichtigung von Rahmenbedingungen erfordern die Aufstellung eines multidimensionalen Zielsystems. Dabei haben die Ziele des Auftraggebers (i.d.R. Unternehmensleitung) eine herausragende Bedeutung.

Bei der Aufstellung des Zielsystems empfiehlt es sich, entsprechend der folgenden Stufen vorzugehen:

1. Zielsuche und Zielformulierung
2. Ordnen der Ziele zu einem Zielsystem
3. Operationalisierung der Ziele
4. Zielbewertung und Prüfung der Realisierbarkeit
5. Zielentscheidung und Revision des Zielsystems

zu 1.: Zielsuche und Zielformulierung
Im Rahmen der Zielsuche soll geklärt werden, *was man bis wann* erreichen will.

Die Zielsuche lässt sich mit Hilfe von Kreativitätstechniken unterstützen. Hierbei unterscheidet man zwischen logischen Methoden (Funktionsanalyse, Delphi-Methode, Portfolio-Methode) und intuitiven Methoden (Brainstorming, Metaplan, Synektik, Methode-635 usw.).

Bei IT-Projekten geht man auch sehr häufig von vorhandenen Problemen / Wün-schen aus den Fachabteilungen oder von Verbesserungsideen für Geschäftsprozesse aus. Diese werden systematisch im Rahmen von Interviews, Besprechungen oder Workshops analysiert.

Die Ziele und die Rahmenbedingungen werden in einem Zielkatalog gesammelt und dokumentiert. Dabei kann auch gleich eine Prioritätsfestlegung erfolgen.

Ziel / Rahmenbedingung	genannt von	Priorität
Umsatzsteigerung um 20%	Geschäfts-leitung	1
Aufbau einer Produktdatenbank im WWW	CIO	1
Darstellung der Produkte durch eine Animation	Entwicklung	2
Verzicht auf personenbezogene Auswertungen zur Leistungsbeurteilung von Mitarbeitern	Betriebsrat	1
Anzeige der aktuellen Börsennotierung des Unternehmens bei jedem Programmstart	Geschäfts-leitung	3
...		

Tabelle 1:   Beispiel Zielkatalog

Bei dieser Aufgabe muss man versuchen, möglichst viel über die Ziele herauszufinden, die die einzelnen Interessengruppen durch das IT-Projekt erreichen möchten. Eine besonders sorgfältige Vorgehensweise ist empfehlenswert, da Ziele, die nicht genannt werden, später in der IT-Projektumsetzung nicht verfolgt werden.

zu 2.: Ordnen der Ziele zu einem Zielsystem
Bei der Ordnung der Ziele wird das Über- / Unterordnungsverhältnis zwischen den Zielen betrachtet (Abbildung 2). Man gelangt so zu einer Zielhierarchie, die Ober-, Zwischen- und Unterziele enthält und bei der die Beziehung zwischen den Zielen berücksichtigt wird.

Bei IT-Projekten sollte man darauf achten, dass als Oberziel ein betriebswirtschaftlich formuliertes Ziel verwendet wird. Als Oberziel könnte man z.B.
–   eine Reduktion der Auftragsdurchlaufszeit von durchschnittlich 25 Tagen auf 15 Tage oder
–   in einem anderen IT-Projekt die Umsatzsteigerung um 20% durch E-Business formulieren.

Das Oberziel wird anschließend systematisch in einer top-down Vorgehensweise aufgeschlüsselt. Dabei ist zu beachten, dass die direkte Aufschlüsselung eines Ziels durch mehrere Unterziele in Summe wieder das direkt übergeordnete Ziel ergibt. Führt man die Aufschlüsselung der Ziele über mehrere Stufen hinweg durch, so erhält man auf der untersten Ebene, d.h. wenn sich keine Unterziele mehr finden lassen, die zur Realisierung erforderlichen Mittel.

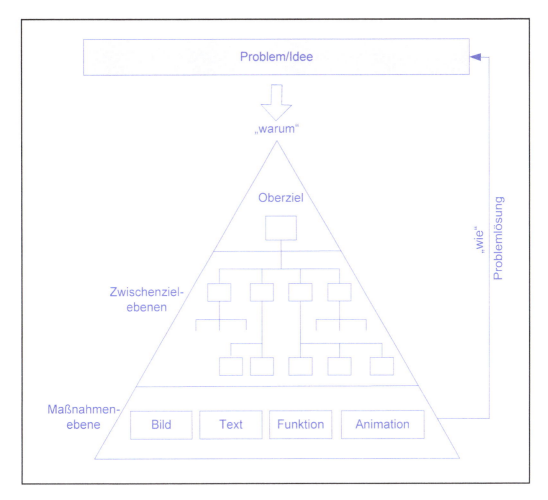

Abbildung 2:   Ziel-Mittel-Hierarchie

<u>zu 3.:</u> Operationalisierung der Ziele

Dies ist ein besonders wichtiger Aspekt. „Ziele zu operationalisieren bedeutet, sie bzgl. ihres Inhalts, ihres angestrebten Ausmaßes und des zeitlichen Bezugs so zu beschreiben, dass sie konkrete Handlungsanweisungen darstellen und ihr Zielerreichungsgrad messbar wird" (Biethahn, J.; Mucksch, H.; Ruf, W.: (2004), S. 286).

Ein Ziel „Erstellung des führenden Webshops für den Handel mit Textilien" ist zwar anspruchsvoll, aber es mangelt zunächst an Kriterien, mit denen man die Erreichung des Ziels erkennen kann. Es müssen deshalb die Kriterien ermittelt werden, anhand derer man dieses Ziel beurteilen kann.

Beispiel:

> Lässt sich der „führende Webshop für den Handel mit Textilien" durch eine breite Angebotspalette mit n-Produkten beschreiben? Über welche Funktionen muss der Shop verfügen? Welche Geschäftsprozesse sind erforderlich?

Nicht immer wird es gelingen, alle Ziele mit Hilfe von quantifizierbaren Kriterien zu beschreiben. Qualitative Ziele, wie z.B. ansprechendes Seitenlayout oder verständliche Hilfetexte, müssen später durch subjektive Bewertungsverfahren (Beurteilung in Bewertungsgruppen; Nutzwertanalyse; Ökobilanz) beurteilt werden.

zu 4.: Zielbewertung und Prüfung der Realisierbarkeit

Nicht alle Ziele sind gleichwertig. Im Rahmen der Zielbewertung wird die relative Bedeutung der Teilziele festgelegt. Sofern eine hierarchische Strukturierung bereits vorliegt, kann man z.B. ein komplexes Zielsystem top-down bewerten, in dem man z.B. dem Oberziel 100 Punkte zuordnet und diese dann in der nächsten Ebene auf die direkt darunter angeordneten Teilziele aufteilt.

zu 5.: Zielentscheidung und Revision des Zielsystems

Alle erfassten Ziele werden nochmals kritisch im Hinblick auf

- Zielkonformität,
- Vollständigkeit,
- Angemessenheit und
- Machbarkeit

überprüft. Oft wird man auch noch eine Stufengliederung bei der Umsetzung vornehmen, d.h. man legt fest, welche Ziele in der ersten, zweiten und ggf. dritten Realisierungsphase angestrebt werden.

Das überarbeitete Zielsystem mit den Zielvorgaben stellt eine wesentliche Grundlage für den weiteren Projektverlauf dar und wird im Rahmen der Projektdokumentation archiviert.

✦ Erfolgsfaktoren – Fallstricke - Praxistipp

- Klare Nennung der Rahmenbedingungen (Mussziele). Hierbei handelt es sich z.B. um die Realisierung geforderter Funktionen, die Einhaltung von gesetzlichen Vorschriften, die Beachtung von technischen Mindestanforderungen oder von bestimmten Fachkriterien.

– Formulierung von möglichst vielen quantitativen Zielen.
– Die Abhängigkeit zwischen den Zielen muss beachtet werden.
– Nur realistische und damit erreichbare Ziele sind zu formulieren.
– Übersichtliche Darstellung der Ziele in einer Ziel-Mittel-Hierarchie.
– Ziele sind für jeden Gestaltungsprozess von herausragender Bedeutung.

Im nächsten Abschnitt wird beschrieben, wie die Projektziele in einen übergeordneten Rahmen integriert werden und als ein Teil von vier Bestimmungsgrößen aufgefasst werden können.

1.2.2 Bestimmungsgrößen für das Spannungsfeld bei IT-Projekten

IT-Projekte bewegen sich permanent in einem Interessenkonflikt zwischen folgenden Bestimmungsgrößen (Abbildung 3).

1. Leistung/Funktionalität
2. Qualität
3. Projektdauer (Zeit)
4. Projektressourcen (Einsatzmittel wie Budget, Personal, Betriebsmittel usw.)

Diese Größen stehen zueinander in einem wechselseitigen Abhängigkeitsverhältnis.

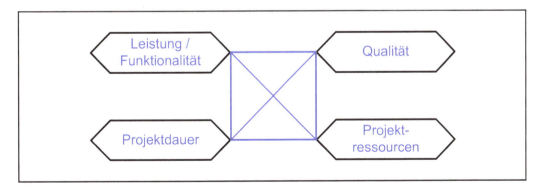

Abbildung 3:   Bestimmungsgrößen für das Spannungsfeld bei IT-Projekten (Teufelsquadrat)

Werden z.B. die Leistung/Funktionalität verändert, so hat dies direkte Auswirkungen auf die Projektdauer und die Einsatzmittel. Gleiches gilt für die anderen Bestimmungsgrößen Qualität, Zeit oder Einsatzmittel. Die Bestimmungsgrößen stehen zueinander in einem positiven Korrelationsverhältnis, d.h. eine Zunahme einer Größe wirkt sich erhöhend auf mindestens eine andere Größe aus. Dieser Zusammenhang wird auch als *Teufelsquadrat*[1] des Projektmanagements bezeichnet.

Mit Hilfe eines Kiviat-Diagramms[2] kann man grafisch darstellen, wie sich die Bestimmungsgrößen verändern, wenn eine Größe erweitert/verkleinert wird.

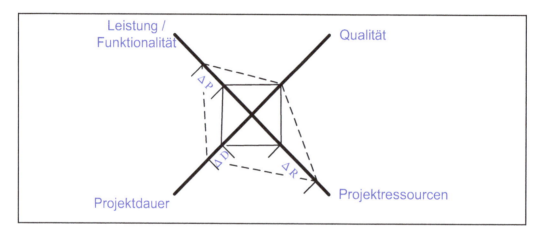

Abbildung 4:   *Kiviat-Diagramm zur Darstellung der Auswirkungen von Ände-*
                  rungen der Bestimmungsgrößen

---

[1]   Werden Ziele, Leistung und Qualität als eine Bestimmungsgröße aufgefasst, so wird in der Literatur auch von einem „magischen Dreieck" gesprochen (vgl. Kessler, H.; Winkelhofer, G.: (2002), S. 56 oder Wieczorrek, H., W.; Mertens, P.: (2007), S. 11).

[2]   Anstelle des Begriffs Kiviat-Diagramm findet man auch die Begriffe Wolff- oder Sterndiagramm. In diesen Diagrammen werden einzelne Achsen zur Darstellung der Analysemerkmale (Kenngrößen) über einen Vollkreis mit gleichen Winkelabständen verteilt. Auf den Achsen wird eine geeignete Skalierung aufgebracht. Für jedes zu vergleichende System werden die Kenngrößen ermittelt, diese auf den Achsen eingetragen und mit einem Kurvenzug verbunden. Dadurch entsteht für jedes zu vergleichende System ein Polygonzug, bei dem der Betrachter durch Symmetrieänderungen rasch Unterschiede feststellen kann.

1.2.3 Ganzheitliches IT-Projektmanagement

Will man das IT-Projektmanagement in ein Unternehmen eingliedern, so gehört dieser Aufgabenbereich eindeutig zum Bereich Informationsmanagement. Dieses wird oft von einem CIO (Chief Information Officer) geleitet.

Unter Informationsmanagement versteht man den verantwortlichen Funktionsbereich im Unternehmen, der sich mit dem systematischen, methodengestützten Planen, Steuern, Kontrollieren, Koordinieren und Führen der Informationsfunktion im Unternehmen beschäftigt (vgl. Biethahn, J.; Mucksch, H.; Ruf, W.: (2004), S. 18).

Gerade beim Informationsmanagement findet man die Forderung nach einer umfassenden, ganzheitlich orientierten Betrachtung der zu managenden Informationsfunktion. Die ganzheitliche Orientierung wird aus folgenden Gründen angeraten:

– Bei dem Produktionsfaktor Information handelt es sich um eine Querschnittfunktion, von der fast alle Arbeitsplätze tangiert werden.

– Will man einen nachhaltigen Erfolg durch den Einsatz von IT-Systemen, so muss man diese in Abstimmung mit der Unternehmensstrategie gestalten und im Hinblick auf die Geschäftsprozesse entwickeln.

– Eine ganzheitliche Ausrichtung schließt ein, dass berechtigte Interessen aus allen Bereichen, mit denen ein Informationsaustausch besteht (Kunden, Zulieferer, Umwelt, Mitarbeiter usw.), berücksichtigt werden.

– Bei einem ganzheitlichen Ansatz wird versucht, dem Gesamtgefüge und den vernetzten Teilen von Unternehmen und Unternehmensteilen gerecht zu werden. Selektive Sichten Einzelner und eine selektive Aufgabensicht gilt es zu überwinden (vgl. Steinle, C.: (2005), S. 5).

Damit lässt sich unter einem ganzheitlichen Informationsmanagement „ein Informationsmanagement verstehen, das sich an den Zielen des Unternehmens orientiert und bei der Generierung von Informationen und der Gestaltung der Informationsflüsse die diffundierenden, ganzheitlich orientierten Wirkungsmechanismen des Produktionsfaktors Information berücksichtigt" (Biethahn, J.; Mucksch, H.; Ruf, W.: (2004), S. 28).

Wenn das IT-Projektmanagement Bestandteil eines ganzheitlichen Informationsmanagements ist, so muss dieses ebenfalls ganzheitlich orientiert sein. Ein ganzheitliches IT-Projektmanagement lässt sich als ein mehrdimensionales Gebilde auffassen.

1. Dimension: Betrachtungsebenen in Richtung Techniknähe

Die erste Dimension wird aus der Differenzierung von vier Betrachtungsebenen gebildet. Als Betrachtungsebenen ergeben sich entsprechend der Techniknähe die Ebenen:

1. IT-Projektführung
2. Management IT-gestützte Geschäftsprozesse
3. Entwicklung von Informationssystemen
4. Informations- und Kommunikationstechnologie

2. Dimension: Einflussbereiche

Die zweite Dimension wird aus den Einflussbereichen für IT-Projekte abgeleitet (Abbildung 5). IT-Systeme haben vielfältige Wirkungen in vielen angrenzenden Bereichen. Damit haben auch viele angrenzende Bereiche bestimmte Interessen bei der Entwicklung von IT-Systemen. Zu diesen Bereichen, die die Entwicklung beeinflussen, zählen:

– Geschäftsleitung

Beispiel: Die Geschäftsleitung versucht mit der Entwicklung von IT-Systemen Unternehmensziele umzusetzen.

– Lenkungsausschuss

Beispiel: Der Lenkungsausschuss legt die Prioritätenreihenfolge von IT-Projekten fest und trifft Entscheidungen während des Projektablaufs. Auch hier werden von den Ausschussmitgliedern bestimmte Interessen verfolgt.

– Staat / Gesellschaft

Beispiel: Vom Staat werden gesetzliche Vorgaben (z.B. Bundesdatenschutzgesetz, BDSG; Signaturgesetz SigG) oder Vorschriften gemacht, die es einzuhalten gilt.

– Geschäftsprozesse

Beispiel: Mit Hilfe von IT-Systemen werden häufig Geschäftsprozesse verbessert. Aus dem Blickwinkel der Geschäftsprozesse gilt es vor allem wirtschaftliche Abläufe sicherzustellen.

– Organisation

Beispiel: Mitarbeiter werden für ein Projekt häufig aus vorhandenen Fachabteilungen / Organisationseinheiten abgestellt.

– Projektmitarbeiter

Beispiel: Bei jedem Projektmitarbeiter spielen neben den zugewiesenen Aufgaben und deren Umsetzung auch eigene Interessen (berufliche Perspektive, Weiterbildung, Urlaubsanspruch, Überstunden) eine Rolle.

– Arbeits- und Rahmenbedingungen

– spätere Anwender der IT-Systeme

Beispiel: Im Rahmen von IT-Projekten werden IT-Systeme für Anwender erstellt. Durch diese werden deren Arbeitsablauf und deren Arbeitsinhalt entscheidend geprägt.

– Weiterentwicklung von IT-Systemen

Beispiel: Jedes IT-System unterliegt einem gewissen Verschleiß und damit einer regelmäßigen Anpassung. Aus dieser Erkenntnis lassen sich künftige Forderungen für aktuelle IT-Projekte ableiten.

– IT-Technologie

Beispiel: Aus den für das Projekt vorgesehenen IT-Technologien (Hard- / Software) lassen sich Forderungen an das IT-Projekt ableiten.

– vorhandene IT-Systeme

Beispiel: Bei der Entwicklung von neuen IT-Systemen müssen i.d.R. die Funktionsweise bestehender IT-Systeme berücksichtigt und eine Integration in die vorhandene IT-Landschaft erfolgen.

– Entwicklungsumgebung

Beispiel: In vielen Fällen werden Programmiersprachen, Entwicklungstools oder Organisationsmodelle vorgegeben. An diesen muss sich die Neuentwicklung ausrichten.

– externe Projektpartner

Beispiel: Häufig sind an IT-Projekten auch externe Partner für die Bearbeitung von Teilaspekten (z.B. Systemberater, Strategieberater, Technikspezialisten) beteiligt. Diese haben ihre eigenen Interessen zu der Art der Aufgabenerfüllung und zu Terminvorstellungen.

– Zulieferer

Beispiel: In IT-Projekten kann es vorkommen, dass Teile von IT-Systemen

durch ein Outsourcingunternehmen bereitgestellt werden oder dass zur Projektumsetzung externe Softwaresysteme oder Hardwarekomponenten eingesetzt
werden.

In Abbildung 5 werden die Einflussbereiche im Zusammenhang dargestellt.

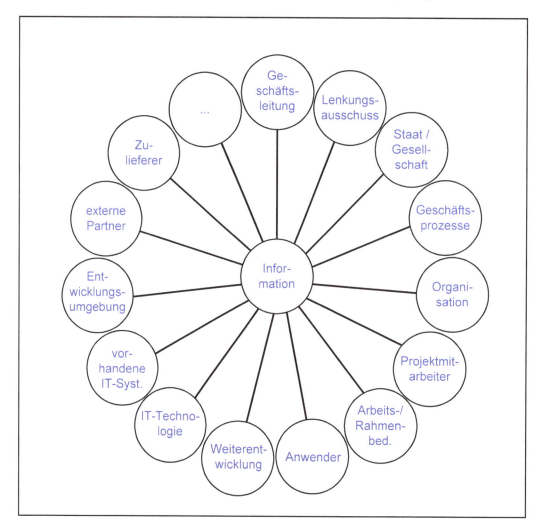

Abbildung 5:   Einflussbereiche auf IT-Projekte

3.   Dimension: Managementprozess (IV-Controlling)

Da in der betrieblichen Praxis die Umsetzung von IT-Projekten mit teilweise erheblichen Problemen verbunden ist, wird die Installation eines Managementzyklus empfohlen. Der Managementzyklus umfasst die Planung, die Verabschiedung, die

Durchführung und die Kontrolle. Damit lässt sich ein Modell aufbauen, in dem die Dynamik der Entwicklungsschritte beherrschbar gemacht wird.

Die Planung basiert auf Zielvorgaben mit möglichst messbaren Werten, die für die IT-Projektumsetzung als Vorgaben dienen. Zuerst werden die Pläne jedoch geprüft, ggf. Alternativen miteinander verglichen und für die Durchführung freigegeben. Während der Durchführung erfolgt die laufende Ermittlung von Istwerten, um signifikante Abweichungen im Rahmen der Kontrollfunktion zu ermitteln. Liegen solche Abweichungen vor, müssen Korrekturmaßnahmen ergriffen oder Ziele / Pläne geändert werden.

Der Managementprozess soll auf allen Betrachtungsebenen wirken und sich an den Einflussbereichen orientieren. Damit werden sowohl die Ebene der IT-Projektführung als auch die Ebene der Geschäftsprozesse und die der Entwicklung von Informationssystemen bis hin zur Ebene der Informations- und Kommunikationstechnologie in ein proaktives IV-Controllingkonzept integriert (vgl. Biethahn, J.; Mucksch, H.; Ruf, W.: (2004), S. 40 f.).

In Abbildung 6 wird dieses Grundmodell des ganzheitlichen IT-Projektmanagements grafisch dargestellt.

✦ Erfolgsfaktoren – Fallstricke - Praxistipp

Das IT-Projektmanagement ganzheitlich zu verstehen bedeutet, unterschiedliche Standpunkte, die sich aus den Einflussbereichen ergeben, einzunehmen und die Aufgabenstellung aus verschiedenen Perspektiven zu beleuchten. Eine vollständige Sichtweise auf das IT-Produkt und die IT-Projektabwicklung erhält man nur dann, wenn alle berechtigten Einflüsse betrachtet werden und bei sich widersprechenden Anforderungen bewusst eine Alternative präferiert wird.

Diese Denkhaltung ergänzt die eindimensionale Strategie, bei der ein Problem nur aus einer Sichtweise heraus bearbeitet wird. Durch einen ganzheitlichen Ansatz werden entgegen gerichtete Lösungsbeziehungen aufgedeckt und eine Lösung aus einem multidimensionalen Zielsystem angestrebt.

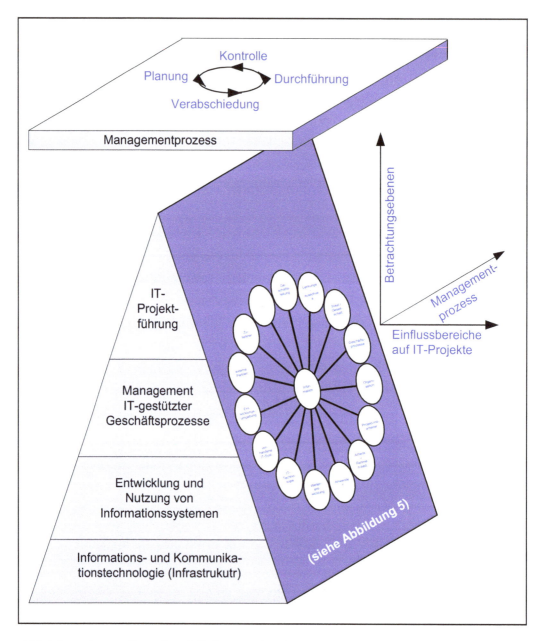

Abbildung 6:   Grundmodell des ganzheitlichen IT-Projektmanagements

1.2.4   Aufgaben des IT-Projektmanagements

Heute werden die Begriffe Management und Unternehmensführung oft synonym verwendet.

Allgemein kann man unter Management die zielgerichtete Führung von Unternehmen oder Teilen davon verstehen (Holzbauer, U., D.: (2001): S. 25).

Für das Management ist ein bestimmter Personenkreis (Manager) im Unternehmen verantwortlich. Dabei unterscheidet man zwischen Top-, Middle- und Lower Management. In diesem Zusammenhang wird Management als Institution im Unternehmensaufbau betrachtet, in die auch die IT-Projektmanager integriert werden.

Vom Management werden bestimmte Funktionen wahrgenommen. Diese funktionale Sicht umfasst folgende Aufgabenbereiche:

– Situationsanalyse mit Zielfindung und Zielsetzung
– Auswahl von IT-Projektmitarbeitern
– Mitarbeiterführung
– Gestaltung einer Aufbauorganisation
– IT-Projektleitung
– Vorgehensplanung durch Auswahl und Anpassung von Vorgehensmodellen
– Planung und Umsetzung einer Informationsstrategie innerhalb des IT-Projektes
– Planung und Umsetzung einer Informationsstrategie nach außen
– Projektkontrolle und Projektsteuerung
– Konfliktmanagement
– Beendigung des Projektes
– Reputation

Diese zunächst sehr allgemein gehaltenen Ausführungen werden nachfolgend weiter detailliert. Dabei betrachten wir zunächst die Vorgehensmodelle etwas genauer.

Übungsfragen zu Kapitel 1:

1. Nennen Sie ein Beispiel für ein technisches Projekt.
2. Nennen Sie drei Beispiele für ein betriebswirtschaftliches Projekt.
3. Was zählt zu den typischen Problemen bei IT-Projekten?
4. Bei der Umsetzung von IT-Projekten muss man mit vielen Risiken rechnen. Welche Risikobereiche kennen Sie?
5. Durch welche Hauptmerkmale ist ein Projekt allgemein gekennzeichnet?
6. Beschreiben Sie ein Klassifikationssystem zur Einteilung von IT-Projekten.
7. Was versteht man unter einem Zielsystem?
8. In welchen Stufen können Sie bei der Aufstellung eines Zielsystems vorgehen?
9. Was ist eine Ziel-Mittel-Hierarchie?
10. Nennen Sie die Bestimmungsgrößen für das Spannungsfeld von IT-Projekten (Teufelsquadrat).
11. Beschreiben Sie Dimensionen, aus denen sich ein ganzheitliches IT-Projektmanagement aufbauen lässt.
12. Nennen Sie 5 typische Aufgaben des IT-Projektmanagements.

2 Vorgehensmodelle in IT-Projekten

IT-Produkte können wie viele andere technische Produkte nicht in einem Zug entwickelt werden. Schon lange versucht man, die Entwicklungsstufen bei IT-Produkten zu systematisieren und zu strukturieren. Das Konzept einzelner Prozessschritte ist von zentraler Bedeutung für ein wirkungsvolles IT-Projektmanagement.

Eine planvolle, systematische Beschreibung der einzelnen Prozessschritte wird als **Vorgehensmodell** bezeichnet. Es handelt sich um eine Folge von aufeinander aufbauenden und genau definierten Prozessschritten. In Vorgehensmodellen wird der organisatorische Ablauf für die Entwicklung eines IT-Systems beschrieben. Im Vordergrund steht die Frage: „Was ist wann zu tun?"

Damit kann ein Projekt in zeitlich überschaubare Abschnitte unterteilt werden. Erst auf diese Weise wird der Entwicklungsprozess transparent, plan- und überprüfbar. Ebenfalls erreicht man dadurch eine Reduktion der Komplexität (vgl. Biethahn, J.; Mucksch, H.; Ruf, W.: (2004), S. 235 ff.).

Anstelle von Prozessschritten (oder Stufen) wird auch der Ausdruck **Phasen** verwendet und anstelle von Vorgehensmodell findet man häufig die Bezeichnung **Phasenmodell** oder **Lebenszyklusmodell**. Der Inhalt der einzelnen Prozessschritte gehört zum Aufgabenbereich des Softwareengineerings und kann deshalb nicht Gegenstand dieses Buches sein.

Wie die Prozessschritte eingeordnet werden können, welche Vorgehensmodelle in der Praxis eine Rolle spielen, wie diese Modelle auf ein konkretes IT-Projekt hin anzupassen sind, gehört jedoch zu den elementaren Aufgaben des IT-Projektmanagements und soll deshalb hier näher betrachtet werden.

Lernziele von Kapitel 2

In diesem Kapitel wird die fundamentale Bedeutung von Vorgehensmodellen beschrieben. Der Leser lernt die Grundstrukturen kennen und kann später konkrete Vorgehensmodelle auf ein eigenes IT-Projekt hin anpassen. Zu allen Modellen werden die immanenten Vor- und Nachteile erkannt.

Zusammengefasst: Das sollten Sie nach diesem Kapitel wissen:

- – Was sind Vorgehensmodelle und woraus setzen sie sich zusammen?
- – Wie wird ein sequentielles Vorgehensmodell gebildet?
- – Welche Kennzeichen hat das Wasserfallmodell?
- – Über welche Struktur verfügt ein inkrementelles Vorgehensmodell?
- – Was verbirgt sich hinter einem iterativen, inkrementellen Vorgehensmodell?
- – Sie können die Funktionsweise von agilen Methoden und hier speziell von Extreme Programming darstellen.
- – Wie kann eine Softwareentwicklung nach dem V-Modell XT erfolgen?

2.1   Grundlagen für Vorgehensmodelle

Eine wesentliche Voraussetzung für die Anwendung von Vorgehensmodellen ist, dass die einzelnen Phasen gegeneinander abgegrenzt werden können. Vorgehensmodelle lassen sich nur dann bilden, wenn es gelingt, einzelne Phasen voneinander zu trennen. Innerhalb der Phasen versucht man, möglichst einheitliche Aufgaben zusammenzufassen. Bei der Bearbeitung von Aufgaben innerhalb einer Phase entstehen Phasenergebnisse. Beispiele hierzu sind Pflichtenheft, Lastenheft, Grobkonzept, Screendesign, Datenbankentwurf, Programmcode oder auch Testberichte.

Bevor die Folgephase gestartet wird, müssen die Phasenergebnisse geprüft werden. Die Prüfung erfolgt unter Zuhilfenahme der Vorgaben für die Phase (vgl. Abbildung 7). Die Bedeutung der Symbole für erweiterte ereignisgesteuerte Geschäftsprozesse ist aus Abbildung 8 ersichtlich.

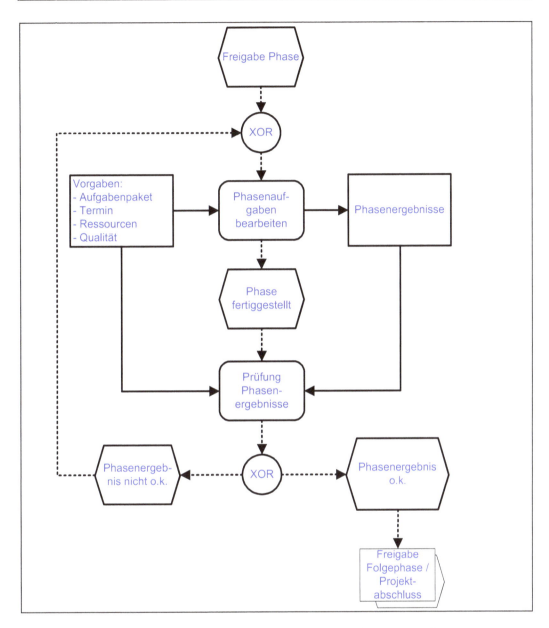

Abbildung 7:   *Prüfung der Phasenergebnisse anhand von Vorgaben*

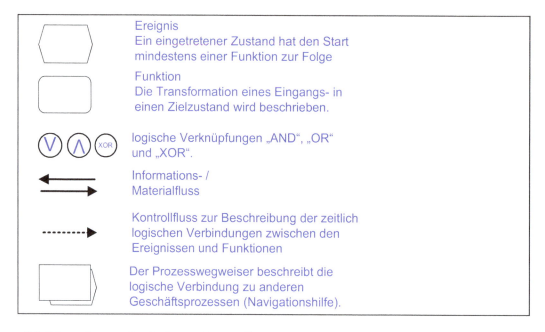

Abbildung 8:   *Symbole zur Darstellung von erweiterten ereignisgesteuerten Ge-*
                   schäftsprozessen

Für das IT-Projektmanagement stellen die Phasenergebnisse Meilensteine im Projektablauf dar. Sofern diese im Zusammenhang dargestellt werden, entsteht daraus
der Meilensteinplan für das IT-Projekt. Dieser bildet die Grundlage für den Projektstrukturplan und damit die Projektüberwachung und –steuerung.

Es wäre wünschenswert, wenn es ein standardisiertes Phasenmodell für alle IT-
Projekte geben würde. Aufgrund der Unterschiede bei IT-Produkten, unterschiedlicher Qualitätsanforderungen und sehr unterschiedlicher Projektgrößen ist jedoch
nicht damit zu rechnen, dass ein einheitliches Vorgehensmodell sich durchsetzen
wird. Da aber in einem Unternehmen i.d.R. ähnliche IT-Projekte mit ähnlichen Anforderungen und Methoden realisiert werden, kann innerhalb eines Unternehmens
sehr wohl ein einheitliches Vorgehensmodell verwendet werden. Dieses muss allerdings jedes Mal projektspezifisch leicht modifiziert werden.

In den vergangen Jahren / Jahrzehnten wurden sehr viele Vorgehensmodelle entwickelt. Man kann folgende Grundmodelle unterscheiden:
–   sequentielle Vorgehensmodelle (Kapitel 2.2)
–   inkrementelle Vorgehensmodelle (Kapitel 2.3)

– iterative, inkrementelle Vorgehensmodelle (Kapitel 2.4)

– Neben den Grundmodellen finden heute zunehmend agile Vorgehensmodelle (Kapitel 2.5) und hier speziell das Extreme Programming (Kapitel 2.6) Anwendung.

Die sequentiellen Vorgehensmodelle sind konstruktivistisch angelegt. Man kann sie mit den Vorgehensweisen im Hausbau oder mit der Umsetzung von einmaligen Großereignissen wie z.B. der Austragung einer Weltmeisterschaft o.ä. vergleichen. Es handelt sich um einmalige Projekte mit einer Ausgangslage und konkreten Zielen. Im Vorgehensmodell wird ein Weg beschrieben, der einmalig zu durchschreiten ist.

Bei den inkrementellen Vorgehensmodellen werden nacheinander isolierte Teilsysteme hergestellt und eingeführt. Erst zum Schluss werden die Teilsysteme zu einem Gesamtsystem zusammengefügt. Man könnte diese Vorgehensweise auch vergleichen mit der Herstellung eines Satelliten. Dieser besteht aus unterschiedlichen Teilsystemen wie dem Antriebssystem, dem Navigationssystem, dem Kommunikationssystem usw.. Der Satellit wird in dieser Form nur ein einziges Mal hergestellt, und erst zum Schluss entsteht aus mehreren funktionierenden Teilsystemen das Gesamtsystem.

Das Kennzeichen der evolutionären Vorgehensmodelle ist, dass ein einmal erstelltes Produkt regelmäßig überarbeitet und verbessert wird. Diesen Ansatz findet man bei sehr vielen technischen Produkten (Fernsehgeräte, Waschmaschinen, Autos usw.).

2.2   Sequentielle Vorgehensmodelle

Sequentielle Vorgehensmodelle bestehen aus einer relativ strengen Ablauffolge von Phasen. Die Anzahl an Phasen und der Inhalt der Phasen werden je nach Autor und Anwendungsfall unterschiedlich betrachtet. Abbildung 9 zeigt ein Beispiel für ein sequentielles Vorgehensmodell, das aus 5 Phasen besteht.

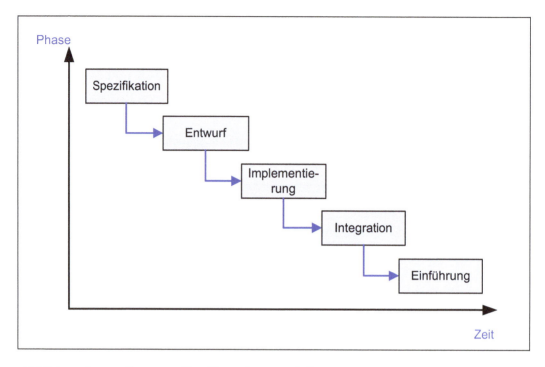

Abbildung 9:   Sequentielles Vorgehensmodell

Kennzeichen der sequentiellen Vorgehensmodelle:

–   Am Ende einer Phase steht ein Phasenprodukt, das geprüft werden kann.

–   Die Nachfolgephase wird gestartet, wenn die Vorgängerphase abgeschlossen ist.

–   Die erstellten IT-Systeme können nach Abschluss der Entwicklung gegen die in
    der Spezifikation aufgestellten Anforderungen geprüft werden.

Ein sequentielles Vorgehensmodell lässt sich relativ gut anwenden, wenn folgende
Voraussetzungen vorliegen:

–   Es soll ein IT-System mit relativ fixen Anforderungen entwickelt werden.

–   Während der Entwicklungszeit ist nicht damit zu rechnen, dass sich die Anfor-
    derungen ändern.

–   Es handelt sich um ein kleineres Entwicklungsprojekt, an dem ca. ein bis zwei
    Entwickler ca. 3 Monate beschäftigt sind (vgl. Versteegen, G.: (2002), S. 32).

Zu den Nachteilen bei den sequentiellen Vorgehensmodellen zählen:

–   Sie sind relativ starr während des Projektablaufs. Dies bedeutet, dass sich Ände-
    rungen bei den Anforderungen nur schwer damit abbilden lassen.

–   Die späteren Anwender werden nur zu Beginn und am Ende in den Entwick-
    lungsprozess integriert.

–   Es kann zu einer langen Zeitdauer zwischen Projektidee und der Inbetriebnahme
    kommen.

Wasserfallmodell

Das Wasserfallmodell stellt eine Weiterentwicklung des rein sequentiellen Vorgehensmodells dar. Es geht auf Überlegungen von B. Boehm zurück (vgl. Boehm,
B.W.: Software-Engineering (1976), S. 1226 – 1241). Kennzeichnend für das Wasserfallmodell ist, dass einzelne Phasen nacheinander ablaufen, wobei jedoch am
Ende einer jeden Phase eine Ergebnisprüfung erfolgt. Sofern diese Prüfung nicht
zufriedenstellend ist, sieht das Modell eine Rückverweisung zur vorhergehenden
Phase vor (Abbildung 10).

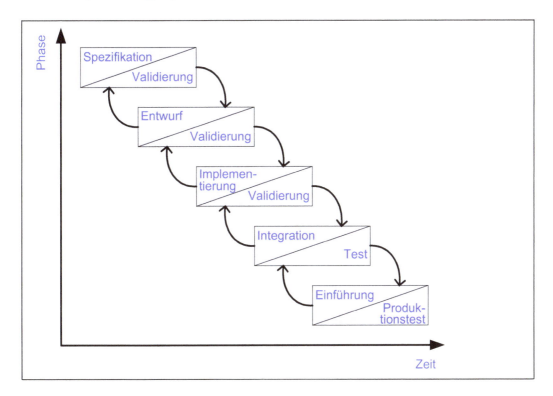

Abbildung 10:   Wasserfallmodell

Das Wasserfallmodell ist bei kleineren IT-Projekten, bei denen keine oder nur weni-
ge Änderungen während der Realisierungsphase auftreten, gut anwendbar. Teile des
Wasserfallmodells stellen auch heute noch eine wesentliche Grundlage für andere
Vorgehensmodelle dar.

2.3   Inkrementelles Vorgehensmodell

Der Begriff der inkrementellen Softwareentwicklung geht auf B. Boehm zurück
(vgl. Boehm, B.W.: Software Engineering (1986), S. 38). Er kritisierte eine rein
monolithische, linear ablaufende Vorgehensweise. Die inkrementelle Softwareentwicklung ist dadurch gekennzeichnet, dass ein komplexes IT-System in sinnvolle,
selbständig entwickelbare Teile, die nacheinander oder parallel erstellt werden, aufgeteilt wird. Ausgehend von einem Teil erhält man durch die nacheinander zusätzlich hergestellten Teile (Inkremente) in mehreren Ausbaustufen schlussendlich das
vollständige IT-System.

Vorteilhaft ist dabei, dass frühzeitig lauffähige IT-Teilsysteme entstehen und eingesetzt werden können. Entwicklungsrisiken lassen sich dadurch früh erkennen und die
Erfahrungen aus den bisherigen Entwicklungsaufgaben können in die nachfolgenden
Inkremente einfließen.
Aus Anwendersicht entsteht recht früh ein konkreter Eindruck des späteren Endproduktes. In Abbildung 11 ist der grundsätzliche Ablauf bei der inkrementellen Softwareentwicklung dargestellt. Daraus ist ersichtlich, dass einzelne Inkremente auch
parallel entwickelt und integriert werden können.

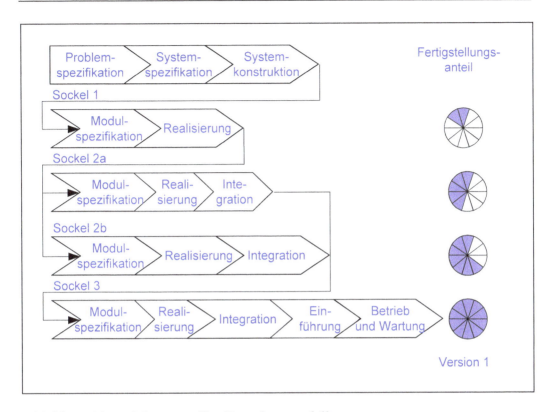

Abbildung 11:   Inkrementelles Vorgehensmodell

Die Aufteilung des IT-Systems in Inkremente kann nach funktionalen, organisatorischen oder technischen Kriterien erfolgen.

Die Gefahren bei inkrementellen Vorgehensmodellen:

– Die grundsätzliche Systemarchitektur erfolgt recht frühzeitig. Stellt sich in einem fortgeschrittenen Stadium heraus, dass die Systemarchitektur nicht den Anforderungen entspricht, so muss mit einem hohen Änderungsaufwand gerechnet werden.

– Dadurch, dass den Anwendern recht früh Teilprodukte zur Verfügung gestellt werden, ist während des gesamten Entwicklungszyklus mit neuen / geänderten Anforderungen der Anwender zu rechnen. Diese Anforderungen lassen sich nicht vorhersehen und erschweren die Aufwandabschätzung zu Projektbeginn erheblich. Auch die Abgabe von Festpreisangeboten ist kaum möglich.

2.4   Iterative, inkrementelle Entwicklung

Bei dem iterativen, inkrementellen Vorgehensmodell handelt es sich um eine Weiterentwicklung der inkrementellen Entwicklung. Dabei wird der Softwareentwick-
lungsprozess als ein evolutionärer Prozess beschrieben, bei dem man sich ausgehend
von einem Prototyp über mehrere Verbesserungen dem Endprodukt nähert
(Abbildung 12). Das Entwicklungsrisiko wird auch hier durch die frühzeitige Einbe-
ziehung der Endanwender reduziert. Zusätzlich besteht die Möglichkeit, die bisher
gemachten Erfahrungen der Anwender und Entwickler von einem Prototyp auf den
nächsten und von einem Inkrement auf das andere zu übertragen. Die Zeitspanne
zwischen Projektstart und der ersten Auslieferung eines Teilproduktes wird im Vergleich zu den sequentiellen oder inkrementellen Vorgehensmodellen weiter verkürzt.

Die Gefahr beim iterativen, inkrementellen Vorgehensmodell liegt auch darin, dass
mit einer Entwicklung bereits begonnen wird, wenn die Anforderungen noch nicht
vollständig geklärt sind und dadurch während des Entwicklungsprozesses zusätzliche Anforderungen für neue Inkremente und für die nächste Prototypversion entstehen.

2.5   Agile Softwareentwicklung

Softwareentwicklung ist ein ausgesprochen aufwändiger Prozess, der sich in vielen
Bereichen immer noch mit „Handarbeit" vergleichen lässt. Die Fragen nach Effi-
zienzsteigerungen und Reduzierung von Risiken und Fehlern beschäftigen die Entwickler nach wie vor.
Die Übertragung von allgemeinen ingenieurwissenschaftlichen Prinzipien und For-
malisierungen auf Softwareentwicklungsprozesse hat nicht immer den gewünschten
Erfolg gebracht.

Agile Methoden stehen in Konkurrenz zu den traditionellen Entwicklungsmethoden
der Softwareentwicklung, bei denen versucht wird, möglichst früh alle Entwick-
lungsziele zu erfassen. Dabei wird der Entwicklungsprozess durch eine Vielzahl von
Verfeinerungen, die sich oft in umfangreichen Dokumentationen niederschlagen und
jederzeit nachvollziehbar sein sollen, vorangetrieben.

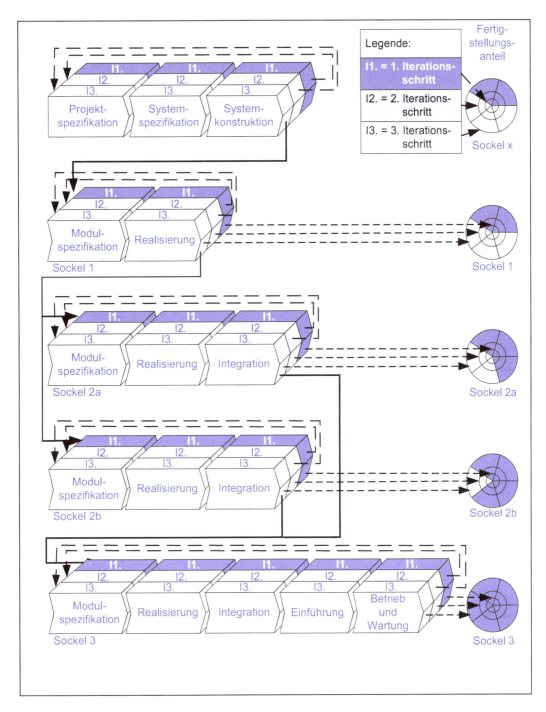

Abbildung 12:   Iterative, inkrementelle Softwareentwicklung

Mit agilen Methoden[3] zur Softwareentwicklung versucht man schnell verfügbare Entwicklungsergebnisse zu erzielen und damit die Zeitspanne bis zur Markteinführung ("time-to-market") zu verkürzen. Während der Entwicklung kommt es immer wieder zu Änderungen bei den Anforderungen ("moving targets"). Diese sollen ebenfalls berücksichtigt werden.

Coldewey berichtet von einer Befragung bei 200 Unternehmen mit mindestens 25 Beschäftigten in der Softwareentwicklung. Dabei wurde festgestellt, dass bei Entwicklungsprojekten, in denen agile Methoden zum Einsatz kamen, die Kundenzufriedenheit bei 77% lag. Bei Entwicklungsprojekten, in denen nach traditionellen Ansätzen vorgegangen wurde, lag die Kundenzufriedenheit nur bei 63% (vgl. Coldewey, J.: (2002), S. 237).

Agile Methoden spielen heute eine besondere Rolle bei Web-Projekten. Für viele Unternehmen bietet das Web neue Möglichkeiten und neue Chancen, Unternehmensziele zu erreichen. Die Gefahren, bei derartigen Projekten liegen darin, dass man am Anfang lediglich eine Idee für ein neues webbasiertes IT-System hat. Konkrete unternehmensübergreifende Geschäftsprozesse lassen sich jedoch nicht wie bei vielen unternehmensinternen Projekten genau planen, sondern werden erst während der Projektlaufzeit in Zusammenhang mit anderen IT-Produkten, vielen Geschäftspartnern und den Entwicklern gebildet. Oft entstehen die Geschäftsprozesse parallel zur Softwareentwicklung. Sie sind zum Projektbeginn nur in Umrissen bekannt.

Unternehmen, die den Umgang mit "moving-targets" beherrschen, haben die Chance, frühzeitig Marktnischen zu besetzen. Wurde ein Geschäftsfeld erst einmal besetzt, so besteht später immer noch die Möglichkeit, laufende Verbesserungen einzuführen und zusätzliche Funktionalitäten zu entwickeln.

Kennzeichen agiler Verfahren:
–   Alle agilen Verfahren bauen auf dem Grundmodell der inkrementellen Entwicklung auf. Die Entwicklungszyklen werden dabei relativ kurz gewählt, sodass man in Abständen von zwei Wochen bis vier Monate jeweils ein lauffähiges System erhält (vgl. Coldewey, J.: (2002), S. 242).

---

[3]   Teilweise findet man auch den Begriff „leichtgewichtige Prozessmodelle" (vgl. Hindel, B.; Hörmann, K.; Müller, M.; u.a.: (2004), S. 21).

– Die Vorgehensweise wird nicht durch einen standardisierten Phasenprozess bestimmt, sondern während der Entwicklung kommt es immer wieder zu Modifikationen.

– Modifikationen und die Auslieferung lauffähiger Softwareversionen laufen parallel zueinander ab.

– Auftraggeber und Entwickler arbeiten eng zusammen. Dies sollte am besten durch eine Face-to-Face-Kommunikation erfolgen.

– In agilen Verfahren wird versucht, die Dokumentationsteile des Softwareentwicklungsprozesses möglichst klein zu halten.

– Eine agile Softwareentwicklung wird vor allem in kleinen Teams (< 10 Mitarbeiter) realisiert.

Zu den agilen Verfahren der Softwareentwicklung zählen u.a. Scrums, Future Driven Development oder Extreme Programming. Letzteres wird stellvertretend für die agilen Verfahren in Kapitel 2.6 erörtert.

2.6   Extreme Programming

Unter den agilen Methoden der Softwareentwicklung dürfte Extreme Programming (XP), das Ende der 90er Jahre entstand, die größte Bedeutung haben. Die Methode geht auf Arbeiten von Kent Beck und Ward Cunningham zurück.
Auf der Website zu Extreme Programming von Ron Jeffries liest man:

„Extreme Programming is a discipline of software development based on values of simplicity, communication, feedback and courage. It works by bringing the whole team together in the presence of simple practices, with enough feedback to enable the team to see where they are and to tune the practices to their unique situation" (Jeffries, R.: (2001), Abruf am 7.5.2007).

Durch Extreme Programming wird vor allem die rasche Erstellung von IT-Systemen in kleinen Projektteams unterstützt. Im Mittelpunkt der Betrachtungen steht der Quellcode. Das Programmieren wird zur Schlüsselaktivität und damit zum Dreh- und Angelpunkt für alle Aufgaben um die Codeherstellung herum. Ein weiteres

Kennzeichen ist die Teamorientierung. Neben technischen Aspekten werden auch einige soziale Faktoren im Modell berücksichtigt.

Nachfolgend wird beschrieben, wie aus der Wertestruktur konkrete Handlungsanweisungen für die Entwicklung abgeleitet werden.

2.6.1   Wertestruktur beim Extreme Programming

Der langfristige Erfolg bei der Entwicklung soll durch eine gemeinsame Wertvorstellung gesichert werden. Die vier zentralen Werte von Extreme Programming sind (vgl. Beck, K.: (2000), S. 29 ff):

–   Kommunikation

   Durch mangelnde Kommunikation entstehen zwangsläufig Probleme in Entwicklungsprojekten. Bei Extreme Programming wird ein umfangreicher Kommunikationsfluss unter den Entwicklern und zwischen Entwicklern und Kunden angestrebt.

–   Einfachheit

   Einfache Lösungen sind komplexen Lösungen vorzuziehen, da sie schneller verstanden und umgesetzt werden können. Während der Entwicklung muss man sich immer wieder fragen, wie die einfachste Lösung aussehen könnte.

–   Feedback

   Kunden legen ihre Wünsche in Storycards fest. Hierbei handelt es sich um die Beschreibung von Leistungsmerkmalen. Diese Beschreibungen werden sofort von Entwicklern im Hinblick auf den erforderlichen Aufwand geschätzt. Damit erhalten die Kunden ein direktes Feedback. Entwickler brauchen ein Feedback zu den erstellten IT-Komponenten. Dies wird durch unmittelbar durchgeführte Tests realisiert.

–   Mut

   Die Bereitschaft zu ständigen Verbesserungen erfordert Mut. Wenn z.B. spät im Projekt ein grundlegender Fehler entdeckt wird, bedarf es Mut, den aufwändig erstellten Quellcode wegzuwerfen und nochmals neu anzufangen.

Aus den Wertvorstellungen werden Grundprinzipien abgeleitet, die handlungsanleitend formuliert sind. Hierzu zählen:

– unmittelbare Rückkopplung (rapid feedback)

– Streben nach Einfachheit (assume simplicity)

– inkrementelle Weiterentwicklung (incremental chance)

– Änderungen befürworten (embracing change)

– Qualitätsarbeit (quality work)

In einem weiteren Konkretisierungsschritt werden Techniken[4] beschrieben, mit de-nen eine weitere Konkretisierung in Richtung Umsetzung vorangetrieben wird.

Aus Abbildung 13 ist die Gliederung der Werte bis zu der Ableitung von Techniken ersichtlich. Letztere werden im nächsten Kapitel beschrieben.

2.6.2   Techniken im Extreme Programming

Die Umsetzung der Grundprinzipien erfolgt durch Techniken. Diese lassen sich in die Gruppen „Managementtechniken", „Teamtechniken" und „Programmiertechni-ken" einteilen (vgl. Wolf, H.; Roock, S.; Lippert, M.: (2005), S. 12 ff.).

a) Managementtechniken

1. Kunde vor Ort (customer on site)

Bei XP wird auf die Ausarbeitung umfangreicher Spezifikationen verzichtet. Dafür wird gefordert, dass ein kompetenter, entscheidungsbefugter Anwender[5] den Ent-wicklern jederzeit zur Verfügung steht. Damit lassen sich fachliche Probleme direkt und unbürokratisch klären.

2. Planungsspiel (planning game)

Die Umsetzung von Projekten erfolgt inkrementell und iterativ gemeinsam mit den späteren Anwendern. Als Ausgangspunkt werden „user stories" erstellt, in denen in kurzer Form (wenige Sätze) die Erwartungen an das IT-System formuliert werden.

---

[4] Manche Autoren sprechen von Praktiken (vgl. Coldewey, J.: (2002), S. 244), oder Verfahren (vgl. Beck, K.: (2000), S. 53).

[5] Die Begriffe Anwender und Kunde werden synonym verwendet.

Die Entwickler schätzen den Aufwand für die Realisierung und legen gemeinsam mit den Anwendern eine Prioritätenreihenfolge fest.

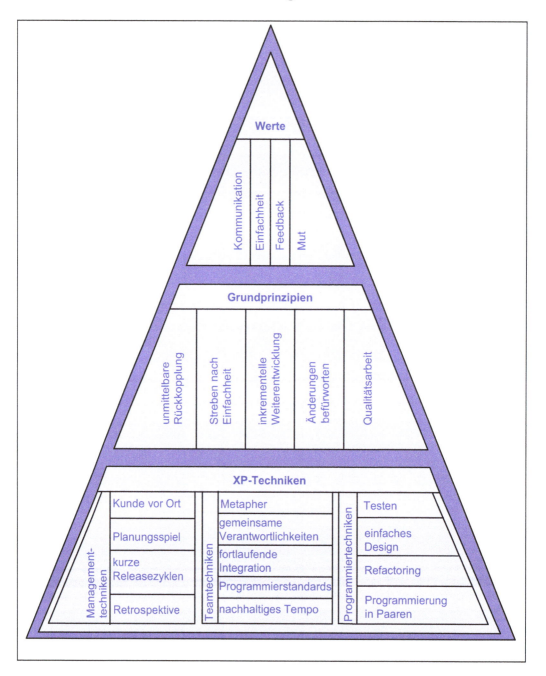

Abbildung 13:   Wertestruktur bei Extreme Programming

3. Kurze Releasezyklen (short releases)

Die einzelnen Versionen sollen möglichst klein gehalten werden. Durch kurze Releasezyklen sollen die Anwender schnell von den Neuentwicklungen profitieren. Damit können gemachte Erfahrungen in die Weiterentwicklung direkt einfließen. Der Abstand zwischen zwei Releaseständen beträgt ungefähr 1 bis 3 Monate.

4. Retrospektive (retrospective)

Durch rückblickende Reflexionen versuchen die Projektbeteiligten Probleme und Blockaden in bisherigen Entwicklungsprozessen zu erkennen. Durch diese Rückschau kann man aus Fehlern, aber auch aus positiven Erfahrungen in der Vergangenheit lernen. Die Retrospektiven werden ca. alle 6 Monate abgehalten und dauern von einem halben Tag bis zu drei Tagen (vgl. Wolf, H.; Roock, S.; Lippert, M.: (2005), S. 58).

b) Teamtechniken

5. Metapher (metaphor)

Durch die Formulierung einer Metapher wird die zentrale Entwicklungsidee beschrieben. Metaphern können die gesamte Entwicklung in gewisse Bahnen lenken. Sie erleichtern allen Beteiligten, die grundlegenden Bestandteile und deren Beziehungen zueinander zu verstehen (Beck, K.: (2000), S. 56 f).

Beispiele für Metaphern:

– Einkaufswagen (für ein Shopsystem im Internet)
– Tabellenkalkulation (für ein System zur Rentenberechnung)
– Unternehmenscockpit (für ein System zur Managementunterstützung)

6. gemeinsame Verantwortlichkeiten (common ownership)

Der erstellte Quellcode gehört prinzipiell allen. Von jedem Entwickler, der eine sinnvolle Verbesserung sieht, wird erwartet, dass er diese auch umsetzt. Damit wird jedem Entwickler das Recht zugestanden, Änderungen am Quellcode vorzunehmen. Selbstverständlich trägt er dann aber auch die Verantwortung für die von ihm durchgeführten Änderungen. Er hat die Pflicht, dafür zu sorgen, dass das System als Ganzes voll funktionsfähig bleibt.

7. Fortlaufende Integration (continuous integration)

Sobald ein IT-Systemteil entwickelt und getestet wurde, erfolgt dessen Integration in das Gesamtsystem. Dies kann durchaus mehrfach an einem Tag erfolgen. Dabei werden die neu erstellten IT-Systemteile auf einen Integrationsrechner übertragen und stehen anschließend allen Entwicklern zur Verfügung. Die Arbeiten am Integrationsrechner sind erst dann beendet, wenn alle Integrationstests erfolgreich abgeschlossen sind. Auf dem Integrationsrechner ist damit zu jeder Zeit ein funktionsfähiges Gesamtsystem verfügbar.

8. Programmierstandards (coding standards)

Für eine effektive Zusammenarbeit mehrerer Entwickler ist die Vorgabe von einheitlichen Konventionen bei der IT-Systementwicklung von herausragender Bedeutung. Durch Programmierstandards wird z.B. geregelt, wie:

–   Programme grundsätzlich formatiert werden.
–   Variablen zu deklarieren sind.
–   elementare Abläufe strukturiert werden.
–   Standardabläufe zu codieren sind.

9. Nachhaltiges Tempo (sustainable pace)

In XP-Projekten soll die Belastung der Teammitglieder über einen langen Zeitraum hinweg ausgeglichen sein. Beck stellt die Forderung nach einer 40-Stunden-Woche auf, wobei man 40 nicht genau wörtlich nehmen darf. Ob die Grenze bei 35 oder 45 Stunden liegt, bleibt offen, jedoch kann niemand über einen längeren Zeitraum hinweg 60 Stunden frisch, kreativ und selbständig arbeiten (vgl. Beck, K.: (2000), S. 60 f.). Man will bewusst die aus traditionellen IT-Projekten bekannten Phasen der hohen Anspannung und Überlastung, wie sie z.B. häufig in der Phase der Systemeinführung auftreten, vermeiden. Kreativität und Engagement sollen bei XP-Projektmitarbeitern anhalten. Fallen in XP-Projekten häufig Überstunden an, so wird dies als ein Indiz für vorhandene Probleme aufgefasst. Diese gilt es zu analysieren und zu lösen.

c) Programmiertechniken

10. Test (testing)

Man unterscheidet zwischen Komponententests und Akzeptanztests. Bei Komponententests wird von einer objektorientierten Softwareentwicklung ausgegangen. Sie werden dazu verwendet, die Korrektheit von programmierten Operationen aus einer Klasse zu testen. Mit Hilfe von Testtools (z.B. JUnit) erstellen die Entwickler Testroutinen, die automatisch ablaufen können. Damit entsteht ein zyklischer Wechsel zwischen Programmierung und Test.

Akzeptanztests (Anwendertests, Funktionstests) erfolgen beim Einsatz der IT-Komponenten beim Anwender. Hier wird die Sichtweise des Anwenders berücksichtigt (vgl. Wolf, H.; Roock, S.; Lippert, M.: (2005), S. 62 ff.).

11. Einfaches Design (simple design)

Unter Design versteht man in diesem Zusammenhang den Entwurf der Software. Es wird gefordert, das einfachste Design, das den Anforderungen gerecht wird, zu implementieren. Man geht davon aus, dass einfache Entwürfe schneller und besser umgesetzt werden können als komplexe Entwürfe.

12. Refactoring

Sofern Entwickler während der Umsetzung Möglichkeiten entdecken, das Design weiter zu vereinfachen, so wird dies gleich gemacht. Unter Refactoring versteht man die Umstrukturierung von Software unter Beibehaltung der Funktionalität (vgl. Wolf, H.; Roock, S.; Lippert, M.: (2005), S. 88 ff.).

13. Programmieren in Paaren (pair programming)

Der gesamte Programmcode wird jeweils von zwei Entwicklern geschrieben. Diese arbeiten an einem Rechner mit einer Tastatur und einer Maus. Während sich ein Entwickler hauptsächlich Gedanken zur aktuellen Implementierung macht, kann der andere die Aufgabe strategisch überdenken und Fragen zur generellen Funktionsweise oder zu Vereinfachungsmöglichkeiten anstellen (vgl. Beck, K.: (2000), S. 58 f.).

Im nächsten Kapitel (2.6.3) beschäftigen wir uns damit, wie ein Vorgehensmodell in XP aussehen kann.

2.6.3   Vorgehensmodell Übersicht

Im Prinzip besteht das XP-Vorgehensmodell aus zwei Phasen (vgl. Abbildung 14). Die erste Phase betrifft die Planung und enthält die Teilschritte:

– Sammlung von user stories
– Entwicklung einer Architektur für einen Prototyp
– Entwicklung von Testszenarien
– Erstellung eines Releaseplans

In Phase zwei geht es um die Umsetzung und Einführung von IT-Komponenten, die in nacheinander folgenden Iterationsschritten immer weiter ausgebaut werden. Eine Besonderheit bei der iterativen Phase ist die frühzeitige Erstellung von Testalgorithmen, die der eigentlichen Entwicklung „Planung und Implementierung" vorausgeht.

2.6.4   Zusammenfassung und Wertung

XP wird in die Gruppe der iterativen, inkrementellen Vorgehensmodelle eingeordnet. Durch die frühzeitige Fertigstellung von IT-Systemen, die einem laufenden Verbesserungs- und Erweiterungsprozess unterliegen, weist das Modell zusätzlich Merkmale von prototyporientierten Vorgehensmodellen auf.

Zu den Nachteilen von Extreme Programming zählen:

– Das Modell ist nur für kleine bis mittelgroße Projektteams (ca. 10 – 15 Personen) geeignet.
– Eine Projektunterstützung in virtuellen Teams und verteilten Projekten ist nicht gegeben.
– Die Projektumsetzung erfordert erfahrene, gut ausgebildete Entwickler und Manager. Die Ausbildung und Integration von mehreren neuen Mitarbeitern ist problematisch.
– Es muss mit Schwierigkeiten bei der Ermittlung des Projektaufwands zum Zeitpunkt des Projektbeginns gerechnet werden.
– Das Vorgehensmodell orientiert sich an der Entwicklung von objektorientierten Softwaresystemen.
– Für das Modell gibt es kaum Managementtools.

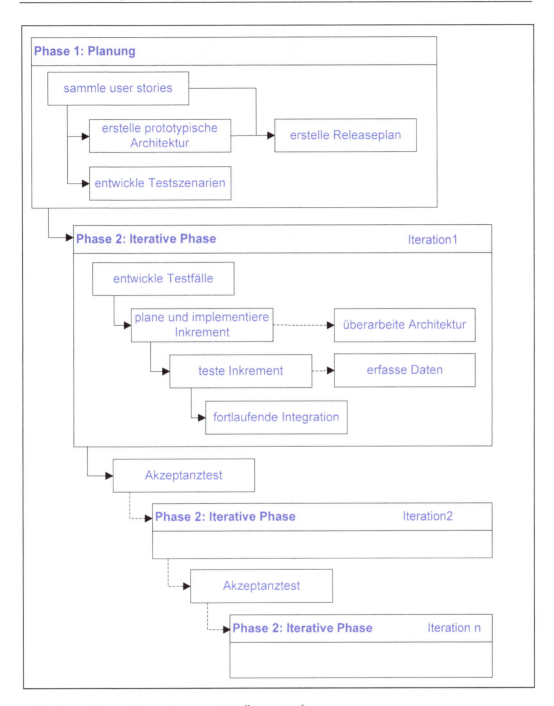

Abbildung 14:   Vorgehensmodell Übersicht[6]

---

[6] vgl. Bunse, C.; Knethen,v. A.: (2002), S. 55

Extreme Programming hat besondere Vorteile in folgenden Bereichen:

- Es ist gut geeignet für Projekte mit häufig ändernden Anforderungen.
- Anwender werden frühzeitig in den Entwicklungsprozess integriert.
- Der Verwaltungsaufwand ist ausgesprochen gering.
- Nicht nur technische, sondern auch soziale Aspekte der Entwickler werden explizit berücksichtigt.

2.7   V-Modell XT

Das V-Modell XT stellt eine Weiterentwicklung des V-Modells 97 dar und wurde in der Version 1.0 im Februar 2005 fertiggestellt. Es handelt sich um einen Leitfaden zum Planen und Durchführen von IT-Projekten. Dabei wird die Entwicklung von Hard- und Softwareprojekten unterstützt.

Das V-Modell XT beinhaltet konkrete, standardisierte Vorgehensweisen. In den einzelnen Vorgehensschritten werden zu erstellende Ergebnisse definiert und hierfür Verantwortlichkeiten zugeordnet. Im Mittelpunkt stehen die Fragen „Wer" muss „Was", „Wann" in einem IT-Projekt machen (vgl. V-Modell XT, Version 1.2.0 S. 1-3).

Anwendung findet das Modell in vielen privatwirtschaftlichen Projekten, und es ist heute der de facto Standard für öffentliche Aufträge. Die Entwicklung wird vom Bundesministerium des Innern unterstützt. Die nachfolgenden Ausführungen basieren auf dem von der Koordinierungs- und Beratungsstelle der Bundesregierung für Informationstechnik in der Bundesverwaltung (KBSt) veröffentlichten Release 1.2. „Das V-Modell® XT ist urheberrechtlich geschützt. © Bundesrepublik Deutschland 2004. Alle Rechte vorbehalten". Die Basisdokumentation umfasst über 600 Seiten und ist frei zugänglich unter www.v-modell-xt.de. Ebenfalls werden u.a. Schulungsunterlagen, Beispielprojekte und Werkzeuge zur Verfügung gestellt. Zumindest in der Anfangszeit sind halbjährliche Aktualisierungen geplant.

Zu den wesentlichen Anforderungen an das V-Modell XT gehören die vielfältigen Anpassungsmöglichkeiten (Tailoring) des Modells. Die herausragende Bedeutung des Tailorings ist auch aus der Bezeichnung XT ersichtlich, die für Extreme Tailoring steht.

Die Anpassungen betreffen:
– die Unterstützung verschiedener Projektarten
– die Berücksichtigung mehrerer Organisationsformen
– die Skalierbarkeit in Bezug auf Projektgrößen

Zu den Zielen des V-Modells XT zählen:
– die Minimierung der Projektrisiken
– Qualitätsverbesserungen und die Gewährleistung der Qualität von IT-Produkten
– Während des gesamten Entwicklungs- und Systemlebenszyklus sollen die Kosten transparent und kalkulierbar sein.
– Die Kommunikation zwischen allen Beteiligten an der Projektumsetzung soll verbessert werden.
– Das V-Modell XT selbst soll offen gegenüber Modellveränderungen sein.

In den nachfolgenden Kapiteln werden ausgehend von der Grundkonzeption (Kapitel 2.7.1) die zentralen Modellkomponenten erörtert.

2.7.1 Grundkonzeption des V-Modells XT

Im V-Modell-XT werden im Wesentlichen 3 Projekttypen[7] unterschieden:
1. Systementwicklungsprojekt eines Auftraggebers
   Bei diesem Projekttyp geht man davon aus, dass ein Auftraggeber ein IT-System einsetzen will, ohne dass dieses von ihm selbst entwickelt wird. Der geplante Projektverlauf beinhaltet damit auch die Ausschreibung, Beurteilung und Abnahme von IT-Leistungen, jedoch nicht Aufgaben z.B. aus dem Bereich Programmierung.
2. Systementwicklungsprojekt eines Auftragnehmers
   Diese Aufgaben stellen sich recht umfangreich dar. Systementwicklungsprojekte eines Auftragnehmers erstrecken sich über die Angebotserstellung, die Herstellung des IT-Produktes bis hin zur Abnahme.

---

[7] An manchen Stellen wird noch ein weiterer Projekttyp „Systementwicklungsprojekt (Auftraggeber / Auftragnehmer)" unterschieden, der sich im Prinzip als eine Kombination aus den Projekttypen 1 und 2 darstellt.

3. Einführung und Pflege eines organisatorischen Veränderungsmodells
    Dieser Projekttyp dient dazu, das V-Modell XT erstmalig auf eine konkrete Organisation hin anzupassen. Ebenfalls soll damit ein Verfahren zur kontinuierlichen Verbesserung des Modells etabliert werden.

Ausgehend von dem Projekttyp wird zunächst der Ablaufrahmen vordefiniert. Im Ablaufrahmen erfolgt die Festlegung der Vorgehensbausteine, die in dem konkreten IT-Projekt zum Einsatz kommen. Ein ganz wesentlicher Aspekt ist dabei, dass alle Aktivitäten (Aufgaben), Produkte (Zwischenlösungen) und die organisatorischen Verantwortlichkeiten in Form von Rollen beschrieben werden. Die Zuordnung von Rollen zu konkreten Personen erfolgt erst später zu Projektbeginn.
In der Projektdurchführungsstrategie wird die Reihenfolge festgelegt, in der Entscheidungspunkte (Meilensteine) durchlaufen werden sollen. Hier haben die Projektverantwortlichen die Möglichkeit, Entscheidungen zu einem weiteren Projektverlauf auf der Basis des evaluierten Projektstandes zu treffen.

Den Kern des V-Modells XT bilden die Vorgehensbausteine. Hierbei handelt es sich um selbständig entwickelbare und änderbare Einheiten. Sie bestehen aus Aktivitäten, die sich aus Teilaktivitäten zusammensetzen lassen, aus Produkten, die aus mehreren Themen bestehen können und aus Rollen, die die Verantwortung für einen Entwicklungsteil tragen.

Aus den Vorgehensbausteinen wird das V-Modell XT modular zusammengestellt. Mehrere Aktivitäten werden zu einer Aktivitätsgruppe zusammengefasst und kennzeichnen „was" innerhalb des Vorgehensbausteins zu machen ist. Produkte bilden einen Teil einer Produktgruppe und beschreiben, „wofür" die Aktivitäten benötigt werden.
Für die Ausführung der Aktivitäten werden Rollen definiert, die konkreten Mitarbeitern zugewiesen werden. Ein Mitarbeiter trägt die Verantwortung für ein Produkt, kann jedoch dabei von anderen Mitarbeitern unterstützt werden (Abbildung 15).

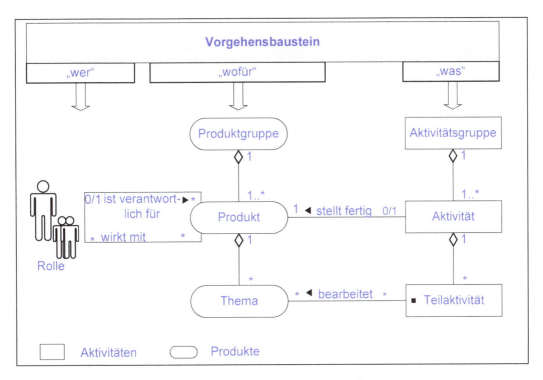

Abbildung 15:   Bestandteile von Vorgehensbausteinen[8]

2.7.2   Vorgehensbaustein Landkarte

Durch Vorgehensbausteine wird das IT-Projekt strukturiert, und es werden die während der Projektlaufzeit zu erstellenden Produkte festgelegt.

Beim Zuschnitt des V-Modells XT auf genau ein IT-Projekt hin erfolgt eine spezifische Auswahl von Vorgehensbausteinen.

Im Modellvorschlag existieren 21 unterschiedliche Vorgehensbausteine. Diese werden in vier Bereiche eingeteilt.

1. Obligatorische Vorgehensbausteine (V-Modell XT Kern)

   Jedes IT-Projekt umfasst mindestens:

   – Projektmanagement

   – Qualitätssicherung

---

[8] vgl. V-Modell XT, Version 1.2.0 S. 1-11

- Konfigurationsmanagement
- Problem- und Änderungsmanagement

Zusätzlich stehen für Managementfunktionen folgende Vorgehensbausteine zur Verfügung:

- kaufmännisches Projektmanagement

  Hier erfolgen die Regelungen für die Integration in ein übergeordnetes Management.

- Messung und Analyse

  In diesem Teil werden Kennzahlen für das IT-Projektmanagement bereitgestellt.

2. Entwicklung eines organisationsspezifischen Vorgehensmodells mit dem Vorgehensbaustein „Einführung und Pflege eines organisationsspezifischen Vorgehensmodells".

3. Vorgehensbausteine für die Systementwicklung:
   - Anforderungsfestlegung
   - Systemerstellung
   - Hardwareentwicklung
   - Softwareentwicklung
   - Logistikkonzeption
   - Weiterentwicklung und Migration
   - Evaluierung von Fertigprodukten
   - Multiprojektmanagement

4. Vorgehensbausteine für die Kommunikation zwischen Auftraggeber und Auftragnehmer:
   - Lieferung mit Abnahme (Auftraggeber)
   - Lieferung mit Abnahme (Auftragnehmer)
   - Vertragsabschluss (Auftraggeber)
   - Vertragsabschluss (Auftragnehmer)

Unter einem Auftraggeber (AG) versteht man den Kunden als den späteren Empfänger des IT-Produktes. Als Auftragnehmer (AN) bezeichnet man den Lieferanten für ein IT-Produkt. In der Organisation des Auftragnehmers erfolgt die Herstellung des IT-Produktes.

Aus Abbildung 16 ist die Landkarte der Vorgehensbausteine ersichtlich. Man erkennt auch die Abhängigkeiten zwischen den Bausteinen. So kann z.B. der Vorgehensbaustein Systemsicherheit nur dann gewählt werden, wenn die Bausteine „Lieferung und Abnahme (AG)" und „Anforderungsfestlegung" Bestandteil des Projektes sind. Entsprechend dem zu realisierenden Projekt erfolgt die Auswahl der Vorgehensbausteine.

Nachdem die Vorgehensbausteine geklärt sind, wird überlegt, welche Projektdurchführungsstrategie angewendet werden soll (Kapitel 2.7.3).

2.7.3   Projektdurchführungsstrategie

Der grobe Projektablauf wird durch eine Projektdurchführungsstrategie festgelegt. In dieser erfolgt, wie bereits erwähnt, die Festlegung der Reihenfolge der zu erstellenden Produkte und der durchzuführenden Aktivitäten. Die zentrale Frage lautet damit „Wann" soll etwas gemacht werden?

Das V-Modell XT ist so flexibel ausgelegt, dass u.a. sowohl das Grundmodell für sequentielle als auch inkrementelle oder evaluative Vorgehensmodelle unterstützt werden können.

Die Auswahl einer Projektdurchführungsstrategie wird durch den V-Modell XT Projektassistent unterstützt. Dem Nutzer steht eine Sammlung von 11 verschiedenen Projektdurchführungsstrategien (Abbildung 17) zur Verfügung. Aufgrund des zuvor ausgewählten Projekttyps (z.B. Systementwicklungsprojekt) und dem Anwendungsprofil, das zur Charakterisierung des Projektes dient (z.B. Charakterisierung auf den Lebenszyklusausschnitt Systementwicklung), wird dabei eine Vorauswahl für die in Frage kommenden Projektdurchführungsstrategien getroffen.

Damit versteht sich das V-Modell XT als ein generischer Vorgehensstandard für möglichst viele verschiedene Projektkonstellationen. Die konkret für ein Projekt ausgewählte Projektdurchführungsstrategie wird im Projekthandbuch dokumentiert.

Vom Management müssen zu verschiedenen Zeitpunkten Entscheidungen getroffen werden. Die Planung der Entscheidungspunkte ist Gegenstand des nächsten Kapitels.

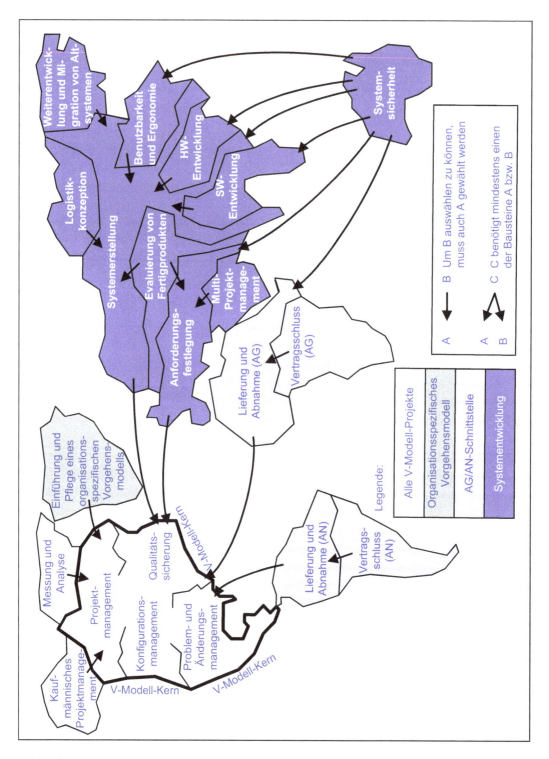

Abbildung 16:   Landschaft der Vorgehensbausteine und deren Beziehungen
(V-Modell XT, Version 1.2.0, S. 1-13)

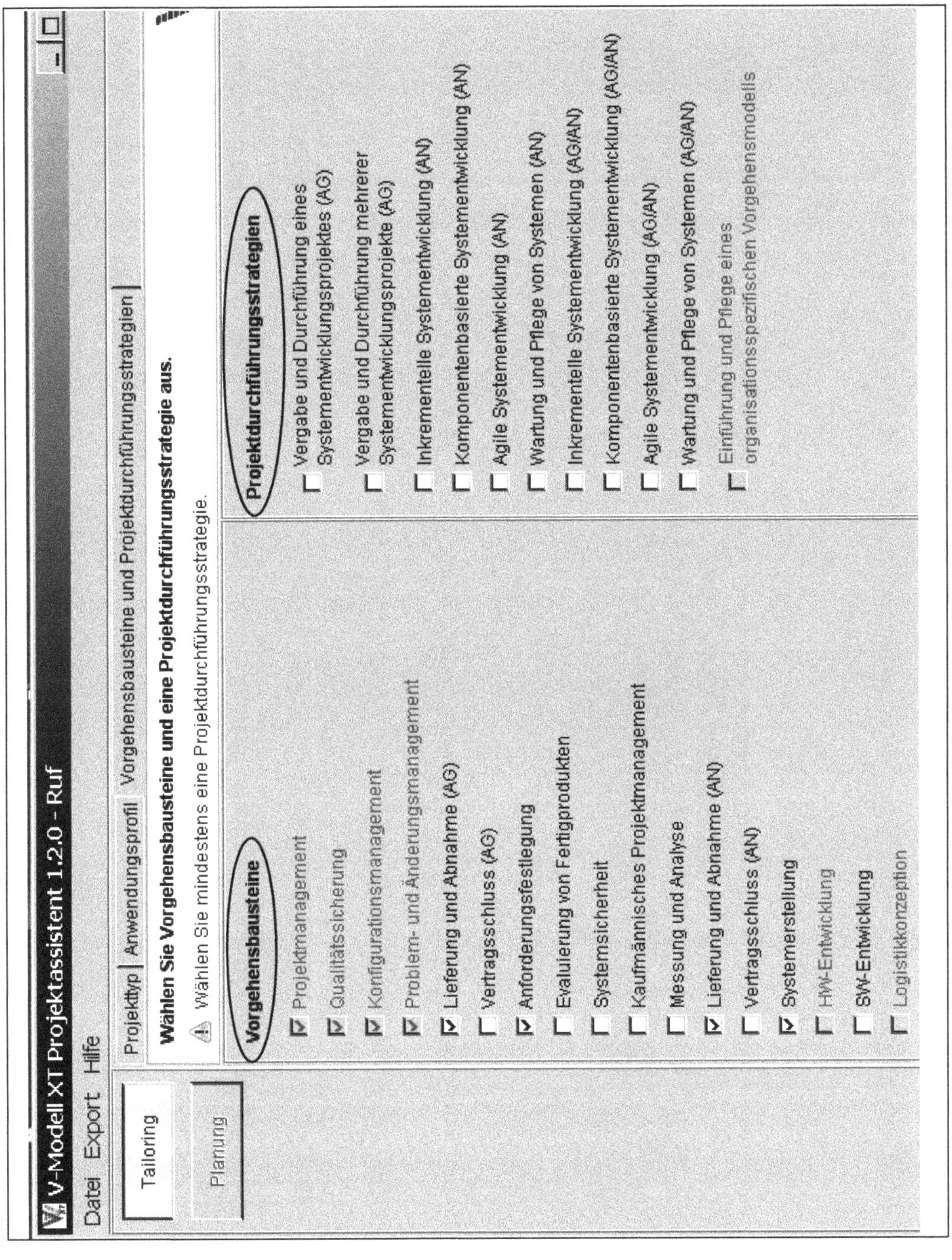

Abbildung 17:   *Auswahl einer Projektdurchführungsstrategie mit Hilfe des Projektassistenten*

2.7.4   Entscheidungspunkte

Durch die Auswahl der Projektdurchführungsstrategie wird bereits eine Reihenfolge für die im Projektablauf zu erreichenden Projektfortschrittsstufen festgelegt (vgl. Abbildung 18).

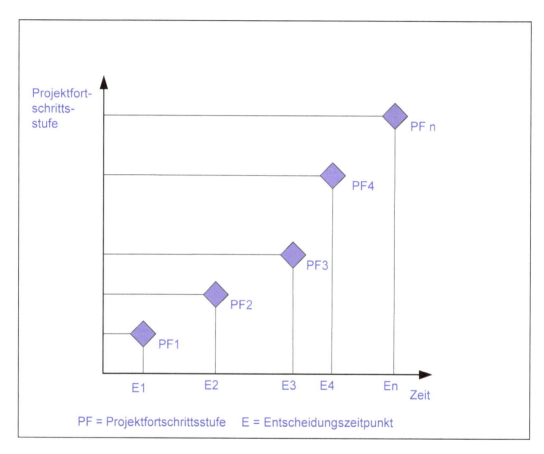

Abbildung 18:   Festlegung von Entscheidungszeitpunkten im Projektablauf

Die Projektfortschrittsstufen werden durch Entscheidungspunkte markiert. Für jeden Entscheidungspunkt können ein oder mehrere Produkte definiert werden (Abbildung 19).

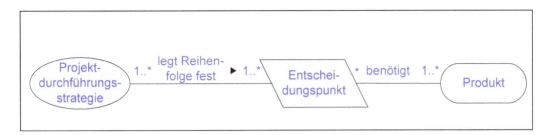

Abbildung 19:   *Zusammenhang zwischen der Projektdurchführungsstrategie, den Entscheidungspunkten und den Produkten*[9]

Wird im Projektablauf ein Entscheidungspunkt erreicht, erfolgt eine Prüfung der Produkte. Aufgrund dieser Prüfung entscheidet das Management, ob die Projektfortschrittsstufe erfolgreich erreicht wurde und ob der nächste Projektabschnitt freigegeben wird. Fällt die Entscheidung negativ aus, so wird überlegt, ob der Entscheidungspunkt nach Verbesserung der Produkte erneut geprüft, ob das Projekt grundsätzlich neu aufgesetzt oder gar ganz abgebrochen wird. In Abbildung 20 sind alle im V-Modell XT vorgesehenen Entscheidungspunkte ersichtlich. Die unterschiedlichen Farben zeigen, welche Entscheidungspunkte den vier Bereichen der Vorgehensbausteine zugeordnet werden (vgl. V-Modell XT, Version 1.2.0, S. 1-15 ff.). In allen Vorgehensbausteinen entstehen Produkte. Diese werden in Kapitel 2.7.5 weiter betrachtet.

---

[9]   V-Modell XT, Version 1.2.0, S. 1-15

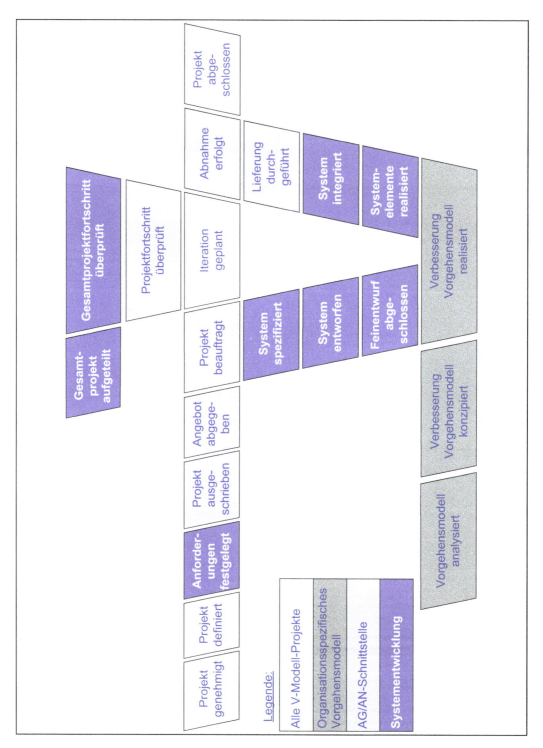

*Abbildung 20:   Entscheidungspunkte für die Projektdurchführungsstrategie
                  (V-Modell XT, Version 1.2.0, S. 1-16)*

2.7.5   Produkte

Während des Projektablaufs wird eine Vielzahl an Produkten erstellt. Die zeitliche Zuordnung erfolgt, wie im vorherigen Abschnitt gezeigt, über die Zuordnung zu Entscheidungspunkten. Die formalen und inhaltlichen Vorgaben für alle Produkte werden in der V-Modell-Referenz beschrieben (vgl. V-Modell XT, Version 1.2.0, S. 150 ff.). Das dabei verwendete Produktmodell ist hierarchisch gegliedert. Auf der ersten Hierarchiestufe werden die Produktbereiche

– Projekt (-management),
– Entwicklung und
– Organisation

unterschieden. Diese Projektbereiche werden in 13 Produktgruppen unterteilt, denen dann die einzelnen Produkte zugewiesen werden (vgl. Abbildung 21).

Die Produkte stehen zueinander in einem gewissen Abhängigkeitsverhältnis. So kann z.B. die Implementierung erst dann beginnen, wenn die Spezifikation erfolgt ist. Jedes Produkt hat während der Projektumsetzung einen Bearbeitungsstatus, der über den Grad der Fertigstellung Auskunft gibt. Nach der Fertigstellung erfolgt eine Prüfung der Produkte. Es soll festgestellt werden, ob diese inhaltlich und formal korrekt sind und zudem Konsistenz zu den bereits fertig gestellten Produkten aufweisen.

Die Verwaltung aller Produkte und Produktkonfigurationen erfolgt im Konfigurationsmanagement (Kapitel 2.7.6).

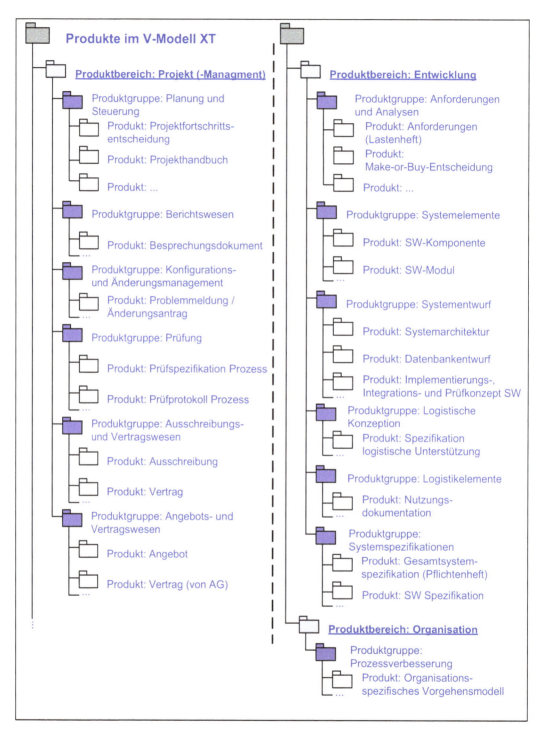

Abbildung 21:   Produktgliederung im V-Modell XT

2.7.6   Konfigurationsmanagement

Die Summe der zusammengehörenden Produkte und Hilfsmittel bildet eine Konfiguration. Das Ziel des Konfigurationsmanagements ist es, den gegenwärtigen und die vergangenen Zustände aller Produkte während des gesamten Lebenszyklus transparent darzustellen. Vom Konfigurationsmanagement werden dazu u.a. Vorgaben für die Datenablagestruktur und die Namenskonventionen für die Speicherung von Produkten gemacht. Ebenfalls werden Regeln für die Versionskennzeichen aufgestellt (vgl. V-Modell XT, Version 1.2.0, S. 166). Durch das Konfigurationsmanagement soll sichergestellt werden, dass jederzeit auf vergangene Versionen zurückgegriffen werden kann und Änderungen während der Systementwicklung (Kapitel 2.7.7) nachvollziehbar sind.

2.7.7   Systementwicklung

Die Systementwicklung orientiert sich zunächst an einer Top-Down-Strategie. Dabei erfolgt, einem hierarchischen Systemaufbau entsprechend, eine Reihung von Entscheidungspunkten, die spezifikationsorientiert sind. Anschließend findet man eine Folge von Entscheidungspunkten für die Realisierung und Integration, die mit der Produktabnahme endet (vgl. Abbildung 22).

2.7.8   Anwendungsbeispiel zum V-Modell XT mit Hilfe von Tools

Im nachfolgenden Kapitel (2.7.8.1) wird zunächst das Tailoring im V-Modell XT mit Hilfe des Projektassistenten beschrieben. Daran anschließend soll in Kapitel 2.7.8.2 gezeigt werden, wie mit diesem Tool eine Projektplanung durchgeführt werden kann.

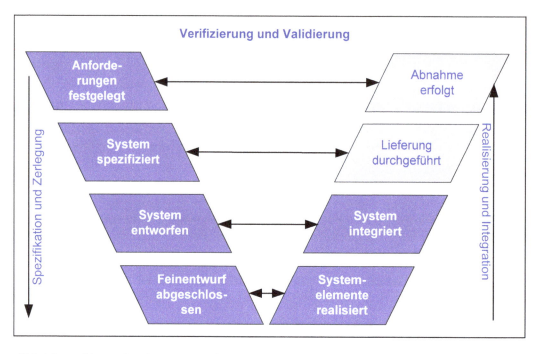

Abbildung 22:   Strukturierung der Entscheidungspunkte bei der Systementwicklung

2.7.8.1   Tailoring

Im ersten Schritt geht es darum, das V-Modell XT auf ein konkretes IT-Projekt hin anzupassen. Abbildung 23 zeigt den ersten Planungsschritt im V-Modell XT Projektassistenten, in dem

– die Planung für ein SW-System (Softwaresystem),

– ein Systementwicklungsprojekt für einen Auftragnehmer ohne weitere Unterauftragnehmer

festgelegt wurden. Mit diesen Angaben erhält man die Übersicht für die im Projekt benötigten Vorgehensbausteine. Diese werden in die Gruppen

– verpflichtende Vorgehensbausteine (mit 7 Bausteinen) und

– optionale Vorgehensbausteine (mit 11 Bausteinen)

eingeteilt. Ebenfalls werden mögliche Projektdurchführungsstrategien

– inkrementelle Systementwicklung,

– komponentenbasierte Systementwicklung,

– agile Softwareentwicklung und

– Wartung und Pflege von Systemen

vorgeschlagen.

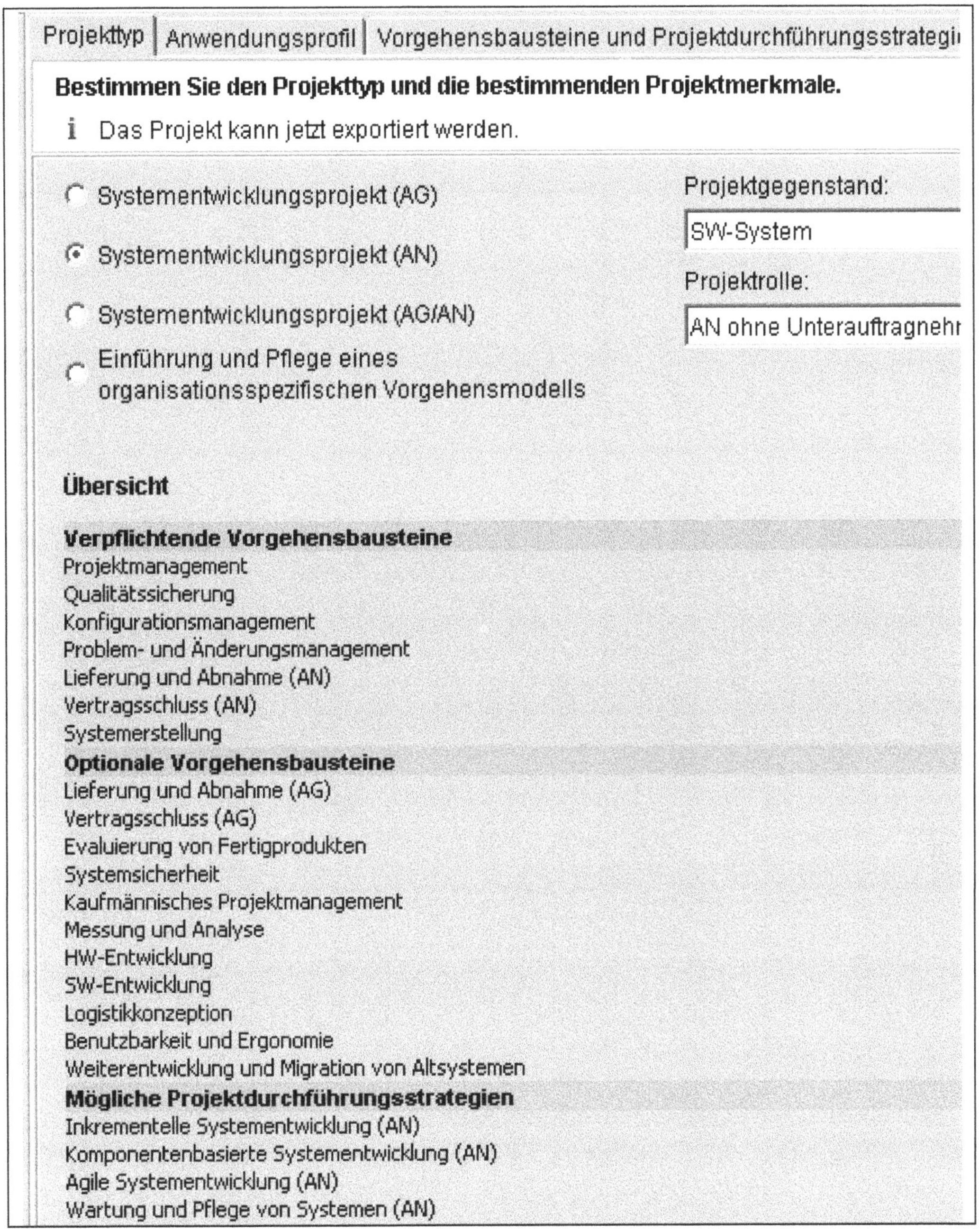

| Projekttyp | Anwendungsprofil | Vorgehensbausteine und Projektdurchführungsstrategi |

Bestimmen Sie den Projekttyp und die bestimmenden Projektmerkmale.

i Das Projekt kann jetzt exportiert werden.

C Systementwicklungsprojekt (AG)

(• Systementwicklungsprojekt (AN)

C Systementwicklungsprojekt (AG/AN)

C Einführung und Pflege eines
  organisationsspezifischen Vorgehensmodells

Projektgegenstand:

SW-System

Projektrolle:

AN ohne Unterauftragnehr

Übersicht

Verpflichtende Vorgehensbausteine
Projektmanagement
Qualitätssicherung
Konfigurationsmanagement
Problem- und Änderungsmanagement
Lieferung und Abnahme (AN)
Vertragsschluss (AN)
Systemerstellung
Optionale Vorgehensbausteine
Lieferung und Abnahme (AG)
Vertragsschluss (AG)
Evaluierung von Fertigprodukten
Systemsicherheit
Kaufmännisches Projektmanagement
Messung und Analyse
HW-Entwicklung
SW-Entwicklung
Logistikkonzeption
Benutzbarkeit und Ergonomie
Weiterentwicklung und Migration von Altsystemen
Mögliche Projektdurchführungsstrategien
Inkrementelle Systementwicklung (AN)
Komponentenbasierte Systementwicklung (AN)
Agile Systementwicklung (AN)
Wartung und Pflege von Systemen (AN)

Abbildung 23:   Tailoring mit dem V-Modell XT Projektassistenten

In der Registerkarte „Vorgehensbausteine und Projektdurchführungsstrategien" lassen sich die optionalen Vorgehensbausteine konfigurieren. Die getroffene Auswahl kann abgespeichert und im Projekthandbuch dokumentiert werden. Entscheidungen über optionale Vorgehensbausteine sollten begründet werden.

2.7.8.2   Projektplanung

Aufgrund der Projektdurchführungsstrategie werden die Entscheidungspunkte im Projektablauf terminlich geplant. Zu jedem Entscheidungspunkt gehören dann ein oder mehrere Produkte, die durch Aktivitäten (Vorgänge) erstellt werden. Abbildung 24 zeigt die projektspezifische Festlegung der Projektdurchführungsstrategie, wobei die Entwicklungsaufgaben „Feinentwurf abgeschlossen" und „Systemelemente realisiert" zweimal eingeplant sind und parallel ablaufen.

Aus Abbildung 25 ist ersichtlich, wie die Planung der Entscheidungspunkte im Projektassistenten erfolgt. In diesem Schritt werden zu jedem Entscheidungspunkt, der automatisch vorgeschlagen wird, der entsprechende Termin und die Vorgängerbeziehung festgelegt.

Die durchgeführten Planungsaufgaben können anschließend in ein Projektplanungstool übernommen werden. Dabei wird eine Schnittstellendatei erstellt, die sich z.B. mit Hilfe von MS-Project weiter bearbeiten lässt. Abbildung 26 zeigt die Datenübernahme in MS-Project. Darin sind die Entscheidungspunkte als Meilensteine durch eine Raute dargestellt. Ebenfalls sieht man die einem Entscheidungspunkt zugeordneten Aufgaben (Aktivitäten).

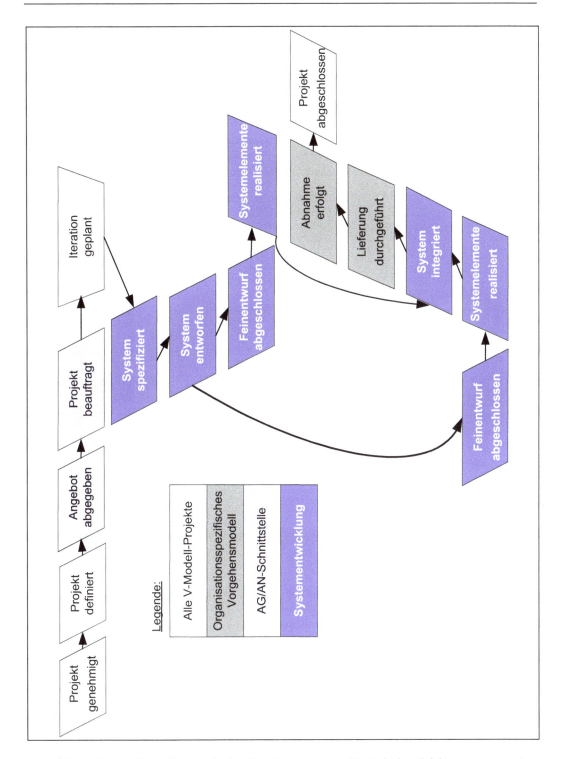

Abbildung 24:   Projektspezifische Festlegung einer Projektdurchführungsstrategie

Wählen Sie einen Entscheidungspunkt aus der Liste, oder fügen Sie einen freien Meil

● Freier Meilenstein
☐ Inkrementelle Systementwicklung (AN)
☐ Ablauf Inkrementelle Systementwicklung (AN)
    ● Projekt beauftragt
    ● Projekt abgeschlossen
    ☐ Inkrementelle Systementwicklung (AN):Parallelablauf
        ☐ Inkrementelle Systementwicklung:Parallelablaufteil

Name: Projekt abgeschlossen

Datum (TT.MM.JJJJ):   03.12.2008 ⊡

Vorgängerliste (durch "," getrennt): 14

                                              Hinzufügen

Nr	Entscheidungspunkte und Meile...	Typ
1	Projekt genehmigt	Projekt genehmigt (Inkrementelle Systementwicklun(
2	Projekt definiert	Projekt definiert (Inkrementelle Systementwicklung) (
3	Angebot abgegeben	Angebot abgegeben (Inkrementelle Systementwicklu
4	Projekt beauftragt	Projekt beauftragt (Inkrementelle Systementwicklung
5	Iteration geplant	Iteration geplant (Inkrementelle Systementwicklung)
6	System spezifiziert	System spezifiziert (Inkrementelle Systementwicklun(
7	System entworfen	System entworfen (Ablauf SE, FE, RE, IN in Inkremen

Abbildung 25:   Festlegung der Entscheidungspunkte

2.7.9   Zusammenfassung und Wertung

Wesentlich am V-Modell XT ist die umfangreiche Festlegung von Vorgehensbausteinen. Mit diesen kann man ausgehend von der Projektidee über die Nutzungsphase hinweg sowohl den Blickwinkel des Auftraggebers (derjenige, der das IT-Produkt
einsetzen möchte) als auch den des Auftragnehmers (derjenige, der das IT-Produkt
herstellt) beschreiben.

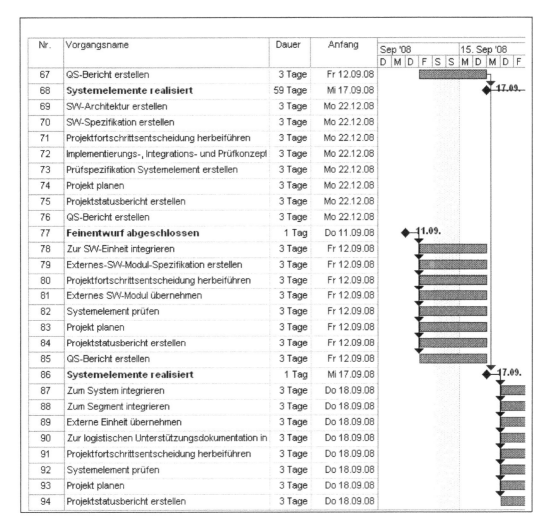

Nr.	Vorgangsname	Dauer	Anfang
67	QS-Bericht erstellen	3 Tage	Fr 12.09.08
68	**Systemelemente realisiert**	59 Tage	Mi 17.09.08
69	SW-Architektur erstellen	3 Tage	Mo 22.12.08
70	SW-Spezifikation erstellen	3 Tage	Mo 22.12.08
71	Projektfortschrittsentscheidung herbeiführen	3 Tage	Mo 22.12.08
72	Implementierungs-, Integrations- und Prüfkonzept	3 Tage	Mo 22.12.08
73	Prüfspezifikation Systemelement erstellen	3 Tage	Mo 22.12.08
74	Projekt planen	3 Tage	Mo 22.12.08
75	Projektstatusbericht erstellen	3 Tage	Mo 22.12.08
76	QS-Bericht erstellen	3 Tage	Mo 22.12.08
77	**Feinentwurf abgeschlossen**	1 Tag	Do 11.09.08
78	Zur SW-Einheit integrieren	3 Tage	Fr 12.09.08
79	Externes-SW-Modul-Spezifikation erstellen	3 Tage	Fr 12.09.08
80	Projektfortschrittsentscheidung herbeiführen	3 Tage	Fr 12.09.08
81	Externes SW-Modul übernehmen	3 Tage	Fr 12.09.08
82	Systemelement prüfen	3 Tage	Fr 12.09.08
83	Projekt planen	3 Tage	Fr 12.09.08
84	Projektstatusbericht erstellen	3 Tage	Fr 12.09.08
85	QS-Bericht erstellen	3 Tage	Fr 12.09.08
86	**Systemelemente realisiert**	1 Tag	Mi 17.09.08
87	Zum System integrieren	3 Tage	Do 18.09.08
88	Zum Segment integrieren	3 Tage	Do 18.09.08
89	Externe Einheit übernehmen	3 Tage	Do 18.09.08
90	Zur logistischen Unterstützungsdokumentation in	3 Tage	Do 18.09.08
91	Projektfortschrittsentscheidung herbeiführen	3 Tage	Do 18.09.08
92	Systemelement prüfen	3 Tage	Do 18.09.08
93	Projekt planen	3 Tage	Do 18.09.08
94	Projektstatusbericht erstellen	3 Tage	Do 18.09.08

Abbildung 26:   Datenübernahme vom V-Modell XT Projektassistenten in MS-Project

Vorteile des V-Modells XT sind:

– Es handelt sich um ein öffentlich zugängliches Modell.

– Eine laufende Weiterentwicklung ist geplant und wird durch das Ministerium des Innern unterstützt.

– Das Modell regelt die Verantwortlichkeiten zwischen Auftraggeber und Auftragnehmer. Die Zusammenarbeit zwischen den Geschäftspartnern wird formell geregelt.

– Im Modell lassen sich Projektstrukturen für ein individuelles IT-Projekt definieren und festlegen, wann welche Meilensteine erreicht werden sollen.

– Es werden Mindestanforderungen an Prozesse, Organisationen und Zwischenergebnisse festgelegt.

– Eine gute Unterstützung durch eine umfangreiche Dokumentation ist gegeben.

– Einzelne Produkte, die während der Projektumsetzung entstehen, liegen als
  Mustervorlagen bereit und können projektspezifisch angepasst werden.

– Die zur Anpassung erforderlichen Basistools stehen kostenlos zu Verfügung.
  Industriell erstellte Werkzeuge werden zu dem von Softwaredienstleistern angeboten.

Neben vielen positiven Meinungen zum V-Modell XT gibt es aber auch kritische
Äußerungen. So schreibt z.B. H.M. Sneed „In seiner jetzigen Fassung ist das V-
Modell XT also nicht brauchbar und eher schädlich als nützlich" (Sneed, H., M.:
(2007), S. 63). Angemerkt werden muss jedoch, dass sich die Kritik von Sneed
hauptsächlich auf den Bereich Projektaufwandschätzung bezieht.

Es sei generell darauf hingewiesen, dass ein Vorgehensmodell kein Garant für erfolgreiche IT-Projekte sein kann. Es dürfte jedoch unbestritten sein, dass der Einsatz
des V-Modells XT in einem Unternehmen nachweislich die Qualität der Ergebnisse
verbessert. Man sollte deshalb genau überlegen, welche Vorgehensweise man bei
welchen Produkten auswählt.

✛ Erfolgsfaktoren – Fallstricke - Praxistipp

– Beginnen Sie kein IT-Projekt ohne Festlegung eines Vorgehensmodells.

– Wählen Sie ein Vorgehensmodell nach den folgenden Kriterien Vollständigkeit, Systematik, Modularität, Allgemeingültigkeit und Anpassbarkeit aus (vgl.
  Bunse, C.; Knethen, A.: (2002), S. 101).

– Passen Sie das Vorgehensmodell auf das konkrete Projektvorhaben an.

– Sorgen Sie dafür, dass alle Projektbeteiligten (Kunden, Partner, Anwender,
  Entwickler, ...) Kenntnis über das Vorgehensmodell erhalten.

– Das Vorgehensmodell stellt eine wichtige Komponente in der Projektdokumentation dar und kann für spätere IT-Projekte verwendet werden.

– Die Erfahrungen mit einem bestimmten Vorgehensmodell bei einer konkreten
  Projektumsetzung sind von erheblichem Wert für Folgeprojekte.

Übungsfragen zu Kapitel 2:

1. Entwickeln Sie:
   a) ein sequentielles Vorgehensmodell mit 6 Phasen.
   b) ein inkrementelles Vorgehensmodell mit 6 Phasen.
   c) ein iteratives, inkrementelles Vorgehensmodell mit 6 Phasen.
2. Kennzeichen Sie agile Methoden zur Softwareentwicklung.
3. Was sind die besonderen Merkmale beim Extreme Programming?
4. Welche Techniken werden beim Extreme Programming verwendet?
5. Beschreiben Sie die Vor- und Nachteile beim Extreme Programming.
6. In welchen Bereichen wird das V-Modell XT angewendet?
7. Installieren Sie den aktuellen Projektassistenten von V-Modell XT (www.v-modell-xt.de) und nehmen Sie die grundsätzlichen Einstellungen für ein mittelgroßes Systementwicklungsprojekt eines Auftragnehmers vor.
   a) Welche verpflichtenden Vorgehensbausteine werden ermittelt?
   b) Welche optionalen Vorgehensbausteine stehen zur Wahl?
   c) Können Sie das Projekt mit einer inkrementellen Entwicklungsstrategie umsetzen?

3 IT-Projektorientierte Organisationsformen

Eine wesentliche Voraussetzung für das Gelingen von IT-Projekten wird durch die Festlegung einer angemessenen Organisation geschaffen.

Folgt man einem Definitionsvorschlag von Vahs und Schäfer-Kunz, so umfasst der Begriff der Organisation „sowohl die zielorientierte ganzheitliche Gestaltung von Beziehungen in sozialen Systemen als auch das Ergebnis dieser Tätigkeit" (Vahs, D.; Schäfer-Kunz: (2007), S. 301).

Da Unternehmen offene soziale Systeme sind, gilt es
1. das Ergebnis, also die Unternehmensorganisation darzustellen und
2. sich mit den Aufgaben, wie man zu einer Unternehmensorganisation kommt, zu beschäftigen.

Lernziele von Kapitel 3

Jedes IT-Projekt wird in einem Unternehmen (oder allgemein in einem sozialen System) durchgeführt. Der Leser erfährt, welche Möglichkeiten es gibt, ein IT-Projekt in die bestehende Organisation eines Unternehmens zu integrieren. Dazu werden traditionelle Organisationsformen wie Stabs- oder Matrixorganisation, aber auch speziell auf die Entwicklung von IT-Systemen hin entwickelte Organisationsformen am Beispiel des Chef Programmiererteams erklärt.

Von elementarem Interesse ist die organisatorische Strukturierung des IT-Projektteams selbst. Hier erfährt man, wie das IT-Projektteam in ein Beziehungsgeflecht integriert wird und welche Aufgaben die einzelnen Beteiligten haben.

Zusammengefasst: Das sollten Sie nach diesem Kapitel wissen:
- Welche Möglichkeiten es für eine externe IT-Organisation gibt.
- Sie können eine externe Organisationsform für ein neues IT-Projekt gestalten.
- Ihnen ist bekannt, wie sich ein IT-Projektteam intern organisieren lässt.
- Sie kennen die Aufgabenspektren eines IT-Projektleiters. Sie wissen, wie man mit Hilfe einer Stellenbeschreibung organisatorische Regelungen fi-

xiert.

– Sie kennen die organisatorischen Besonderheiten bei der Integration von IT-Projektmitarbeitern und Gremien in einem IT-Projekt.

– Sie kennen eine Methode, mit der ein Unternehmen die Möglichkeit hat, aus mehreren Projektvorschlägen genau diejenigen auszuwählen, die möglichst nahe an den Unternehmenszielen sind.

Nachfolgend sollen zuerst die Grundlagen für eine IT-Projektorganisation besprochen und zentrale Begriffe erläutert werden. Anschließend erfolgt in den Kapiteln 3.2 und 3.3 die Diskussion zu der externen und internen IT-Projektorganisation.

3.1   Grundlagen der IT-Projektorganisation

Eine Unternehmensorganisation wird durch ein mehr oder weniger ausgeprägtes Regel- und Stellengefüge geprägt. Sie ist dauerhaft ausgerichtet. Die Organisation soll aufgabenadäquat sein. Ein Zuviel an Organisation führt zur Überorganisation. Zuwenig organisatorische Regeln führen zur Unterorganisation und begünstigen chaotische Verhältnisse. Durch die Bildung von Stellen werden abgegrenzte Zuständigkeiten geschaffen, damit Aufgaben arbeitsteilig bewerkstelligt werden können.

Unter einer Projektorganisation lässt sich die „Gesamtheit der Organisationseinheiten und der aufbau- und ablauforganisatorischen Regelungen zur Abwicklung eines bestimmten Projektes" verstehen (DIN 69901).

Alle Mitarbeiter des Unternehmens werden in der Aufbauorganisation verankert. Diese Gliederung besteht aus aufgabenteiligen, funktionsfähigen Teilbereichen. Für alle Stellen werden Regelungen von Kompetenz- und Unterstellungsverhältnissen getroffen.

Die Zuweisung von Aufgaben und deren Umsetzung in den Geschäftsprozessen ist Gegenstand der Ablauforganisation. Hier betrachtet man die Aufgaben im Unternehmen in sachlicher, zeitlicher und mengenmäßiger Hinsicht.

Ein wichtiges Ziel bei der Organisationsgestaltung für IT-Projekte ist es, die Balance zwischen Flexibilität und Stabilität herzustellen. Die Flexibilität betrifft den organisatorischen Rahmen, der genügend Freiräume für eine innovative Entwicklung lässt und nicht einengend wirkt. Die Stabilität einer Organisation wird durch die Festlegung klarer Zuständigkeiten und Verantwortlichkeiten gebildet, die über einen längeren Zeitraum konstant ist.

Das oben beschriebene Organisationssystem muss bei der Abwicklung von IT-Projekten angepasst werden. Hier zeigen sich bereits zu Beginn erste Probleme:
- Generell ist die Organisation langfristig ausgelegt. IT-Projekte sind dagegen Vorhaben, die in einem bestimmten Zeithorizont bearbeitet werden. Dieser Widerspruch tritt umso stärker hervor, je mehr ein Unternehmen auf Produktaufgaben ausgerichtet ist, die nur einen geringen Bezug zu den IT-Projekten haben. Hier ist die Gefahr, dass eine IT-Projektorganisation zum Fremdkörper im Unternehmen wird, besonders groß.
- Die IT-Projektorganisation muss im Unternehmen so verankert werden, dass der eigentliche Unternehmenszweck (z.B. Produktion von Gütern) weiterhin erreicht werden kann.
- Die zusätzlichen Projektaufgaben stehen in Konkurrenz zu den üblichen Aufgaben.

Unter einer Projektorganisation versteht man die für die Durchführung eines Projektvorhabens eingerichtete spezialisierte Sekundärorganisation (interne Projektorganisation) sowie deren Eingliederung in die bestehende Primärorganisation des Unternehmens (externe Projektorganisation) (vgl. Breisig, T.: (2006), S. 119; vgl. Buhl, A.: (2004), S. 50).

Bevor auf die einzelnen Organisationsformen eingegangen wird, erfolgt die Klärung einiger Grundbegriffe:
- Leitungsstellen / Instanzen
  Leitungsstellen werden auch als Instanzen bezeichnet, wenn sie überwiegend oder ausschließlich Führungsaufgaben wahrnehmen (vgl. Bea, F., X.; Dichtl. E.; Schweitzer, M.: (2001), S. 140).

– Stellen

Durch die Gestaltung der Organisation entscheidet man sich für ein bestimmtes Spezialisierungskonzept mit Über- und Unterordnungen. Es entstehen personenunabhängige Teilaufgabengebiete mit entsprechenden Rechten und Pflichten, die als Stellen bezeichnet werden.

– Organigramm

In einem Organigramm werden die Stellen in ihrem Gesamtzusammenhang grafisch dargestellt. Es handelt sich um eine hierarchische Ordnung, in der das Beziehungsgeflecht aus Über- / Unterordnungen zwischen den Stellen ersichtlich ist.

Auf der Basis dieser Grundlagen können wir nun die Eingliederung eines IT-Projektes in die Unternehmensorganisation im nächsten Kapitel erläutern.

3.2   Externe IT-Projektorganisation

Für die Eingliederung von IT-Projekten in die Primärorganisation ergeben sich aus theoretischer Sicht mehrere traditionelle Möglichkeiten (vgl. Frese, E.: (2005), S. 517 ff.). Hierzu zählen:

1. Organisation ohne strukturelle Projektausrichtung
2. Stabs-Projektorganisation
3. Matrix-Projektorganisation
4. Reine Projektorganisation

Als 5. Organisationsform, die speziell Belange von IT-Organisationen berücksichtigt, wird das Chef-Programmiererteam anschließend behandelt.

3.2.1   Organisation ohne strukturelle Projektausrichtung

Diese Organisationsform eignet sich nur für sehr kleine IT-Projekte oder für IT-Projekte mit geringer Bedeutung. Die Projektwirkungen lassen sich damit auf einen bestimmten Bereich beschränken. Formal betrachtet wird die bestehende Organisationsstruktur nicht verändert. Das IT-Projekt wird durch eine vorhandene Organisationseinheit koordiniert. Man findet diese Organisationsform sehr häufig, wenn z.B. in einer Abteilung für einen abgegrenzten Aufgabenbereich ein IT-Produkt durch einen oder wenige IT-Mitarbeiter in einem sehr überschaubaren Zeithorizont (wenige Wochen) entwickelt werden soll. Eine Beteiligung durch andere Linienstellen ist in beschränktem Umfang ebenfalls denkbar (vgl. Abbildung 27).

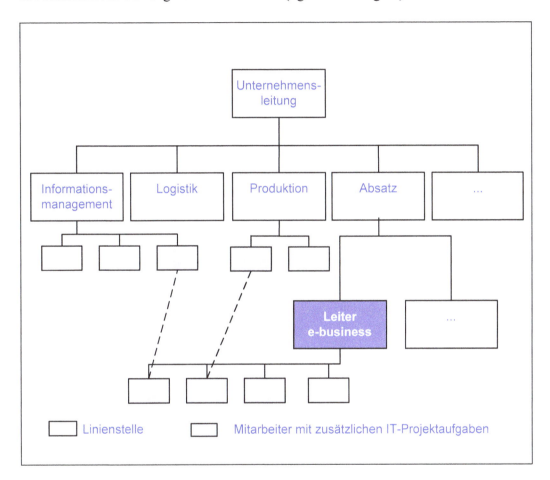

Abbildung 27: Organisation ohne strukturelle Projektausrichtung

In diesem Beispiel hat der Leiter E-Business gegenüber Mitarbeitern aus anderen Abteilungen (Informationsmanagement, Produktion) kein direktes Weisungsrecht. Die verbindliche Anordnung von Aufgaben lässt sich im Streitfall nur über den direkten Vorgesetzten der Linienstelle durchsetzen. Die Rolle des Projektleiters kann dann auf die Vorbereitung von Entscheidungen durch die Linienstellen reduziert werden (vgl. Wieczorrek, H., W.; Mertens, P.: (2007), S. 26 f.).

Zu den Nachteilen dieser Organisationsform zählen:

– Der Projektleiter ist nur eingeschränkt für den Projekterfolg / -misserfolg verantwortlich.

– Die Identifikation der Mitarbeiter mit dem Projekt kann gering sein, da die Projektaufgaben zusätzlich bearbeitet werden.

– Dem Projektteam stehen keine eigenen Ressourcen zur Verfügung.

– Bei Problemen können lange Projektlaufzeiten aufgrund nicht geregelter Kompetenzen entstehen.

Vorteile:

– Es handelt sich um eine unkomplizierte Organisationsform.

– Ein flexibler Personaleinsatz ist möglich.

– Die Projektumsetzung erfolgt im Rahmen der vorhandenen Möglichkeiten.

3.2.2   Stabs-Projektorganisation

Unter einer Stabsstelle versteht man eine Leitungshilfsstelle. Sie beraten und unterstützen Leitungsstellen. Ihre Befugnisse sind dadurch begrenzt, dass sie keine direkten Weisungsbefugnisse besitzen. Durch die Einrichtung von Stäben kann spezielles Fachwissen einer Leitungsstelle zur Verfügung gestellt werden. Diese wird von arbeitsaufwändigen Fachaufgaben entlastet. Typische Aufgaben für Stabsstellen sind z.B.:

– fachliche Beratung in juristischen Angelegenheiten (Stabsstelle „Recht")

– Unterstützung und Überwachung bei Führungsaufgaben (Stabsstelle „Controlling")

– fachliche Beratung bei der Entwicklung von IT-Systemen (Stabsstelle „IT-Projekte")

Abbildung 28 zeigt ein Organigramm für eine Stabs-Projektorganisation. Dabei werden die IT-Projekte 1 und 2 sowie das Controlling und die Stabsstelle „Recht" direkt der Unternehmensleitung unterstellt. Die Stelleninhaber der Stabsstellen haben kein Weisungsrecht gegenüber den Linienstellen Informationsmanagement, Beschaffung, Produktion und Absatz.

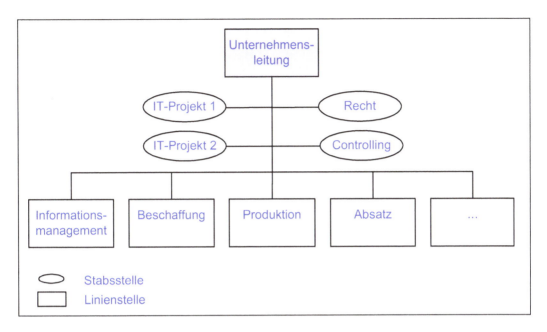

Abbildung 28:   Stabs-Projektorganisation

Für diese Organisationsform findet man auch die Bezeichnung „Einfluss-Projektorganisation" oder „Projekt-Koordination". Ein Projektleiter ohne Entscheidungs- und Weisungsrecht erstellt Pläne für das IT-Projekt und sorgt für Akzeptanz bei den Instanzen. Von ihm werden auch der Projektfortschritt und die Art und Weise der Projektdurchführung überwacht. Der IT-Projektleiter ist darauf angewiesen, dass sein fachlicher und persönlicher Einfluss auf die Linienmanager ausreicht, die erforderliche Unterstützung aus den Fachabteilungen zu erhalten.

Der Vorteil dieser Organisationsform liegt darin, dass man an der bestehenden Organisationsstruktur keine Änderungen vornehmen muss. Nachteilig kann sich die fehlende Kompetenz bei Schwierigkeiten im Projektablauf auswirken. Dies kann zu Zeit- und Reibungsverlusten führen (vgl. Breisig, T.: (2006), S. 120 f.).

Will man Stabsstellen mit mehr Verantwortung und Kompetenz ausstatten, so kann man sogenannte Dienstleistungsstellen einrichten, die mit Voll- oder Teilkompetenz ausgestattet sind. Diese nehmen zentrale Unterstützungsaufgaben für mehrere Leitungsstellen wahr. Die Dienstleistungsstellen werden häufig aus früheren Stäben gebildet, deren Aufgaben im Lauf der Zeit an Bedeutung gewonnen haben (z.B. Controlling, IT, IT-Projekte usw.). Den Dienstleistungsstellen wird das Recht zugestanden, Richtlinien für die einheitliche Abwicklung bestimmter Aufgaben vorzunehmen. Sie erlangen damit Richtlinienkompetenz. Ein Beispiel hierfür wird in Abbildung 29 dargestellt.

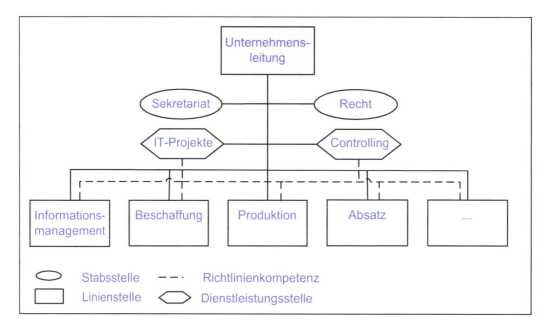

Abbildung 29:   *Organisationsbeispiel mit Dienstleistungsstellen*

3.2.3   Matrix-Projektorganisation

Bei der Matrixorganisation handelt es sich um eine sogenannte Mehrlinienorganisationsform. Dabei erfolgt die Strukturierung des Unternehmens unter gleichzeitiger Anwendung von zwei Gestaltungsdimensionen. Als erste Gestaltungsdimension kann eine Strukturierung nach den betrieblichen Funktionsbereichen (z.B. Entwicklung, Beschaffung, Fertigung, …) erfolgen. Als zweite Gestaltungsdimension können die IT-Projekte verwendet werden (vgl. Abbildung 30). Die Mitarbeiter bleiben unabhängig von den aktuellen IT-Projekten weiterhin dem Linienvorgesetzten disziplinarisch unterstellt.

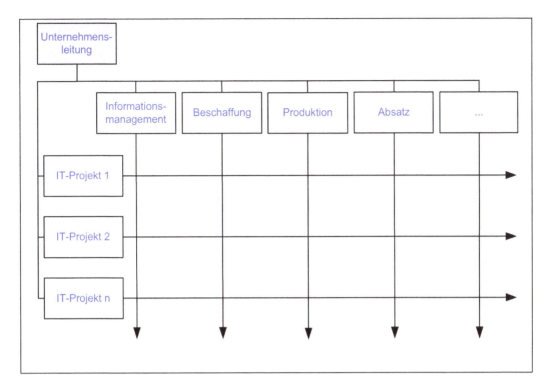

Abbildung 30:   Matrix-Projektorganisation

Als Nachteile dieser Organisationsform gelten:

– An den Matrixschnittpunkten ist mit Integrations- und Koordinationsproblemen zu rechnen.

– Aus der Verteilung der Kompetenzen zwischen den beiden Gestaltungsdimensionen können die für Matrixorganisationen generell typischen institutionalisierten Kompetenzkonflikte entstehen (vgl. Vahs, D.: (2005), S. 164).

– Im Konfliktfall kann sich eine Entscheidungsfindung zwischen den Beteiligten als schwerfällig und zeitintensiv erweisen. Ebenso können lange, formale Kommunikationswege entstehen.

– Es entstehen hohe Anforderungen an die IT-Projektbeteiligten in fachlicher und sozialer Sicht.

– Unklare Unterstellungsverhältnisse und unklare Instanzenwege stellen ein weiteres Gefahrenpotenzial dar.

Zu den Vorteilen werden gerechnet:

–   Durch die mehrdimensionale Ausrichtung hat man die Chance, dass innovative, ganzheitlich orientierte IT-Produkte entstehen.

–   An der Umsetzung können alle Funktionsbereiche beteiligt werden. Dabei wird die bestehende Organisationsform weiterhin beibehalten.

–   Bei Einigkeit im Projektteam können kurze IT-projektbezogene Kommunikationswege entstehen.

–   Die Projektumsetzung kann ohne störende Hierarchiestrukturen erfolgen.

–   Qualitativ hochwertige Entscheidungen sind durch die Beteiligung vieler Funktionsbereiche mit Spezialwissen möglich.

–   Die Organisationsform fördert eine hohe Motivation bei den Mitarbeitern. Die Mitarbeiter haben ein hohes Sicherheitsgefühl, da sie in ihrem gewohnten Umfeld bleiben.

–   Für das IT-Projekt werden keine eigenen Ressourcen aufgebaut.

3.2.4   Reine Projektorganisation

Bei der reinen Projektorganisation werden die Projektmitarbeiter vollständig aus ihren bisherigen Funktionsbereichen herausgelöst. Die Aufbauorganisation wird so angepasst, dass die Projektmitarbeiter dem Projektleiter unterstellt werden können (vgl. Abbildung 31). Beim Projektleiter liegen die gesamten Weisungs- und Entscheidungsbefugnisse. Er hat die Verfügungsgewalt über alle Ressourcen.

Die reine Projektorganisation eignet sich für große und komplexe IT-Projekte, die über einen längeren Zeitraum hinweg bearbeitet werden und die von hoher Bedeutung für das Unternehmen sind. Nicht selten bilden sie auch die Keimzelle dafür, wenn aus dem Projekt heraus ein eigenständiger Geschäftsbereich entstehen soll.

Bei der reinen Projektorganisation können folgende Probleme auftreten:

–   Wenn Mitarbeiter über einen längeren Zeitraum aus ihren Funktionsbereichen herausgenommen werden, verlieren sie den Bezug zu ihren bisherigen Aufgaben und dem Informationsfluss. Sie können nicht mehr an der Know-how-Bildung partizipieren (vgl. Frese, E.: (2005), S. 522).

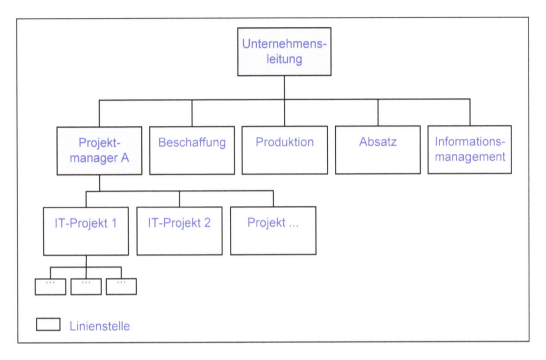

Abbildung 31:   Reine Projektorganisation (vgl. Frese, E.: (2005), S. 522)

– Die Projektmitarbeiter kennen mit der Zeit nicht mehr die aktuellen Interessen und Wünsche der Funktionsbereiche bei der Projektrealisierung.

– Die Wiedereingliederung der Projektmitarbeiter kann nach Projektende zu Problemen führen.

– Die Integration der anderen Funktionsbereiche bei der Projektumsetzung ist nur schwach ausgeprägt.

– Es entsteht ein Mehrbedarf an Leitungsstellen.

– Für die Bildung eigenständiger Bereiche muss mit hohen Ressourcenanforderungen gerechnet werden.

– Die Einrichtung einer eigenständigen Organisationsform stellt einen erheblichen Eingriff in die Unternehmensorganisation dar.

Vorteile der reinen Projektorganisation:

– Es kann eine ganzheitliche Übertragung der Projektaufgabe, der gesamten Verantwortung und der vollständigen Kompetenz auf einen Projektleiter erfolgen.

– Die Projektmitarbeiter können sich ausschließlich auf das Projekt konzentrieren, dadurch kann eine hohe projektbezogene Arbeitsleistung erwartet werden.

– Die besondere Stellung des Projektleiters und der Projektaufgabe wird herausgestellt.

– Es kommt zu einer Aufgabenentlastung bei der vorgesetzten Managementstelle.

– Eine schnelle Entscheidungsfindung ist innerhalb der Linienstelle gewährleistet.

– Die Verantwortlichkeiten und Zuständigkeiten sind im Projekt klar geregelt.

– Die Mitarbeiter haben eine hohe Identifikation mit „ihrem Projekt".

3.2.5   Chef-Programmiererteam

Es gibt Stimmen, die sich gegen die Einführung traditioneller Organisationsformen bei IT-Projekten wenden. So führt z.B. Mayr folgende Argumente gegen die Einführung traditioneller Organisationsformen an (vgl. Mayr, H.: (2001), S. 59):

– Hierarchische Kommunikationswege wirken sich negativ auf Qualität, Quantität und Umsetzungsgeschwindigkeit aus.

– Durch ein gegenseitiges Abhängigkeitsverhältnis bei den Stellen entsteht ein hohes Konfliktpotenzial.

– Die Beurteilung der Realisierbarkeit der zu erwartenden Kosten und der Entwicklungszeiten ist oft falsch.

Eine weitere speziell auf die Belange von IT-Projekten zugeschnittene Organisationsform ist das Chef-Programmiererteam (chief programmer team). Die Idee ist, dass wenige Spezialisten, die um einen besonders qualifizierten und erfahrenen Mitarbeiter angeordnet werden, IT-Entwicklungsaufgaben besonders effektiv lösen können. Diese Organisationsform hat folgende Merkmale:

– Es handelt sich um eine überschaubare Entwicklergruppe, die um einen erfahrenen Spezialisten, den Chefprogrammierer herum hierarchisch angeordnet wird.

– Die Gruppe setzt sich neben dem Chefprogrammierer aus einem Projektassistenten, einem Projektsekretär und mehreren Spezialisten für einzelne Entwicklungsaufgaben und Tests zusammen.

– Der Chefprogrammierer entwickelt selbst die Systemarchitektur und die kritischen Systemteile.

– Entwicklungspakete werden vom Chefprogrammierer verteilt und anschließend durch Reviews überprüft.

Der Projektassistent, der teilweise auch als Backup-Programmer bezeichnet wird, ist ein weiterer IT-Spezialist. Er unterstützt als engster Mitarbeiter den Chefprogrammierer bei der Bewältigung von technischen Aufgaben. Er ist sein Stellvertreter und verfügt über ein fundiertes fachliches Know-how.

Vom Projektsekretär werden überwiegend Verwaltungsaufgaben für das gesamte Projektteam übernommen. Er ist die zentrale Anlaufstelle für alle Dokumente, die während des Projektfortschrittes entstehen und weiterbearbeitet werden. Die eingesetzten Spezialisten (z.B. Programmierer, Datenbankspezialisten, Webdesigner) sind abhängig von der Art und vom Umfang des IT-Projektes.

Zu den Nachteilen dieser Organisation sind zu zählen:

- Die Organisationsform eignet sich nur für kleinere Entwicklungsvorhaben.
- Eine Integration der Nutzer / Fachabteilungen ist nicht vorgesehen.
- Es kann schwierig sein Chefprogrammierer zu finden, da diese sowohl über fundierte Softwareentwicklungskenntnisse als auch über Managementfähigkeiten verfügen müssen.
- Die Stelle des Projektassistenten ist ebenfalls schwierig zu besetzen, da auch dieser ein Technikspezialist ist und zusätzliche Managementkenntnisse benötigt.

Die Vorteile dieser Organisationsform:

- Im Team gibt es kurze Kommunikationswege.
- Der Leiter hat ein großes Verständnis für IT-technische Probleme und kann Lösungswege, Aufwand und Qualität gut beurteilen.
- Es gibt eine hohe Akzeptanz des IT-Projektleiters, da dieser direkt an den Entwicklungsaufgaben beteiligt ist.
- Der projektinterne Verwaltungsaufwand ist gering.

Nachdem verschiedene Organisationsformen vorgestellt wurden, geht es im nächsten Kapitel darum zu zeigen, wie die Auswahl einer konkreten Organisationsform für ein IT-Projekt erfolgen kann.

3.2.6   Auswahl einer Organisationsform

Die Auswahl einer externen Projektorganisationsform kann zunächst grob anhand
der Projektgröße und entsprechend der Anzahl der Stellen, die vom IT-Projekt betroffen sind, erfolgen (vgl. Abbildung 32). Sind z.B. von dem IT-Projekt sehr viele
Stellen im Unternehmen oder gar noch unternehmensexterne Bereiche tangiert, so
empfiehlt sich die Strukturierung nach dem Modell der Matrix-Projektorganisation
oder der reinen Projektorganisation. Buhl empfiehlt die reine Projektorganisation bei
Projekten mit mehr als 30 Mitarbeitern. Für IT-Projekte mittlerer Größe und der
Beteiligung vieler Stellen kann die Matrix-Projektorganisation angeraten werden.
Diese hat in der Praxis eine hohe Bedeutung erlangt, da die überwiegende Anzahl an
IT-Projekten in wenigen Monaten bearbeitet wird. Die Durchführung von IT-
Projekten im Rahmen der Organisation ohne strukturelle Projektausrichtung ist le-
diglich für kleine IT-Projekte mit bis zu 10 Mitarbeitern geeignet (vgl. Buhl, A.:
(2004), 53 f.).

Eine weitere klassifizierende Gegenüberstellung der externen Organisationsformen
ist in der nachfolgenden Tabelle 2 enthalten.

3.3   Interne IT-Projektorganisation

Die interne IT-Projektorganisation betrifft die Zusammensetzung des IT-
Entwicklungsteams und dessen Einbindung in verschiedene Gremien des Unternehmens. Die IT-Organisation ist abhängig vom Aufgabenumfang des IT-Projektes. Je
größer der Aufgabenumfang und je mehr Spezialwissen erforderlich ist, desto umfangreicher ist die Aufbauorganisation für das IT-Entwicklungsteam. Abbildung 33
zeigt die Integration des IT-Entwicklungsteams in Zusammenhang mit dem Projektumfeld. Dieses besteht aus:

– Kunde / Auftraggeber
– Projektleiter
– Projektmitarbeiter
– Beratungsgremien
– Entscheidungsgremien
– IT-Organisation im Unternehmen
– Anwender

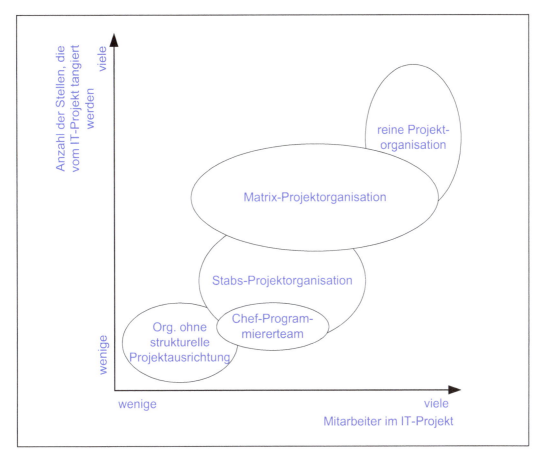

Abbildung 32:   Auswahl einer externen Organisationsform

Anschließend werden die einzelnen Bereiche des Projektumfeldes genauer betrachtet.

3.3.1   Kunde / Auftraggeber

Bei den Kunden / Auftraggebern kann es sich um interne und externe Partner handeln. Ihnen kommt während der Projektabwicklung an mehreren Stellen eine wichtige Bedeutung zu. Sie sind z.B. zuständig für:

– Formulierung der Anforderungen und Ziele an das IT-Produkt
– Abstimmung der Anforderungen mit den Lösungsvorschlägen
– Unterstützung während des Projektablaufs durch die Bereitstellung von Informationen
– Abnahme des IT-Produktes

Organisations- form Kriterien	Organisa- tion ohne strukturelle Projektaus- richtung	Stabs- Projekt- organi- sation	Matrix- Projekt- organisati- on	reine Pro- jektorgani- sation	Chef-Pro- gram- mierer- team
Bedeutung für das Unterneh-men	gering	mittel bis groß	groß	sehr groß	mittel
Projekt-umfang	sehr klein	mittel	groß	sehr groß	mittel
Projekt-laufzeit	kurz - mittel	mittel – lang	mittel – lang	lang	mittel – lang
Projektwirkung	einzelne / wenige Stellen	wenige / viele Stellen	wenige / viele Stellen	viele Stellen	wenige Stellen
organisatori-sche Änderun-gen	keine	geringe durch Ein-richtung von Stabsstelle	wenige durch Ein-richtung von IT-Projekt-managern	vollkommen neue Orga-nisation ist erforderlich	geringe
Komplexität	gering	mittel – groß	mittel – groß	groß	mittel - groß
Technologie	Standard	neu	neu / Stan-dard	neu	neu / Stan-dard
Mitarbeiter-einsatz	neben-amtlich	haupt-amtlich	neben-amtlich / haupt-amtlich	haupt-amtlich	haupt-amtlich
Risiko	gering	gering / mittel	mittel / groß	groß	mittel
Projekt-ressourcen	keine eige-nen Res-sourcen	wenige eigene Ressourcen	keine eige-nen Res-sourcen	eigene Ressourcen	eigene Ressourcen

Tabelle 2:   *Gegenüberstellung externer Organisationsformen[10]*

---

[10] vgl. Heinrich, L.: (2002), S. 201; Wieczorrek, H., W.; Mertens, P. (2007), S. 32

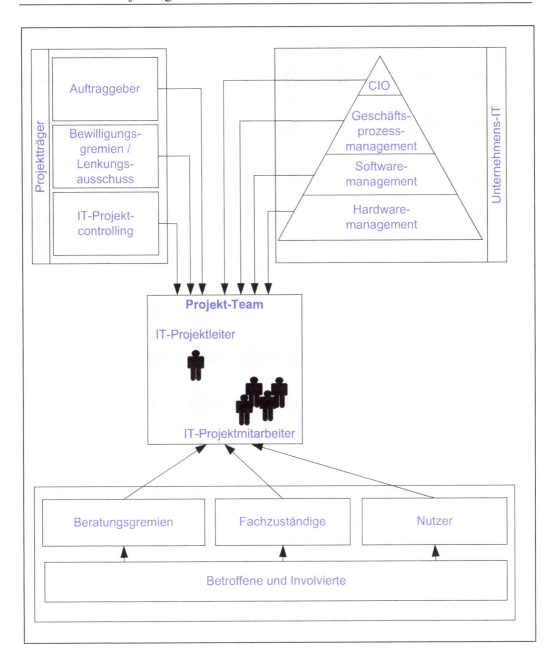

Abbildung 33:   IT-Projektteam in seinem Projektumfeld

3.3.2   IT-Projektleiter

Der IT-Projektleiter ist die für die Dauer des IT-Projektes geschaffene Organisationseinheit, die für die Planung, Steuerung und Überwachung des Projektes die Verantwortung trägt (vgl. DIN 69901).

Nachfolgend werden potenzielle Managementaufgaben eines IT-Projektleiters aufgezählt. Je größer das Projekt ist, desto öfter wird er auch Teile hiervon delegieren müssen. Zum Aufgabenspektrum des IT-Projektleiters zählen:

– die Betreuung des IT-Projektes über alle Realisierungsphasen hinweg.

– die Mitarbeit bei der Erstellung und Überarbeitung des IT-Projektantrages.

– die Führung des IT-Projektteams. Es handelt sich um eine Führungsaufgabe mit einem sehr hohen Maß an Verantwortung dem Auftraggeber und den Projektbeteiligten gegenüber.

– die aufbauorganisatorische Strukturierung des IT-Projektes. Die Beteiligten müssen wissen, in welcher Form sie an dem IT-Projekt beteiligt sind.

– die Auswahl eines Vorgehensmodells für die Vorgehensplanung und die entsprechende Planung des IT-Projektablaufs. Dabei werden Arbeitspakete entworfen und gegeneinander abgegrenzt.

– die Übertragung der einzelnen Arbeitspakete an die IT-Projektmitarbeiter zur Ausführung.

– die Erstellung von Termin-, Ressourcen- und Kostenplänen im Rahmen der Projektplanung.

– die Freigabe zur Durchführung der Arbeitspakete. Anschließend werden die Arbeitspakete kontrolliert und gegebenenfalls Steuerungsmaßnahmen ergriffen.

– die fachliche Führung der IT-Projektmitarbeiter.

– die Vertretung des IT-Projektteams in den Gremien. Er berichtet den Projektträgerinstanzen und ist direkter Ansprechpartner nach außen.

– der Projektabschluss, der durch einen Projektabschlussbericht erfolgt. In diesem Zusammenhang wird auch geplant, wie eine Wiedereingliederung der Mitarbeiter in die bestehende Organisation erfolgen kann.

– die Durchführung von Aufwandschätzungen (Zeit, Kosten).

– die Planung aller benötigten Ressourcen im IT-Projekt und Verfügbarkeitsprüfungen.

– spezielle Führungsaufgaben, die die Motivation der Mitarbeiter und die Konfliktbewältigung betreffen.

An den IT-Projektleiter werden sehr hohe Anforderungen gestellt. Er muss einerseits über hervorragende fachliche Qualifikationen und andererseits über Führungs- und Methodenkompetenzen verfügen. Dabei sind seine Fähigkeiten als „Diagnostiker, Stratege, Architekt, Konfliktmanager, Berater, Lehrer, Change Agent, Psychologe, Arzt, Revisor, Diplomat, Gruppenleiter …" (Strunz, H. (1987), S, V) und mehr gefragt. Er sollte über eine ausgeprägte Teamfähigkeit verfügen, motivierend wirken und ein hohes Maß an Verhandlungsgeschick besitzen. Dabei dürfen die wirtschaftlichen und strategischen Aspekte nicht verloren gehen. Seine Handlungen basieren auf einem ausgeprägten Kosten- / Nutzenbewusstsein.

Bei der Stellenbesetzung eines IT-Projektleiters ist es vorstellbar, dass man

– einen Manager aus dem eigenen IT-Bereich,

– einen Manager aus einem Funktionsbereich oder

– einen externen IT-Projektleiter (z.B. aus einer Unternehmensberatung)

verpflichtet. Pauschal kann kein Personenkreis ausgeschlossen oder präferiert werden. Für die Wahl eines Managers aus dem eigenen IT-Bereich spricht, dass dieser Mitarbeiter über unternehmensbezogene IT-Kenntnisse der verwendeten Hard- und Softwaresysteme verfügt.

Ein IT-Manager aus einer Fachabteilung dagegen kennt das spätere Anwendungsumfeld und die konkreten Forderungen der späteren Nutzer. Für die Wahl eines externen IT-Projektleiters könnte ausschlaggebend sein, dass dieser bereits ähnliche Projekte erfolgreich abgewickelt hat und damit das Entwicklungsrisiko relativ überschaubar ist.

Grupp empfiehlt aufgrund der erforderlichen Projekterfahrung und der erforderlichen Methodenkenntnissen bei größeren IT-Projekten Mitarbeiter mit IT-Kenntnissen den Vorzug zu geben (vgl. Grupp, B.: (2003), S. 42).

Eine Gegenüberstellung weiterer Argumente ist aus Tabelle 3 ersichtlich.

Kriterien	Manager aus dem IT-Bereich (intern)	Manager aus einer Fachabteilung (intern)	externer IT- Projektleiter
Kenntnisse der eingesetzten IT-Systeme	++	-	-
Marktkenntnisse projektbezogener IT-Systeme	+	-	++
Kenntnisse im späteren Nutzungs-umfeld	+	++	-
Erfahrungen mit IT-Projekten	++	-	++
Erfahrungen mit ähnlichen Projekten	-	-	++
Weiterbetreuung des IT-Produkts nach Projektende	+	++	-
Methodenkenntnisse	+	-	++
Neutralität gegen-über IT-Produkten	+	++	kann oft nicht beurteilt werden
zusätzliche Personalkosten	keine	keine	ja
Weisungsrecht	ja	ja	entsprechend dem Vertrag

Tabelle 3:   Kriterien bei der Stellenbesetzung eines IT-Projektleiters

Was man von einem IT-Projektleiter konkret erwartet, welche Aufgaben, Kompetenzen und Verantwortlichkeiten gefordert werden, sollte schriftlich dokumentiert
werden. Aus Abbildung 34 sind die Merkmalsgruppen für Regelungen mit einem
IT-Projektleiter ersichtlich. Nur so hat der IT-Projektleiter eine gewisse Sicherheit,
nicht immer in Kompetenzstreitigkeiten verwickelt zu werden. Diese Beschreibung
ist entweder im *Projektauftrag* oder in Form einer *Stellenbeschreibung* zu fixieren.
In diesen Dokumenten wird auch das Anforderungsprofil des IT-Projektleiters festgelegt.

Wer nun konkret mit den Aufgaben des IT-Projektleiters betraut wird, ist letztlich
von den vorhandenen Alternativen abhängig. Bei der Auswahl wird man das Bewer-
berprofil genau mit dem Anforderungsprofil vergleichen müssen. Abbildung 35
zeigt ein Beispiel für eine Stellenbeschreibung eines IT-Projektleiters.

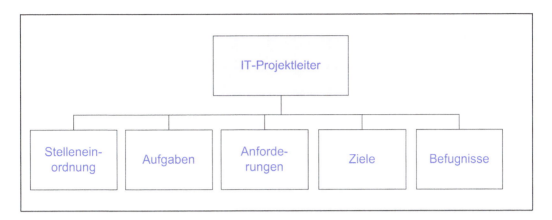

Abbildung 34:   Merkmalsgruppen für Stellenbeschreibung / Projektauftrag

Die Aufgaben eines IT-Projektleiters sind sehr vielfältig. In kleinen Projekten kann es sein, dass von ihm bestimmte Entwicklungsaufgaben übernommen werden. Ab einer Projektgröße von ca. 7 IT-Projektmitarbeitern wird der Managementaufwand so groß, dass es oft nicht sinnvoll ist, wenn er sich direkt an der Entwicklung beteiligt (vgl. Buhl, A.: (2004), S. 56).

Stellenbeschreibung IT-Projektleiter (Projekt E-Learning)

Stelleninhaber:	Frank Gründlich
Projektdauer:	1.11.2007 – 2.7.2008
Stelleneinordnung:	Der Stelleninhaber ist fachlich und disziplinarisch dem CIO (Chief Information Officer) unterstellt; Entscheidungen während der Projektlaufzeit werden vom IT-Planungsausschuss (Projekt E-Learning) getroffen. Es wird regelmäßig an den Lenkungsausschuss berichtet.
Unterstellte Mitarbeiter:	Dem Stelleninhaber wird fachlich und disziplinarisch ein Projektteam mit 5 Mitarbeitern unterstellt.
Stellvertretungsregelungen:	Der Stelleninhaber vertritt und wird vertreten durch den IT-Projektleiter E-Business.
Stellenanforderungen:	Der IT-Projektleiter verfügt über fundierte Kenntnisse in den Bereichen Lernplattformen, Entwicklung von Contentmodulen, Einsatz von Technologien zum E-Learning (Videostreaming, Voice over IP; Chat, Animationserstellung usw.). Er hat Erfahrungen in der didaktischen Aufbereitung von Bildungsinhalten in Industrieunternehmen sowie in der Organisation und Durchführung von IT-Projekten.
Ziele der Stelle:	Der IT-Projektleiter unterstützt die Personalabteilung und die Vertriebsleitung bei der wirtschaftlichen Planung, Verabschiedung, Durchführung und Kontrolle von Schulungsmaßnahmen zur Einführung einer neuen Produktgruppe.
Aufgaben:	Es soll ein Schulungssystem für die Einführung einer neuen, technisch anspruchsvollen Produktgruppe entwickelt werden. Das System soll es ermöglichen, dass die Außendienstmitarbeiter, Reisetechniker und die Auszubildenden in die Lage versetzt werden, das Produkt im Rahmen von Vertriebsaufgaben zu erläutern, speziell auf die Kundenbedürfnisse hin anzupassen und vor Ort zu warten. Die Schulungsmaßnahmen sollen ortsunabhängig, zeitunabhängig und beliebig oft wiederholbar sein. Der Erfolg einer Schulung ist zu prüfen und zu dokumentieren.
Befugnisse / Vollmachten:	Der IT-Projektleiter entscheidet eigenverantwortlich über die im Projektantrag genehmigten Ressourcen. Externe Bestellungen über 5000 € müssen vom IT-Projektcontroller mit unterzeichnet werden.

Datum	Chief Information Officer	IT-Projektleiter
	Betriebsrat/Personalrat	Personalabteilung

Abbildung 35:   Stellenbeschreibung IT-Projektleiter

- Bei der Wahl eines IT-Projektleiters zählt auf jeden Fall seine Erfahrung. Man sollte weniger darauf achten, was er für eine Ausbildung hat, sondern darauf, welche Leistungen er im IT-Projektbereich vorweisen kann.
- Projektleiter sollen die zentrale Anlaufstelle für alle fachlichen und persönlichen Probleme der Mitarbeiter sein. Ein Projektleiter muss von seinen Projektmitarbeitern akzeptiert werden.
- Bekannte Probleme sollten zeitnah behandelt und nicht in die Zukunft vertragt werden.
- Konflikte im Team sollten möglichst rasch bearbeitet werden.
- Bei Problemen ist die Bildung von Kleingruppen mit jeweils zwei Mitarbeitern sehr hilfreich und gut geeignet fachliche Schwierigkeiten zu lösen und Stellvertreteraufgaben wirkungsvoll umzusetzen.
- Eine zentrale, aktuelle und anschauliche Projektdokumentation ist ausgesprochen hilfreich und teilweise sogar unerlässlich.
- Beim Einsatz externer IT-Projektleiter sollte im Vertrag mit dem Beratungsunternehmen festgelegt werden, welcher externe Mitarbeiter die IT-Projektleitung übernimmt und über welche Qualifikationen und Erfahrungen er verfügt. Es sollte eine persönliche Referenzliste verlangt werden.

3.3.3   IT-Projektmitarbeiter

Die anstehenden Entwicklungsaufgaben werden von den IT-Projektmitarbeitern durchgeführt. Deren Anzahl ist vom Projektumfang und den geforderten Spezialisierungsrichtungen abhängig. Die IT-Projektmitarbeiter haben einen ganz entscheidenden Einfluss auf den Projekterfolg. Zwischen einzelnen Projektmitarbeitern kann es sehr große Leistungsunterschiede geben. An der Teamzusammenstellung sollte der IT-Projektleiter maßgeblich beteiligt werden.

In vielen IT-Projekten stehen einige Mitarbeiter während der gesamten Projektlaufzeit zur Verfügung und andere kommen sporadisch oder während festgelegter Zeiten zum IT-Projektteam hinzu. Aus Abbildung 36 ist der Personalbedarf während der Projektdurchführung schematisch dargestellt.

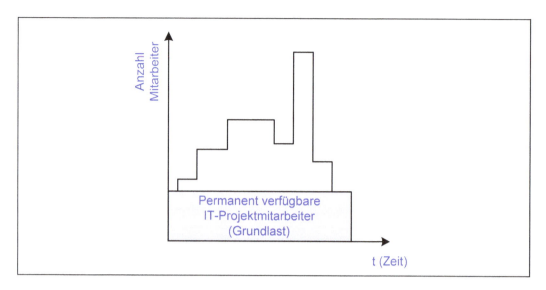

Abbildung 36:   *Benötigte Personalressourcen während der Projektlaufzeit*

Mitarbeiter, die die Grundlast übernehmen, werden für die Projektdauer permanent am Projekt arbeiten. Sie erhalten in der Regel eine separate Stellenbeschreibung. Bei den sporadisch am Projekt beteiligten Mitarbeitern kann eine Anpassung der Stellenbeschreibung erforderlich sein.

Auch an die IT-Projektmitarbeiter werden hohe Anforderungen gestellt. Sie müssen bereit sein, sich den ständig wechselnden Anforderungen zu stellen. Eine Einarbeitung in neue Aufgabenstellungen ist häufig erforderlich. IT-Projektmitarbeiter sollen

– eigenständig arbeiten,

– offen für kreative und innovative Lösungen sein,

– über eine hohe Sozialkompetenz verfügen,

– gegenseitige Hilfsbereitschaft zeigen,

– teamfähig sein und

– fachlich über eine hohe Kompetenz verfügen.

Im Rahmen der Aufgabenverteilung werden vom IT-Projektleiter Aufgabenpakete zusammengestellt und den IT-Projektmitarbeitern zugewiesen. Meist erfolgt die Aufgabendurchführung anschließend eigenverantwortlich.

3.3.4 Beratungsgremien / Projektberater

Viele IT-Projekte können aufgrund der Komplexität und des Innovationsgrades nicht allein vom IT-Projektteam bearbeitet werden. Im Rahmen der Projektumsetzung kommt es deshalb immer wieder vor, dass Aufgaben zu bewältigen sind, für die im Projektteam kein ausreichendes Spezialwissen vorhanden ist. Beratungsleistungen können dann vom Auftraggeber oder vom IT-Projektleiter angefordert werden. Häufig wird man interne Stellen oder speziell einzurichtende Gremien einschalten, wenn es z.B. um die Klärung vorhandener Geschäftsprozesse und um Festlegungen für die Entwicklung neuer Geschäftsprozesse geht.

Anstelle des Begriffs Beratungsgremium findet man auch den Ausdruck Fachausschuss. Alle diese Organisationseinrichtungen haben lediglich beratende Funktionen während der Projektumsetzung.

Teilweise werden auch externe Berater eingesetzt.

> Beispiel: Ein Unternehmen will Produkte über das Internet vertreiben. Hierfür soll ein Shopsystem entwickelt werden, das den Abschluss von rechtlich zulässigen Verträgen gewährleistet. Welche juristisch abgesicherten Formulierungen verwendet werden sollen, können durch einen externen Berater vorgeschlagen werden. Als weiteres Beispiel sei erwähnt, dass bei der Entwicklung von Animationen oder Filmsequenzen, die in dem Shopsystem zur Demonstration der Produkte eingesetzt werden, Qualitätsprobleme auftreten können. Hier könnte der IT-Projektleiter den Einsatz eines externen Internetspezialisten in Erwägung ziehen, sofern diese Kompetenz nicht im IT-Projektteam abgedeckt werden kann.

Während des Projektablaufs ist der IT-Projektleiter bei Störungen oder Verzögerungen immer wieder gefordert zu entscheiden, ob ein aufgetretenes Problem durch das eigene Projektteam in wirtschaftlich vertretbarem Aufwand noch gelöst werden kann, oder ob es nicht besser ist, einen Berater hinzuzuziehen.

Wichtige Aufgaben bei der Projektberatung sind:
- Hilfe bei der Umsetzung von Aufgaben, bei denen keine ausreichende Kompetenz im IT-Projektteam vorhanden ist.
- Unterstützung bei der Diskussion von Lösungsalternativen und verbindliche Festlegung von weiteren Lösungsschritten aus Anwendersicht.

– Beratung bei der Anwendung von Methoden und Tools.

– Beratung und Abstimmung zu innerbetrieblichen Regelungen.

3.3.5   Lenkungsausschuss / Bewilligungsgremien

Ein idealtypischer Planungsprozess für IT-Projekte (Abbildung 37) geht davon aus, dass eine Planung der langfristigen Unternehmensziele erarbeitet wird. Wie diese Ziele erreicht werden sollen, wird in der Unternehmensstrategie festgelegt. Aus der Unternehmensstrategie wird dann die Informationsstrategie abgeleitet. Der Lenkungsausschuss[11] übernimmt danach die unternehmensweite Koordination der IT-Aktivitäten. Es handelt sich um ein organisationsübergreifendes und projektbegleitendes Gremium. Die zentralen Fragestellungen lauten:

– Welches sind die richtigen Projekte?

– Wie können Projekte richtig gemacht werden?

– Wurden die Projekte richtig gemacht?

Zu den Aufgaben des Lenkungsausschusses gehört es, IT-Projekte auszuwählen, mit denen die strategischen Unternehmensziele erreicht werden können.

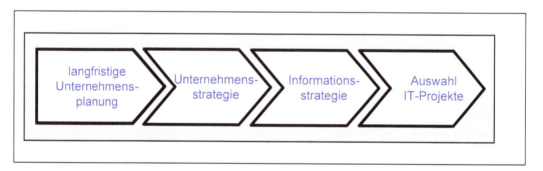

Abbildung 37:   *Idealtypischer Planungsprozess für IT-Projekte*

Wie der Lenkungsausschuss in die Unternehmensorganisation eingegliedert werden kann, wird im nächsten Kapitel beschrieben.

---

[11] Teilweise findet man den Namen Projektportfoliomanagement (vgl. Jenny, B.: (2003), S. 71).

3.3.5.1 Lenkungsausschuss als Organisationseinheit

Der Lenkungsausschuss setzt sich zusammen aus den Leitern der Fachabteilungen, dem Leiter des Informationsmanagements (z.B. dem CIO) und aus einem Vertreter der Geschäftsleitung. Damit haben alle Bereiche die Möglichkeit, Forderungen oder Wünsche an neue IT-Projekte in den Entscheidungsfindungsprozess einzuspeisen. Vom Lenkungsausschuss wird neben der Projektauswahl auch eine Zuweisung von Ressourcen vorgenommen. Für genehmigte IT-Projekte wird ein Projektauftrag erstellt. Die IT-Projektleiter berichten in regelmäßigen Abständen dem Lenkungsausschuss über den aktuellen Stand ihrer IT-Projekte (vgl. Biethahn, J.; Mucksch, H.; Ruf, W.: (2004), S. 210 f.). Damit kann der Lenkungsausschuss neben der Planungs- auch eine Kontrollfunktion übernehmen.

Zu den Aufgaben des Lenkungsausschuss zählen:
– Abstimmung der Unternehmensstrategie mit der Informationsstrategie
– Entwicklung von Kriterien für die Auswahl von IT-Projekten
– Festlegung der Ziele für die IT-Projekte
– Priorisierung der IT-Projekte
– Verteilung der Ressourcen auf die IT-Projekte
– Festlegung des Startzeitpunktes für den Projektbeginn
– Festlegung des Endezeitpunktes für das Projektende

Zur Vorbereitung der Sitzungen des Lenkungsausschusses ist es hilfreich, den aktuellen IT-Projektstand im Überblick zu beschreiben. Hierzu kann als Beispiel die in Abbildung 38 dargestellte Projektportfolio-Liste verwendet werden.

Sofern zu befürchten ist, dass der Lenkungsausschuss zu stark mit Projektaufgaben betraut ist, kann es sinnvoll sein, einen Unterausschuss, der oft den Namen Projektplanungsausschuss, Projektsteuerungsgremium oder Steering Committee trägt, einzurichten. Diesem Unterausschuss können die laufenden Entscheidungen bei der IT-Projektabwicklung übertragen werden. Er entscheidet aufgrund der Anträge des IT-Projektleiters und nimmt Einfluss auf die übergeordneten Belange bei der IT-Projektumsetzung.

Projektportfolio-Liste

Projektnummer	Projektname	Plan Start	IST Start	Plan Abschl.	Prog. Abschl.	berechnet	Geschäftsleistung	Status	Projektphase	budgetiert	freigegeben	IST	Budgetabweichung	budgetiert	freigegeben	IST	Budgetabweichung	Risikograd	Dringlichkeitsgard
		Projektdauer				Priorität		Status		Personaltage				Kosten in 1000				Aus Projektantrag	
01	Einf. PPS	05.07.2006	02.08.2006	25.06.2007	20.09.2007	2	1	in Arbeit	R	600	600	500	-100	7.000	7.000	6.000	-1.000	1.0	hoch
02	Aufb. Shop	07.04.2007	10.05.2007	12.07.2008	20.07.2008	0	2	in Arbeit	R	500	250	150	-100	5.000	5.000	3.000	-2.000	0.9	mittel
07	Optimi. Lager	07.04.2007	10.05.2007	13.07.2009	20.07.2009	3	3	in Arbeit	K	600	300	150	-150	7.000	7.000	2.500	-4.500	0.6	klein
09	CRM	07.04.2007	10.05.2007	12.07.2008	19.07.2008	7	4	in Arbeit	K	400	200	100	-100	4.000	4.000	2.000	-2.000	1.0	asap
15	Fert. Stufen	07.04.2007	10.05.2007	12.07.2008	19.07.2008	15	5	in Arbeit	K	500	250	150	-100	5.000	5.000	3.000	-2.000	0.3	mittel
17	Integration PDA	07.04.2007	10.05.2007	12.07.2008	19.07.2008	4	6	in Arbeit	K	300	150	75	-75	3.000	3.000	1.500	-1.500	0.8	hoch
20	e-cash	10.05.2007	10.05.2007	19.07.2008	19.07.2008	10	8	ge-plant	—	200	100	50	-50	2.000	2.000	1.000	-1.500	0.6	mittel

Abbildung 38:   Projektportfolio-Liste (vgl. Jenny, B.: (2003), S. 202)

Hier erfolgen wichtige Entscheidungen z.B. über die Freigabe von Finanzmitteln, die Freigabe von Folgephasen, die Zustimmung zu Einstellungen und die Erlaubnis zur Vergabe von Unteraufträgen. Das Gremium kann auch Projekte stoppen (Veto-recht).

Die Einrichtung Lenkungsausschuss findet man i.d.R. bei Unternehmen, die regel-mäßig größere Projekte abwickeln und bei denen die Informationsverarbeitung von strategischer Bedeutung ist. Sofern IT-Projekte ausschließlich innerhalb einer Li-nien- oder Stabsstelle durchgeführt werden, kann auf den Lenkungsausschuss ver-zichtet werden. Die Aufgaben eines Lenkungsausschusses werden dann von der vorgesetzten Stelle oder dem Leiter Informationsmanagement übernommen.

Eine zentrale Aufgabe des Lenkungsausschusses ist die Bildung einer Rangreihen-folge für anstehende Projekte. Die Diskussion hierzu wird im nächsten Kapitel ge-führt.

3.3.5.2   Priorisierung der IT-Projekte

Zur Ermittlung einer Prioritätsreihenfolge von Projekten kann ein Bewertungsver-fahren, das auf der Nutzwertanalyse basiert, verwendet werden. Die Nutzwertanaly-se gilt als anerkanntes Verfahren, bei dem sich die Ergebnisse gut nachvollziehen und interpretieren lassen (vgl. Biethahn, J.; Mucksch, H.; Ruf, W.: (2004), S. 368 ff.). Dabei werden im *ersten Schritt*, wie in Tabelle 5 dargestellt, Prioritätskriterien ermittelt. Da diese Prioritätskriterien von unterschiedlicher Bedeutung für das Un-ternehmen sind, werden anschließend im *zweiten Schritt* den Prioritätskriterien Ge-wichtungsfaktoren zugeordnet. So ist z.B. die „Verbesserung des Unternehmens-image" im Vergleich zur „Strategierelevanz des IT-Projektes" weit weniger wichtig. In der Vorgabe von Bewertungskriterien und Gewichtungsfaktoren spiegelt sich das Zielsystem des Unternehmens wider.

Im *dritten Schritt* wird nun jeder Projektantrag dahingehend geprüft, wie nahe er an dem Unternehmenszielsystem liegt. Hierzu könnte man in einem einfachen Verfah-ren untersuchen, wie gut ein Kriterium durch ein IT-Projekt erfüllt wird. Wird das Kriterium durch ein IT-Projekt vollständig erfüllt, würde man z.B. 5 Punkte verge-ben. Ist das Kriterium nicht erfüllt, so würde man 0 Punkte vergeben. Im Beispiel sieht man, dass die Wirtschaftlichkeit des „IT-Projektvorschlages 1" mit 5 und damit hervorragend bewertet wurde und die von „IT-Projektvorschlag 2" mit 4. Dieser Punktzuordnung geht eine Zuordnungsvorschrift voraus, die ebenfalls vom Lenkungsausschuss festgelegt werden muss. Für das Kriterium „Wirtschaftlichkeit" könnte man die Kennzahl Amortisationsdauer verwenden und diese anhand folgender Tabelle 4 bewerten.

Amortisations- dauer	<½ Jahr	½ - 1 Jahr	1 – 2 Jahre	2 – 3 Jahre	3 – 4 Jahre	>4 Jahre
Zielerfüllungsgrad	5	4	3	2	1	0

Tabelle 4:   Zuordnungsvorschrift zum Zielerfüllungsgrad beim Kriterium
                  Wirtschaftlichkeit

Die Ermittlung der Nutzwertpunkte erfolgt im *vierten Schritt* durch Addition der Teilnutzwerte einer IT-Projektalternative. Die Teilnutzwerte werden durch Multiplikation der Gewichtungsfaktoren mit dem Zielerfüllungsgrad gebildet. Im Beispiel wurde für IT-Projektalternative 1 ein Zielerfüllungsgrad von 5 beim Projektkriterium „Wirtschaftlichkeit" ermittelt. Der Teilnutzwert ergibt sich aus 5 * 15 = 75.

Die Nutzwertanalyse endet mit *Schritt fünf*. Hier wird die Vorteilhaftigkeit einer IT-Projektalternative bestimmt. Generell gilt, je höher der Nutzwert einer IT-Projektalternative, desto vorteilhafter ist die Alternative. Liegen jedoch zwei oder mehr Alternativen eng beieinander, so wird im Rahmen einer Sensitivitätsanalyse geprüft, wie „plausibel" das Ergebnis ist. Bei der Nutzwertanalyse können an mehreren Stellen subjektive Einflüsse in das Verfahren einfließen, so z.B. bei der Auswahl der Prioritätskriterien, der Vergabe von Gewichtungsfaktoren, der Berücksichtigung von Daten oder der Festlegung von Zuordnungsvorschriften zum Zielerfüllungsgrad.

Die Nutzwertanalyse eignet sich gut zur Beurteilung von Projektalternativen. Dadurch können auch künftige Projektanträge von den Antragstellern so ausgerichtet werden, dass sie dem Zielsystem des Unternehmens möglichst nahe kommen. Man kann jederzeit den Antragstellern kompetent Auskunft geben, warum einem IT-Projekt gegenüber einem anderen der Vorzug gegeben wurde. Sie trägt damit wesentlich zur Transparenz einer Gremienentscheidung bei.

IT Projektauswertung mit NWA		IT-Projekt-Vorschlag 1		IT-Projekt-Vorschlag 2		IT-Projekt-Vorschlag 3	
Prioritätskriterien	Gewichtungs-faktor	Zielerfüllungs-grad	Teilnutz-wert	Zielerfüllungs-grad	Teilnutz-wert	Zielerfüllungs-grad	Teilnutz-wert
Strategierelevanz	20	4	80	1	20	3	60
Wirtschaftlichkeit	15	5	75	4	60	2	30
Verbesserung der Kundenzufriedenheit	10	2	20	5	50	5	50
Beitrag zur Kostenreduktion	10	4	40	3	30	5	50
Sicherung des Kerngeschäfts	8	3	24	1	8	2	16
Verbesserung des Unternehmensimage	2	0	0	4	8	1	2
...	...	...	...	...	...	...	...
Summe Nutzwert	100		289		260		235

Tabelle 5:   Nutzwertanalyse zur Priorisierung von IT-Projektalternativen

Zur Beurteilung der generellen Wirtschaftlichkeit ist die Nutzwertanalyse nicht geeignet. Nur IT-Projektvorschläge, die dieses Kriterium generell erfüllen, werden im Rahmen der Nutzwertanalyse weiter untersucht.

Nachdem eine Reihenfolgebildung durchgeführt wurde, kann man sich die Frage stellen, wie viel Personal man für ein Projekt vorsehen sollte. Hiermit beschäftigt sich Kapitel 3.3.6.

3.3.6   Optimale Teamgröße

Es gibt keine generell gültigen Aussagen zur optimalen Teamgröße bei IT-Projekten. Tendenziell kann man jedoch davon ausgehen, dass in einem IT-Projekt der Kommunikationsbedarf in Abhängigkeit zur Anzahl der Projektmitarbeiter exponentiell steigt. Je größer ein Projektteam wird, desto größer wird auch der Organisations- und Verwaltungsaufwand.

Daraus lässt sich nun einerseits die Forderung nach möglichst kleinen Teams ableiten. So liest man z.B. bei Wieczorrek / Mertens: „Ideal für ein effizientes und kreati-
ves Arbeiten ist eine Projektteamgröße von drei bis fünf Mitgliedern" (Wieczorrek,
H., W.; Mertens, P.: (2007), S. 42). Andererseits muss man jedoch bedenken, dass
IT-Projektaufgaben so umfangreich sein können, dass teilweise mehrere hundert
Mitarbeiter in einem IT-Projektteam integriert werden müssen. In diesen Fällen bietet es sich an, Teilteams mit überschaubarer Größe einzurichten, die zusammen ein
großes Projekt bearbeiten.

Übungsfragen zu Kapitel 3:

1. Was versteht man unter einer Unternehmensorganisation?
2. Worin unterscheidet sich eine Leitungsstelle von einer Stabsstelle?
3. Beschreiben Sie die Stabs-Projektorganisation mit ihren zu erwartenden Vor- und Nachteilen.
4. Wann empfehlen Sie den Einsatz einer Matrix-Organisation?
5. Wie kann man sich ein Chef-Programmiererteam vorstellen?
6. Beschreiben Sie, wie ein IT-Projektteam in sein Projektumfeld eingegliedert werden kann.
7. Nennen Sie 6 Beispiele für das Aufgabenspektrum eines IT-Projektleiters.
8. Welche Regelungen enthält eine Stellenbeschreibung für einen IT-Projektleiter?
9. Welche Aufgaben hat ein Lenkungsausschuss und wie kann man sich diesen im Unternehmen vorstellen?
10. Welche Methode ist Ihnen bekannt, mit der eine Auswahl zwischen mehreren Projektvorschlägen durchgeführt werden kann? In welchen Schritten kann man diese Methode anwenden?

4 Abwicklung von IT-Projekten

Für den IT-Projektleiter stellt der Managementzyklus der Projektabwicklung den eigentlichen Aufgabenschwerpunkt dar. Dieser Managementzyklus lässt sich prozessorientiert gliedern in:

– IT-Projektdefinition (Kapitel 4.1)
– IT-Projektplanung (Kapitel 4.2)
– IT-Projektdurchführung (Kapitel 4.3)
– IT-Projektabschluss (Kapitel 4.4)

Die ganze Projektabwicklung kann man als eine Folge von Plänen, Grafiken und Beschreibungen, die zeitlich aufeinander folgend entstehen, auffassen. Die erstellten Pläne, Grafiken und Beschreibungen werden an einer bestimmten Stelle im Projektablauf erstellt und begleiten anschließend häufig die Projektabwicklung bis zum Projektabschluss (Abbildung 39). So wird z.B. der Projektauftrag in einer frühen Phase erstellt und in allen späteren Phasen immer wieder aufgegriffen und zum Schluss dem Projektabschlussbericht beigefügt.

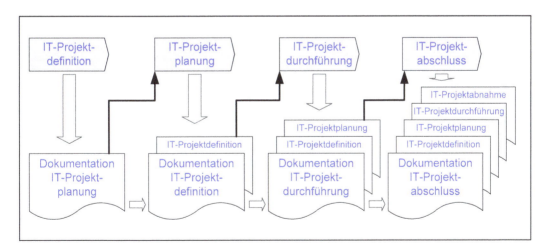

Abbildung 39:   Projektgliederung mit Dokumentenerstellung und -fortschreibung

Lernziele von Kapitel 4

Eine systematische IT-Projektplanung und –umsetzung bilden den Schwerpunkt im vierten Kapitel. Der komplette Ablauf von der IT-Projektdefinition bis hin zum IT-Projektabschluss wird beschrieben.

Der Leser weiß, welche Aufgaben im Rahmen der IT-Projektplanung anstehen. Hierzu wird entsprechend dem zeitlichen Anfall der Aufgaben gezeigt, was in einem Lastenheft und anschließend in einem Pflichtenheft geregelt werden kann.

Für den IT-Projektleiter stellen der Projektstrukturplan und die Arbeitspaketbeschreibungen ganz wesentliche Dokumente dar. Diese werden gezielt ausgewertet und für eine Zeit-, Kosten- und Kapazitätsanalyse verwendet. Nur mit diesen Planungsdaten kann der IT-Projektleiter später in der Umsetzungsphase erkennen, ob ein IT-Projekt noch „auf Kurs" ist oder ob Steuerungsmaßnahmen einzuleiten sind.

Zusammengefasst: Das sollten Sie nach diesem Kapitel wissen:

- – Wie formuliert man einen Projektantrag?
- – Was muss in einem Projektauftrag festgehalten werden?
- – Welche Inhalte haben ein Lasten- und ein Pflichtenheft?
- – Sie können für ein komplexes IT-Produkt einen Projektstrukturplan und die entsprechenden Arbeitspakete erstellen.
- – Ihnen sind die Abläufe während der Projektumsetzung bekannt.
- – Sie sind in der Lage, aus dem Projektstrukturplan und den Arbeitspaketen die Projektzeiten zu ermitteln, Kostenpläne abzuleiten und Aussagen über die benötigen Kapazitäten zu treffen.
- – Die Gefahren bei der Abnahme von IT-Produkten sind Ihnen bekannt.
- – Beim Projektabschluss wissen Sie, was in einem Projektabschlussbericht enthalten sein soll und wozu er später verwendet wird.

4.1   IT-Projektdefinition

Die IT-Projektdefinition (statement of work) ist der Ausgangspunkt eines jeden IT-Projektes. Häufig spricht man in diesem Zusammenhang auch von einer Vorphase oder Startphase, in der es darum geht, die Projektidee zu konkretisieren, die Chancen und Risiken abzuschätzen und die Rahmenbedingungen für ein mögliches IT-Projekt abzustecken.

Eine wichtige Quelle zur Klärung der Fragen während der IT-Projektdefinition kommt von Personen und (Teil-) Organisationen, die von dem IT-Projekt betroffen sind.

Dies können sein:
– Geschäftsführung
– CIO, Produktionsleitung, Marketingleitung
– IT-Projektmitarbeiter
– Anwender
– Servicepersonal
– usw.

Im Rahmen der IT-Projektdefinition wird ein Projektantrag erarbeitet und wenn das IT-Projekt umgesetzt werden soll, ein Projektauftrag ausgestellt.

4.1.1   Projektantrag

Bevor ein IT-Projekt umgesetzt werden kann, ist oft ein langer Weg zu durchlaufen, bei dem Fürsprecher gesucht und Mitstreiter gefunden werden. Vor allem die Frage nach der Finanzierung muss beantwortet bzw. koordiniert werden. Der Wunsch, dass ein IT-Projekt durchgeführt werden soll, wird in Form eines Projektantrages beschrieben. Die Wurzeln des Projektantrages findet man in:
– der strategischen Unternehmensplanung
– den Anforderungen aus den Fachabteilungen
– Verbesserungsvorschlägen von Mitarbeitern
– externen (z.B. gesetzlichen) Vorgaben

Der Projektantrag muss so aufbereitet werden, dass Entscheider in der Lage sind, aus mehreren Anträgen diejenigen auszuwählen, die den Zielen der Organisationseinheit am nächsten kommen. Entscheider können die Unternehmensleitung, Gremien wie z.B. der Lenkungsausschuss oder auch bei kleineren Vorhaben der Linienstelleninhaber mit eigener Budgetverantwortung sein.

Ein Projektantrag sollte folgende Inhalte aufweisen (vgl. Wieczorrek, H., W.; Mertens, P.: (2007), S. 58 f.):
– Grund für das IT-Projekt

– Kurzbeschreibung und Inhalte des IT-Projektes
– zu erwartender Nutzen oder Höhe eines potenziellen Schadens bei Nichtrealisierung
– Ressourcenbedarf
    – erforderliche Personalressourcen
    – technologische Aufwendungen für Hard- und Software
    – finanzielle Ressourcen für externe Aufträge
– ggf. Vorschlag für einen IT-Projektleiter und IT-Projektmitarbeiter
– organisatorische Auswirkungen
  (Beschreibung der Bereiche und Stellen, die von dem IT-Projekt tangiert werden.)
– Projektrisiken
– Überblick über die veränderten Geschäftsprozesse
– Hinweise zu voraussichtlichen Projektlaufzeiten
    – geplanter Projektstart / -ende
    – Meilensteine

Aus Abbildung 40 ist ein Beispiel für einen IT-Projektantrag ersichtlich.

Bei größeren oder risikoreichen Vorhaben werden einem Projektantrag noch ein Projektvorschlag oder ein Antrag auf Vorstudie vorangestellt.

Unter dem Aspekt der organisierten Wiederverwendung von IT-Produkten sollte geprüft werden, ob ein IT-Produkt im Rahmen einer Produktlinienentwicklung erstellt werden kann. Dies bedeutet, dass Softwareteile auf der Basis einer gemeinsamen Plattform entwickelt werden. Auf der Basis dieser Plattform erfolgt die Gestaltung von jetzigen und zukünftigen Produkten. Der große Vorteil liegt darin, dass sich ein neues IT-Produkt aus bereits vorhandenen Teilen zusammensetzt und die erforderlichen neuen Komponenten so aufbereitet werden, dass diese in künftigen IT-Produkten verwendet werden können (vgl. Böckele, G.; Kamsties, E.; Pohl, K.: (2004), S. 4).

Projektantrag				Hochschule Albstadt-Sigmaringen Albstadt-Sigmaringen University
Antragsteller			Datum	
Abteilung				
Projektkurzbeschreibung				

voraussichtlicher Nutzen
 	
    quantitativer Nutzen
 	
    qualitativer Nutzen
 	
voraussichtliche Risiken				

voraussichtlicher Ressourcenbedarf		Mannmonate	€
Personalressourcen (intern)			
technologische Aufwendungen			
finanzielle Ressourcen für externe Aufträge			
Gesamtbudget für das Projekt			

Termine	Beginn	Ende	Nutzungszeiten	
Gesamtprojekt			einmalig	ja / nein
1. Meilenstein			Jahre	
2. Meilenstein				
3. …				

Inhaltsverzeichnis
1. Projektmotivation und Projektziele
2. Aufgabenbeschreibung
3. Wirtschaftlichkeitsbetrachtung
4. Organisationsänderungen
5. Geschäftsprozesse
6. …

Abbildung 40:   Beispiel Projektantrag

4.1.2   Projektauftrag

Die Entscheidungsträger wählen die Projektanträge aus, die in der nächsten Planungsperiode umgesetzt werden. Das IV-Controlling kann dabei die Entscheidungsträger bei der Auswahlentscheidung unterstützen. Dabei ist es durchaus möglich, dass Teile des Projektantrages (z.B. Termine, Kosten) abgeändert werden.

In einer arbeitsteiligen Gesellschaft ist der Auftrag das Dokument, das die Zuordnung von gegenseitigen Rechten und Pflichten regelt. Es handelt sich um ein wichtiges Dokument für den späteren IT-Projektleiter. Der Projektauftrag hat Vertragscharakter und gibt dem IT-Projektleiter das Recht mit der IT-Projektumsetzung zu beginnen. Bei größeren IT-Projekten kann es sinnvoll sein, aus dem Projektauftrag mehrere Teilprojekte für IT-Teilprojektleiter abzuleiten. Ein Auftrag kann aus folgenden grundlegenden Blöcken bestehen (vgl. Saleck, T.: (2003), S. 171):

– Ausgangslage / Zielsetzung
– Vorgehensweise
– Lieferungen und Leistungen
– Zusammenarbeit / Team
– Preise und Konditionen
– Vertragsbedingungen

Abbildung 41 zeigt ein Beispiel für einen Projektauftrag.

✦ Erfolgsfaktoren – Fallstricke - Praxistipp

– Durch die IT-Projektdefinition werden die Grundlagen für das gesamte Projekt gelegt. Werden falsche Vorstellungen bei den möglichen Zielen geweckt oder unrealistische Schätzungen zu den erforderlichen Ressourcen gemacht, ist ein Scheitern des IT-Projektes bereits vorprogrammiert.
– Was möglich ist und was dafür aufgewendet werden muss, sollte mit allen Beteiligten in einer verständlichen Form besprochen und Einvernehmen darüber erzielt werden.

Projektauftrag					Hochschule Albstadt-Sigmaringen Albstadt-Sigmaringen University
Antragsteller				Datum	
Abteilung					
Projektkurzbeschreibung / Ziele					

genehmigte Ressourcen		Mannmonate	€
Personalressourcen (intern)			
technologische Aufwendungen			
finanzielle Ressourcen für externe Aufträge			
Gesamtbudget für das Projekt			
Erläuterungen zum Ressourcenbedarf:			

Termine	Beginn	Ende	Dauer	Aufwand	Kosten
Vorgehensweise					
1. Meilenstein					
2. Meilenstein					
3. …					

IT-Projektleiter		IV-Controller	
zuständige Gremien		Fachausschüsse	

IT-Projektteam	Name	Aufgabe	Name	Aufgabe

Datum / Geschäftsleitung _____ Datum / IT-Projektleiter _____

Anlagen
    Vertragsbedingungen
    erforderliche Berichte
    Leistungsbeschreibung
    Änderungshinweise zum Projektantrag
    …

Abbildung 41:   Beispiel Projektauftrag

4.2   IT-Projektplanung

Bei der IT-Projektplanung werden Annahmen über den inhaltlichen und zeitlichen Verlauf des IT-Projektes gemacht und wichtige Entscheidungen getroffen. In keiner anderen Projektphase entstehen soviele Planungsdokumente wie hier.

Nachfolgend werden hierzu erläutert:

– Lasten- / Pflichtenheft
– Projektstrukturplan
– Planung von Arbeitspaketen
– Zeitplanung
– Kostenplanung
– Kapazitätsplanung

4.2.1   Lasten- / Pflichtenheft

Ein Pflichtenheft trägt dazu bei, für Klarheit im Entwicklungsprozess zu sorgen. Es stellt eine wichtige Verbindung zwischen den Projektbeteiligten dar. Aus Abbildung 42 ist ersichtlich, dass über das Pflichtenheft Verbindungen zum Management, zu den Gremien und zum gesamten Entwicklungsprozess gebildet werden.

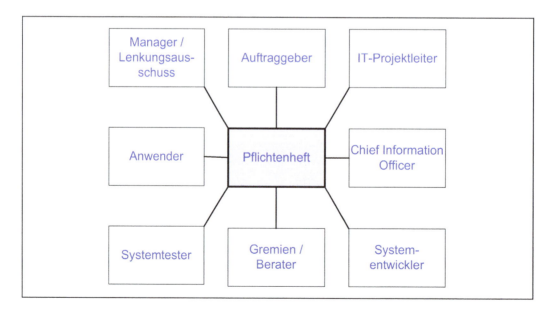

Abbildung 42:   Benutzer eines Pflichtenheftes

Nachfolgend soll die Entstehung des Pflichtenheftes in den IT-Entwicklungsprozess integriert und anschließend dessen Inhalte erörtert werden.

4.2.1.1   Was ist ein Lasten- / Pflichtenheft?

Nach der Definition der Anforderungen wird zunächst ein Lastenheft erstellt.

Beim Lastenheft handelt sich um ein schriftliches Dokument, das entsprechend DIN 69905 definiert ist mit: „Vom Auftraggeber festgelegte Gesamtheit der Forderungen an die Lieferungen und Leistungen eines Auftragnehmers innerhalb eines Auftrages."

Das Lastenheft stellt also einen „Wunschkatalog" aus der Sicht des Auftraggebers dar, in dem beschrieben wird, was ein IT-System leisten soll. Es wird in der Verantwortung der Fachabteilungen erstellt (vgl. Stahlknecht, P.; Hasenkamp, U.: (2005), S. 247 f.). Besonders wenn das IT-Projekt mit Unterstützung von externen Partnern abläuft, ist es im Interesse des Projekterfolges vernünftig, die Aufgabenstellung hinsichtlich Funktionalität, Benutzerqualität und Leistungsverhalten schriftlich abzufassen. Dabei kann man die Anforderungen auch zusammenfassen in die Rubriken „unverzichtbar", „wichtig" und „nice to have".
Nach dem Lastenheft wird ein Pflichtenheft angefertigt.

Hierunter versteht man laut DIN 69905: „Vom Auftragnehmer erarbeitete Realisierungsvorgaben aufgrund der Umsetzung des vom Auftraggeber vorgegebenen Lastenheftes." Anstelle des Begriffs findet man auch Ausdrücke wie Leistungsbeschreibung, Produktdefinition, Produktspezifikation oder requirement document.

Teilweise wird ein Pflichtenheft über mehrere Stufen auf der Basis des Lastenheftes verfeinert und weiterentwickelt. Abbildung 43 zeigt die Entwicklungsstufen ausgehend vom Lastenheft, das auch zur Markterkundung verwendet werden kann. Aufgrund des Lastenheftes (oder Teilen daraus) kann man im ersten Schritt bei potenziellen Anbietern nach Prospektmaterial, Produktdemos und Grundpreisen fragen.

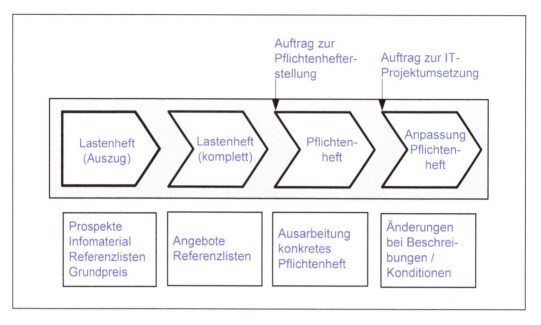

Abbildung 43:   Geschäftsprozess Lasten- / Pflichtenheft

Im nächsten Schritt wird das (vollständige) Lastenheft dazu verwendet, eine konkrete Anfrage nach einem IT-Produkt zu stellen. Dies ist der Ausgangspunkt für einen IT-Produktanbieter, ein Pflichtenheft zu erstellen. Bereits die Pflichtenhefterstellung ist manchmal mit Kosten und einem entsprechenden Auftrag verbunden.

Dieses Pflichtenheft muss vom Auftraggeber einer genauen Prüfung unterzogen werden. Häufig stellt diese Prüfung die letzte Chance dar, zu erkennen, ob mit einem späteren IT-Produkt die IT-Projektziele zu erreichen sind. Für diese Prüfung sind die Ausführungen im Lastenheft hilfreich.

Aus dem Pflichtenheft ist ersichtlich, wie die Anwendervorgaben erfüllt werden sollen. Es beschreibt sämtliche Aufgaben und Pflichten, die der Auftragnehmer bei der Projektumsetzung übernehmen soll.

Nach der Fertigstellung bedarf es der Genehmigung durch den Auftraggeber, die als Abnahme oder Freigabe bezeichnet wird.

Sofern mehrere Pflichtenhefte in Auftrag gegeben oder angefordert wurden, muss man sich für einen Auftragnehmer entscheiden. Dazu sind die in den Pflichtenheften beschriebenen IT-Produkte und deren Lösungswege zu bewerten. Dies kann mit Hilfe einer Nutzwertanalyse (vgl. Kapitel 3.3.5.2) erfolgen. Bei der Nutzwertanalyse können mehrere Kriterien und Gewichtungsfaktoren zur Entscheidungsfindung verwendet werden. Der Kriterienkatalog und die Gewichtungsfaktoren sollten, bevor ein Pflichtenheft erstellt wird, abgefasst und als ein internes und vertrauliches Dokument verwendet werden. Damit sind Manipulationen bereits im Vorfeld ausgeschlossen.

Nachdem man sich für die Realisierung eines Pflichtenheftes entschieden hat, gelten die darin getroffenen Vereinbarungen für beide Seiten als verbindlich (vgl. Mayr, H.: (2001), S. 205f.). IT-Projektleiter messen einem fundierten Pflichtenheft einen sehr hohen Wert bei. Es stellt das Rückgrat der gesamten IT-Entwicklung dar.

Auch während der IT-Projektlaufzeit kommt es immer wieder vor, dass getroffene Vereinbarungen geändert werden. Diese Änderungen sollten im Pflichtenheft nachgetragen werden. Dabei wird man auch immer wieder die Frage klären müssen, wie ein Mehr- / Minderaufwand im Projekt monetär berücksichtigt wird.

Da das Pflichtenheft direkt auf dem Lastenheft aufbaut, kann bei beiden dieselbe Gliederungsstruktur verwendet werden.

4.2.1.2 Aufbau eines Pflichtenheftes

Für den Aufbau eines Pflichtenheftes gibt es Vorschläge von großen Organisationen (US-Verteidigungsministerium oder der Standard IEEE/ANSI 930-1993). Nach dem IEEE-Standard wird folgender Aufbau vorgeschlagen (Abbildung 44):

1. Einleitung (introduction)

    1.1 Ziele des Anforderungsdokuments (purpose)

    1.2 Anwendungsbereich des Produkts (scope)

    1.3 Definitionen, Akronyme und Abkürzungen (definitions)

    1.4 Referenzen (references)

    1.5 Überblick über den Rest des Dokuments (overview)

2. Allgemeine Beschreibung (description)

    2.1 Produktperspektive (perspective)

    2.2 Produktfunktionen (functions)

    2.3 Benutzercharakteristika (characteristics)

    2.4 Allgemeine Beschränkungen (constraints)

    2.5 Voraussetzungen und Abhängigkeiten (assumptions and dependencies)

3. Spezifische Anforderungen (requirements)

4. Anhänge (appendices)

5. Index

Abbildung 44:   Anforderungsdokument nach IEEE-Standard[12]

Der IEEE-Standard enthält viele gute Hinweise. Er ist jedoch für die Anwendung in Unternehmen oft etwas zu allgemein gehalten. Der Vorschlag wurde deshalb nachfolgend etwas erweitert.

1. Einleitung
    – Überblick und Darstellung der IT-Projektidee
    – Darstellung der IT-Projektziele
    – quantifizierbarer Nutzen
    – qualitative Nutzenpotenziale
    – Überblick über das Dokument
2. Istzustand
    – Istanalyse mit Darstellung der Schwachstellen
    – systemtechnische Rahmenbedingungen
    – zu verwendende Hardware, Betriebssysteme, Datenbanken usw.

---

[12] Sommerville, I.: (2001), S. 126 f.

3. Definition der Benutzeranforderungen
   - Funktionsüberblick, Geschäftsprozesse, Zusammenhänge
   - Anforderungen aus den Fachbereichen
   - Festlegung von Qualitätsanforderungen und Entwicklungsstandards
4. Systemarchitektur und Spezifikation der Systemanforderungen
   - inkl. Komponentendesign und Qualitätsanforderungen
   - Beschreibungen von Schnittstellen
5. Mengengerüst
   - Stammdaten, Bewegungsdaten, Bestandsdaten
6. Systementwicklung
   - Termine, Abnahme
7. Anlagen
   - Ablaufbeschreibungen, Geschäftsprozessdiagramme usw.

Für den Umfang eines Pflichtenheftes kann man davon ausgehen, dass in einem abteilungsinternen IT-Projekt, bei dem Standardsoftware eingesetzt werden soll, ca. 10 – 20 Seiten erforderlich sind. Bei einem abteilungsübergreifenden Projekt zur Einführung von PPS-Standardsoftware können ca. 20 – 40 Seiten anfallen. Dazu kommt teilweise noch ein recht umfangreicher Anhang mit Beispielen und Belegen (vgl. Grupp, B.: (2003), S. 115). Bei großen IT-Projekten mit vielen individuellen Anpassungen kann sehr schnell ein umfangreiches Pflichtenheft mit hunderten von Seiten entstehen.

✦ Erfolgsfaktoren – Fallstricke - Praxistipp

- Es gilt die Regel: „Kein IT-Projekt umsetzen ohne IT-Pflichtenheft".
- Ein Pflichtenheft wird auch bei IT-Projekten verwendet, die nur unternehmensintern umgesetzt werden.
- Viele Missverständnisse lassen sich durch klare und nachprüfbare Formulierungen vermeiden.
- Im Pflichtenheft sollen auch klare Abgrenzungen gemacht und erörtert werden, was nicht zum IT-Projekt gehört.
- Das innere Systemverhalten ist im Pflichtenheft nicht zu regeln.

Eine weitere Detaillierung stellt für das IT-Projektmanagement der Projektstruktur-plan dar, den wir im nächsten Kapitel erörtern.

4.2.2   Projektstrukturplan

Für jedes Projekt wird ein Projektstrukturplan (work breakdown structure) entworfen. Dieser baut auf den Ergebnissen des Pflichtenheftes und des Vorgehensmodells auf und konkretisiert diese in Richtung von planvollen, systematischen Beschreibungen der einzelnen Projektschritte weiter, bis Arbeitspakete entstehen.

Bei einem Arbeitspaket[13] handelt es sich nach DIN 69901 um den „Teil des Projektes, der im Projektstrukturplan nicht weiter aufgegliedert ist und auf einer beliebigen Gliederungsebene liegen kann."

Der Projektstrukturplan bezieht sich auf folgende Fragestellungen:
1. „Was" muss im Projekt gemacht werden?
    Hierzu werden innerhalb der einzelnen Phasen Arbeitspakete definiert.
2. „Wer" übernimmt eine bestimmte Aufgabe?
    Für alle Arbeitspakete werden Ressourcen festgelegt, die für die Umsetzung benötigt werden.
3. „Wann" muss ein Arbeitspaket durchgeführt werden?
    Bei der zeitlichen Planung der Arbeitspakete erfolgen eine Reihenfolgeplanung und eine Zuordnung zu konkreten Ausführungsterminen.
4. „Wie" soll die Aufgabenerledigung erfolgen?
    In den Arbeitspaketbeschreibungen können Vorgaben gemacht werden, welche Arbeitsmethoden oder Techniken zur Erledigung eingesetzt werden müssen.
5. „Womit" soll ein Arbeitspaket erledigt werden?
    Damit lässt sich regeln, welche Tools zum Einsatz kommen. Dies ist wichtig, damit aufeinander aufbauende Arbeitspakete gleichartig umgesetzt und automatisierbare Aufgaben arbeitspaketübergreifend, toolgestützt ablaufen können.
6. „Wie viel" kostet die Erledigung eines Arbeitspakets?

---

[13] Anstelle des Begriffs Arbeitspakete werden auch die Begriffe Vorgänge, Aufgaben, Tätigkeiten oder Aufgabeneinheiten verwendet.

Zu jedem Arbeitspaket wird ermittelt, wie viel dieser Projektabschnitt kostet. Die Kosten sind zu einem Großteil davon abhängig, wie lange einzelne Ressourcen (Personalressourcen, technische Ressourcen, externe Ressourcen) benötigt werden.

Für die Erstellung des Projektstrukturplans ist der IT-Projektleiter zuständig. Bei großen IT-Projekten kann diese Aufgabe auch im Team mit den IT-Teilprojektleitern erledigt werden.

Abbildung 45 zeigt ein Beispiel zur grafischen Darstellung eines Projektstrukturplans. Dabei erfolgt zunächst eine Untergliederung der Aufgaben in den einzelnen

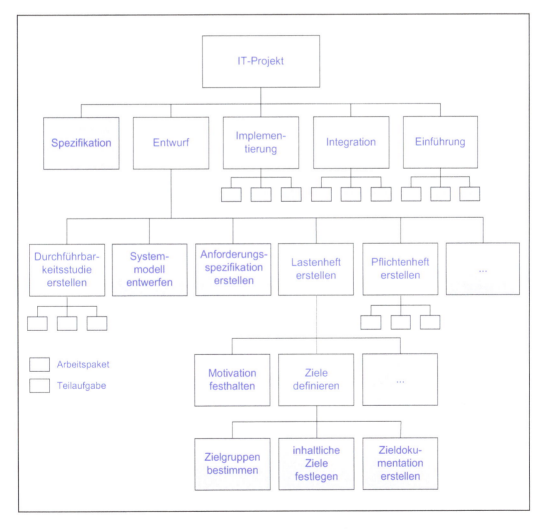

Abbildung 45:   Phasenorientierter Projektstrukturplan

Projektphasen solange, bis man direkt umsetzbare Arbeitspakete erhält. Bei großen IT-Projekten können tiefe hierarchische Gliederungen entstehen. In dem Beispiel sieht man 5 Vorgehensphasen. Die Spezifikationsphase wird im Rahmen eines Arbeitspaketes durchgeführt. Alle anderen Phasen werden weiter unterteilt. Die Entwurfsphase wird in 4 hierarchische Ebenen gegliedert, bis man dann auf der untersten Ebene Arbeitspakete wie „Systemmodell entwerfen", „Zielgruppen bestimmen" oder „Zieldokumentation erstellen" erhält.

Man bezeichnet diese Art der Zerlegung als „evolutionäre work-breakdownstructure". Die Strukturierung des IT-Projektes erfolgt anhand der Phasen des Vorgehensmodells. Bei größeren IT-Projekten ist es auch denkbar, dass der Projektstrukturplan während der Realisierung laufend verfeinert wird. (vgl. Brugger, R.: (2005), S. 477 f.).

Bei einem objektorientierten Projektstrukturplan erfolgt auf höchster Gliederungsebene eine komponentenorientierte Projektstrukturierung. Abbildung 46 zeigt ein Beispiel hierzu.

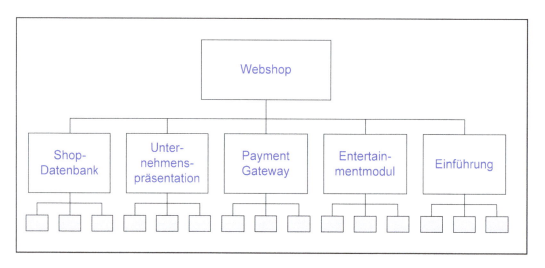

Abbildung 46:   Objektorientierter Projektstrukturplan

Aus dem Projektstrukturplan ist der gesamte Leistungsumfang des Projektes ersichtlich. Er gliedert das Gesamtprojekt in Teilaufgaben und Arbeitspakete.

Der Projektstrukturplan hat für den IT-Projektleiter eine herausragende Stellung, weil anhand dieser Planung die Entscheidungen für den Projektablauf, die Vergleiche mit dem tatsächlichen Projektablauf und die Entscheidungen über Steuerungsmaßnahmen getroffen werden.

Kommt es zu Änderungen im Projektablauf, was die Regel sein wird, muss der Projektstrukturplan regelmäßig angepasst werden.

Im Projektstrukturplan spielen neben der hierarchischen Strukturierung die Arbeitspakete die zentrale Rolle. Letztere sollen im nächsten Kapitel weiter untersucht werden.

4.2.3 Planung von Arbeitspaketen

Den zentralen Begriff für die IT-Projektplanung stellt das Arbeitspaket dar.

Unter einem Arbeitspaket versteht man die unterste, kleinste planbare Ebene im Projektstrukturplan. Jedes Arbeitspaket bildet eine in sich geschlossene Einheit. Die Umsetzung erfolgt durch einen oder mehrere IT-Projektmitarbeiter oder externe Dienstleister.[14]

Die Bildung von Arbeitspaketen erfolgt in einem hierarchischen Aufteilungsprozess. Aus dem globalen IT-Projektziel werden Teilziele und aus den Teilzielen Aufgabenblöcke gebildet. Aufgabenblöcke können sich aus Aufgabenblöcken und Arbeitspaketen zusammensetzen. Man sollte darauf achten, dass für das Arbeitspaket genau einer die Verantwortung trägt (vgl. Süß, G.; Eschlbeck, D.: (2002), S. 53). Die Verantwortung betrifft die Einhaltung der Funktionalität, der Termin-, Qualitäts- und Kostenvorgaben.

Weiter ist zu beachten, dass die Arbeitspakete:
- möglichst überschneidungsfrei definiert werden.
- selbständige, in sich geschlossene Aufgabengebiete darstellen.
- nicht zu klein sind.

---

[14] Bei Ludewig/Lichter liest man: „Ein Arbeitspaket ist eine Aufgabe, die ein Entwickler oder ein kleines Team in überschaubarer Zeit, höchstens einem Monat und gut planbarem Aufwand lösen kann" (Ludewig, J.; Lichter, H.: (2007), S. 103).

Ein Arbeitspaket ist erreicht, wenn (vgl. Ludewig, J.; Lichter, H.: (2007), S. 104 f):

1. die Aufgabe durchgängig und ohne Koordinationszwänge erledigt werden kann.
2. der Fortschritt und das Ende objektiv gemessen werden können.
3. durch Ereignisse der Anfangs- und der Endetermin festgelegt werden können.
4. der Aufwand schätzbar ist.

Ein Formularbeispiel für eine Arbeitspaketbeschreibung ist aus Abbildung 47 ersichtlich.

Es muss davor gewarnt werden, auf einzelne Tage hin oder gar stundengenau zu planen. Während des Projektablaufs kommt es immer wieder zu unvorhersehbaren Ereignissen. Eine zu detaillierte Planung erfordert einen sehr hohen Verwaltungsaufwand. Dawson empfiehlt als Faustregel, dass die einzelnen Arbeitspakete nicht kleiner als 5% der Gesamtprojektdauer geplant werden. Dies bedeutet, dass in einem Projekt mit der Gesamtdauer von 12 Monaten ein einzelnes Arbeitspaket eine Dauer von mindestens 3 Wochen haben sollte (vgl. Dawson, C.W.: (2003), S. 53).

Im Arbeitsplan findet man Angaben zu dem Arbeitspaketvorgänger / -nachfolger. Diese Angaben benötigt man zur Reihenfolgeplanung, die im nächsten Kapitel beschrieben wird.

4.2.4   Reihenfolgeplanung der Arbeitspakete

Jedes Arbeitspaket muss im nächsten Schritt in eine Reihenfolge beim Projektablauf eingeordnet werden. Dazu stellt man sich bei jedem Arbeitspaket die Fragen:

1. „Welches Arbeitspaket / welche Arbeitspakete muss / müssen fertig sein, damit das betrachtete Arbeitspaket gestartet werden kann" oder
2. „Welches Arbeitspaket ist der oder sind die direkten Nachfolger des betrachteten Arbeitspakets?"

Die Vorgänger- oder Nachfolgerbeziehungen werden tabellarisch in eine „Liste Arbeitspakete" (Abbildung 48) eingetragen oder grafisch durch einen Netzplan dargestellt. Es genügt, wenn entweder die Spalte Vorgänger oder Nachfolger ermittelt wird. Diese Liste ist die Grundlage für die Zeitanalyse, die in Kapitel 4.2.5 beschrieben wird.

Arbeitspaketbeschreibung		Hochschule Albstadt-Sigmaringen Albstadt-Sigmaringen University	
Projektnummer	IT-04_2007	Datum	19.4.2007
Projektbezeichnung	Entwicklung Webshop	PSP-Code	3.2.5
Arbeitspaketbezeichnung	Animationsentwicklung Entwicklung von 6 Animationen auf der Startseite zu den Produktgruppen. Größe 200 * 300 Pixel. Es soll sich um eine hochwertige Animation mit Detailbildern zu allen Produktdetails handeln.		
Hinweise zur Aufgabenerfüllung und Voraussetzungen	– Zur Animationsentwicklung können die Produktbilder aus den Produktkatalogen und CAD-Daten bereitgestellt werden. – Konzeptabstimmung mit dem Marketingleiter (Dr. Frack) erforderlich.		
Einzusetzende Tools	Die Animation soll mit Hilfe von Flash CS3 erfolgen.		
Beginn 29.10.	Arbeitspaketvorgänger / PSP	Screendesign 3.2.4	
Ende 30.11.	Arbeitspaketnachfolger / PSP	Einzelproduktauswahl 3.2.6	
terminliche Einschränkungen:	Vorgang kann so früh wie möglich gestartet werden		

voraussichtlicher Ressourcenbedarf	Kostenart /K-Satz	Einheit	Anteil %
Daniel Groth (verantwortlich)	Personal / M1	25 Tage	100%
Gerd Schneider (Praktikant)	Personal / P2	25 Tage	50%
Animationssoftware	Investition	1250 €	50%
Besprechungen (2 Tage)	Reisekosten	2500 €	100%
Kosten für das Arbeitspaket			**14550 €**

_____	_____	_____
Aussteller	Arbeitspaketverantwortlicher	Projektleiter

Abbildung 47:   Beispiel Arbeitspaketbeschreibung

Nr.	Arbeitspaketbezeichnung	Vorgänger	Nachfolger
...	...		4
4	Feinkonzept	3	5, 6, 7
5	Produktdatenbank erstellen	4	8
6	Animationsentwicklung	4	8
7	Portalentwicklung	4	8
8	Modultest	5,6,7	9
9	Einführung	8	10
10	...	9	

Abbildung 48:   Liste Vorgänger- / Nachfolgerbeziehungen in Arbeitspaketen

4.2.5   Zeitanalyse

Im Rahmen der Zeitanalyse werden folgende Aufgaben durchgeführt:

–   Ermittlung der Dauer der Arbeitspakete (Kapitel 4.2.5.1)

–   Festlegung von Anfangs- / Endezeiten der Arbeitspakete (Kapitel 4.2.5.2)

–   Analyse der Zeitreserven (Kapitel 4.2.5.3)

–   grafische Darstellung des zeitlichen Projektablaufs (Kapitel 0)

4.2.5.1   Ermittlung der Dauer der Arbeitspakete

Zu jedem Arbeitspaket muss die Dauer festgelegt werden. Im einfachsten Fall kann diese im Prinzip schwierige Aufgabe erledigt werden, wenn man bereits Erfahrungen zu einem Arbeitspaket in gleicher oder ähnlicher Form gesammelt hat. So lässt sich z.B. die Erfassung von Artikeln in einer Artikelstammdatei mit 20 Feldern und bestimmten Funktionen dann gut abschätzen, wenn etwas Ähnliches von dem vorgesehenen Entwickler bereits einmal gemacht wurde.

Man bezeichnet diese Vorgehensweise als Analogiemethode. Allgemein ausgedrückt bestimmt man den Aufwand, in dem man die Arbeitspakete mit bereits abgeschlossenen Arbeitspaketen aus anderen IT-Projekten vergleicht (vgl. Bundschuh, M.; Fabry, A.: (2004), S. 148).

Eine weitere Alternative könnte in einer Expertenschätzung liegen. Hier werden ausgehend von einer bestimmten Projektstruktur zunächst die Randbedingungen für das Projekt beschrieben. Mit diesen Angaben kann man anschließend bei verschiedenen Experten Schätzergebnisse erfragen. Kommt es zu größeren Abweichungen, wird eine Konsensbildung durchgeführt. Dazu erhalten die Experten die Schätzergebnisse ihrer Kollegen und werden gebeten, anhand der verschiedenen Expertenmeinungen ihre Schätzung zu überarbeiten.

Einen anderen Ansatz schlägt man bei den algorithmischen Verfahren ein. In den letzten Jahren wurden viele Schätzverfahren entwickelt. Zu diesen zählen:

a)   Funktion-Point-Methode   b)   Use-Case-Methode
c)   COCOMO I und II-Methode   d)   Object-Point-Methode
e)   Data-Point-Methode   f)   Testfall-Methode

Bei all diesen Methoden wird versucht, Merkmale des IT-Produktes zu selektieren, um dann Rückschlüsse auf das Projekt zu ziehen. Dabei spielen die Schätzungen zur Projektgröße und zur Produktivität eine entscheidende Rolle (vgl. Sneed, H., M.: (2005), S. 36 f.).

Bei COCOMO (constructive cost model) wird z.B. auf der Basis der Korrelationsanalyse ein funktionaler Zusammenhang zwischen den Produktmerkmalen und dem zu erwartenden Entwicklungsaufwand hergestellt (vgl. Boehm, B.: (1981), S. 64 ff.).

Grobe Richtwerte zum Aufwand in einzelnen Phasen erhält man auch durch Statistiken. Diese können selbst erstellt oder aus der Literatur übernommen und ggf. angepasst werden. Eine grobe Aufteilung des Aufwands in den einzelnen Phasen ist aus Abbildung 49 ersichtlich.

Vergleiche zwischen den unterschiedlichen Schätzansätzen haben gezeigt, dass die Aufwandschätzung nach Faustregeln nicht signifikant schlechter ist als der Einsatz von algorithmischen Schätzverfahren. Dennoch scheint ein kombinierter Einsatz in vielen Fällen sinnvoll zu sein, da durch die Schätzverfahren eine gewisse Neutralität und Personenunabhängigkeit gewährleistet werden kann (vgl. Mayr, H.: (2001), S. 166).

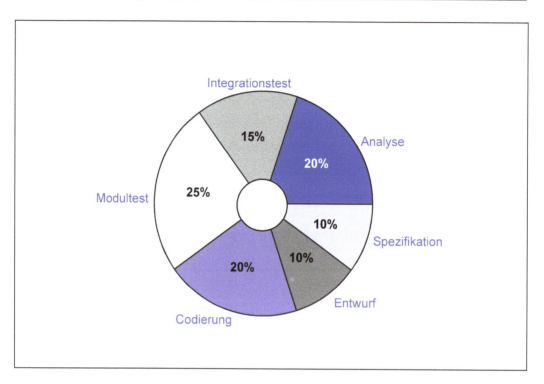

Abbildung 49:   Aufwandsanteil in den einzelnen Phasen (vgl. Sneed, H., M.: (2005), S. 27)

Es wird dringend empfohlen, die Aufwandschätzungen mit den IT-Projektmitarbeitern abzusprechen, die später mit der Umsetzung des Arbeitspaketes betraut werden. Wenn die IT-Projektmitarbeiter eine Schätzung akzeptieren oder sogar diese
Schätzung selbst ermittelt haben, werden sie sich später mit der Aufgabenstellung
besser identifizieren und bemüht sein, „ihr" Arbeitspaket planentsprechend zu erle-
digen.

4.2.5.2   Festlegung von Anfangs-/Endezeiten der Arbeitspakete

Die bei der Reihenfolgeplanung erstellte Liste der Arbeitspakete kann um die geschätzte Dauer der einzelnen Arbeitspakete erweitert werden. Geht man von einem
geplanten Projektstarttermin aus, so lassen sich zusätzlich die geplanten Start- und
Endezeiten der Arbeitspakete ermitteln (Abbildung 50).

Nr.	Arbeitspaket-bezeichnung	Vor-gänger	Nach-folger	Anfang Datum	Ende Datum	Dauer (t=Tage)
...	...		4		17.1.	
4	Feinkonzept	3	5, 6, 7	18.1.	25.2.	39t
5	Produktdatenbank erstellen	4	8	26.2.	11.3.	14t
6	Animationsentwicklung	4	8	26.2.	14.3.	17t
7	Portalentwicklung	4	8	26.2.	29.3.	32t
8	Modultest	5,6,7	9	30.3.	20.4.	22t
9	Einführung	8	10	28.4.	19.5.	22t
10	...	9		20.5.	21.5.	2t

Abbildung 50:   Liste Arbeitspakete mit Zeitangaben

Zur Darstellung der zeitlichen Planung verwendet man häufig Balkendiagramme (Gantt-Diagramme). Dabei werden auf der x-Achse die Zeit und auf der y-Achse die Vorgänge (Arbeitspakete, Teilaufgaben, Phasen) aufgetragen. Die Balkenlänge ist proportional zur benötigten Zeit. In einem Balkendiagramm kann zusätzlich ein Zeitstrahl eingefügt werden, der das aktuelle Datum repräsentiert. Bei Gantt-Diagrammen handelt es sich um eine leicht verständliche Darstellung, aus der die Anfangs- und Endzeiten sowie die Vorgangsdauer zu entnehmen sind. Nachteilig ist, dass Abhängigkeiten zwischen den Vorgängen nicht ersichtlich sind. So kann man z.B. nicht direkt erkennen, welche Auswirkungen eine Verlängerung einzelner Vorgänge auf das Gesamtprojekt haben. Über Balkendiagramme kann man auch keine Projektterminierung vornehmen (vgl. Biethahn, J.; Mucksch, H.; Ruf, W.: (2004), S. 397 ff.). Bei manuell erstellten Balkendiagrammen entsteht ein hoher Änderungs- und Aktualisierungsaufwand, der sich jedoch weitgehend vermeiden lässt, wenn man Softwaresysteme zur Netzplantechnik verwendet. In Abbildung 51 wird ein Gantt-Diagramm dargestellt, das die Abfolge von Arbeitspaketen, einen Zeitstrahl und zusätzlich einen Bearbeitungsstatus enthält.

Mit Hilfe von Softwaretools zur Netzplantechnik wie MS-Project, ACOS Plus oder Artemis Views, um nur drei Beispiele zu nennen, lassen sich verschiedene Aufgaben beim Projektmanagement (Gantt-Diagramme, Erstellung eines Projektstrukturplanes usw.) wirkungsvoll unterstützen.

Damit können Gantt-Diagramme als Darstellungsmittel zu Planungs-, Überwachungs- und Steuerungszwecken einfach verwendet werden.

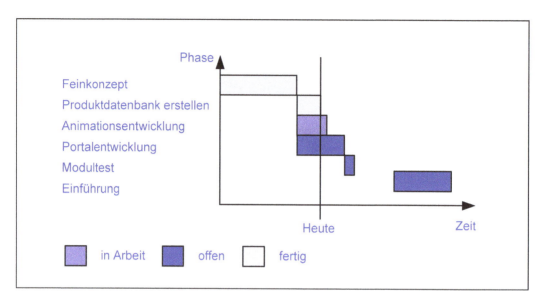

Abbildung 51:   Beispiel Gantt-Diagramm zur Vorgangsdarstellung

4.2.5.3   Analyse der Zeitreserven

Aus den Ordnungsbeziehungen der Vorgänger- und Nachfolgerbeziehungen ergibt sich der geplante Projektablauf der einzelnen Arbeitspakete.

Für jeden Projektablauf gibt es mindestens einen kritischen Weg (=kritischer Pfad). Darunter versteht man einen Weg, auf dem Vorgänge so angeordnet sind, dass die gesamte Pufferzeit minimal ist (vgl. DIN 69901).

Pufferzeiten entstehen, wenn z.B.:

– die Dauer eines Arbeitspaketes großzügiger bemessen wird als die geschätzte Ausführungszeit.

– Vorgänge parallel abgearbeitet werden können und die Vorgangsdauer unterschiedlich ist. In obigem Beispiel wurden die Arbeitspakete „Produktdatenbank erstellen" parallel mit der „Animationsentwicklung" und „Portalentwicklung" eingeplant. Das nachfolgende Arbeitspaket „Modultest" kann erst durchgeführt werden, wenn diese drei Vorgänger fertig sind. Damit entsteht aufgrund der un-

terschiedlichen Bearbeitungsdauer ein Puffer bei den Arbeitspaketen „Produktdatenbank erstellen" und „Animationsentwicklung".

– ein nachfolgendes Arbeitspaket nicht direkt gestartet wird, wenn der Vorgänger
  fertig ist. Bei dem Arbeitspaket „Einführung" wurde bewusst ein Puffer eingeplant, damit eventuelle Verzögerungen bei der Entwicklung nicht dazu führen,
  dass ein geplanter Einführungstermin im Unternehmen verschoben werden
  muss. Viele IT-Projekte können nur zu bestimmten Zeiten (Abschluss Haus-
  haltsjahr, Quartalsende usw.) im Unternehmen eingesetzt werden. Bei bekannten
  Risiken ist es ebenfalls sinnvoll, gleich bei der Projektplanung Pufferzeiten vor-
  zusehen. Häufig werden Pufferzeiten für die einzelnen Phasen und für das Gesamtprojekt eingeplant.

Arbeitspaketbezeichnung	Dauer	Anfang	Ende	Gesamtpuffer
...	0 Tage		17.1.	7 Tage
Feinkonzept	39 Tage	18.1.	25.2.	7 Tage
Produktdatenbank erstellen	14 Tage	26.2.	11.3.	25 Tage
Animationsentwicklung	17 Tage	26.2.	14.3.	22 Tage
Portalentwicklung	32 Tage	26.2.	29.3.	7 Tage
Modultest	22 Tage	30.3.	20.4.	7 Tage
Einführung	22 Tage	28.4.	19.5.	0 Tage
...	2 Tage	20.5.	21.5.	0 Tage

Tabelle 6:   Arbeitspaketbezeichnungen mit Gesamtpuffer

Aus Tabelle 6 ist ersichtlich, dass die einzelnen Arbeitspakete Pufferzeiten aufweisen.

Als Gesamtpuffer bezeichnet man den maximal möglichen Puffer für einen Vorgang.

Ein Gesamtpuffer von 7 Tagen bei den Vorgängen „Feinkonzept", „Portalentwicklung" und dem „Modultest" ist dadurch entstanden, dass man die „Einführung" nicht
zum frühestmöglichen Zeitpunkt am 21.4., sondern erst eine Woche später am 28.4.
eingeplant hat. Der Puffer von 22 Tagen bei dem Vorgang „Produktdatenbank
erstellen" entsteht durch zusätzliche Addition der Differenz aus den unterschiedli-

chen Bearbeitungszeiten der parallel ablaufenden Arbeitspakete (z.B. Animations-entwicklung: 32 – 17 = 15; 15 + 7 = 22 Tage).

Die Frage, wie groß der Puffer in einem IT-Projekt bemessen werden soll, kann nicht eindeutig geklärt werden. Heilmann empfiehlt: „Sie sollen knapp berechnet, aber bei vertretbaren Anstrengungen realistisch sein. Gibt man Menschen zu »locke-re« Termine vor, neigen sie dazu, unnötig perfektionistisch oder weniger intensiv zu arbeiten" (Heilmann, H.: (2003), S. 29).

Realistische Terminvorgaben haben positive Einflüsse auf das IT-Projekt. Sie:

– wirken motivierend auf die IT-Projektmitarbeiter.

– bilden die Basis für eine gute Zusammenarbeit innerhalb des IT-Projektteams und mit den anderen Projektbeteiligten.

– steigern das Zutrauen der Gremien in das IT-Projektteam.

– sind für eine spätere gerechte Beurteilung des IT-Projektteams und des IT-Projektleiters wichtig.

Unrealistische Terminvorgaben

– können das Vertrauensverhältnis zum Auftraggeber und zu den Gremien stören.

– wirken demotivierend auf die IT-Projektmitarbeiter.

– führen zu massiven Störungen bei der Projektplanung und -steuerung.

– können auch rechtliche Folgen nach sich ziehen.

✦ Erfolgsfaktoren – Fallstricke - Praxistipp

– Zu den schwierigsten Aufgaben des IT-Projektmanagements zählen die Zeit-schätzungen und die Einplanung von Zeitreserven.

– Es sollten nachvollziehbare Schätzungen durchgeführt werden, die mehr als nur ein Zahlenwert sind. Die durchgeführten Schätzungen sollten immer dokumen-tiert und mit späteren Istwerten verglichen werden, damit die gewonnenen Er-kenntnisse für spätere Projekte nutzbar sind.

– Unerfahrene IT-Projektleiter machen häufig den Fehler, dass zu wenige Zeitre-serven eingeplant werden. Dabei ist eines sicher, Unvorhergesehenes, nicht planbare Abstimmungszeiten und Änderungen im Ablauf werden sich nicht vermeiden lassen (vgl. Streitz, S.: (2004), S. 50).

4.2.5.4   Grafische Darstellung des zeitlichen Projektablaufs

Zur grafischen Darstellung des zeitlichen Projektablaufs verwendet man sehr häufig Netzpläne.

Unter einem Netzplan versteht man „die grafische oder tabellarische Darstellung von Abläufen und deren Abhängigkeiten" (DIN 69901).

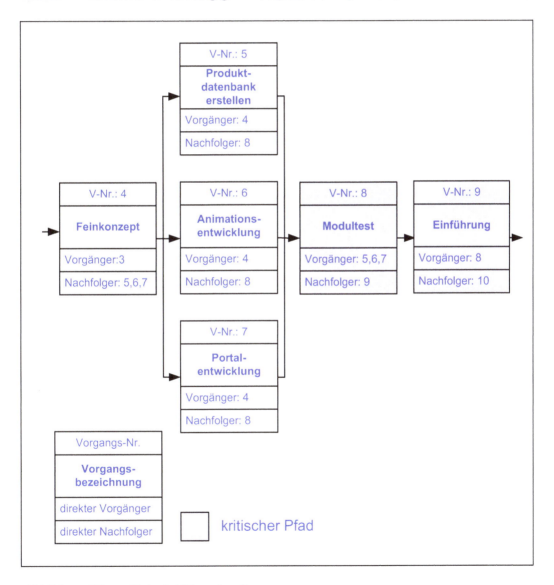

Abbildung 52:   Beispiel Netzplandiagramm

Abbildung 52 zeigt einen Ausschnitt aus einem Netzplan. Dabei werden die Arbeitspakete als Knoten und die Beziehungen durch Pfeile dargestellt. Man erkennt die Reihenfolge der Arbeitspakete und deren logische Beziehungen zueinander. So kann z.B. mit der Entwicklung der Produktdatenbank, der Entwicklung der Animation und der Portalentwicklung erst dann begonnen werden, wenn das Feinkonzept fertig ist. Ebenfalls erkennt man, dass die drei Entwicklungsarbeiten parallel ablaufen können und wenn alle letzten Entwicklungsaufgaben fertig sind, der Modultest und danach die Einführung durchgeführt werden können. Der kritische Pfad ist besonders gekennzeichnet.

Nach der Klärung der zeitlichen Belange im IT-Projekt stehen im nächsten Kapitel die Kosten im Fokus.

4.2.6   Projektkostenanalyse

Bei der Projektkostenanalyse werden verschiedene Kostengesichtspunkte betrachtet. Zunächst wird eine Analyse der Kostenarten im Projekt, anschließend eine Kostenverlaufsplanung und zum Schluss ein Personalbedarfsplan beschrieben.

4.2.6.1   Analyse der Kostenarten im IT-Projekt

Zur Durchführung einer Kostenanalyse ist es erforderlich, die Arbeitspaketbeschreibungen weiter mit Angaben für den voraussichtlichen Ressourcenbedarf zu ergänzen. Es empfiehlt sich, den Ressourcenbedarf nach unterschiedlichen Kostenarten aufzuschlüsseln. Bei IT-Projekten sind im Allgemeinen folgende Kostenarten von Bedeutung:

– Personalkosten
  IT-Entwicklung ist auch heute noch zu einem wesentlichen Teil „Handarbeit".
  Die Personalkosten bilden meist den größten Anteil an den IT-Projektkosten.
  Werden zur Umsetzung eines Arbeitspaketes Mitarbeiter mit unterschiedlichen
  Kostensätzen eingesetzt, so sind diese entsprechend zu kennzeichnen. Die Berechnung der Personalkosten je Arbeitspaket erfolgt nach der Formel:

$$PersonalkostenArbeitspaket = \sum_{i=1}^{n} Zeitverbrauch_i \cdot Kostensatz_i \cdot PA$$

PA = Produktivanteil der Arbeitszeit[15]

n = Anzahl Mitarbeiter mit unterschiedlichen Kostensätzen

i   = (1, …, n)

Die gesamten Personalkosten für das IT-Projekt ergeben sich aus den Personalkosten aller Arbeitspakete.

– Outsourcing (z.B. Auftragsvergabe, externe Dienstleistungen)

In fast allen größeren IT-Projekten wird es Aufgaben geben, die vom IT-Projektteam nicht ausgeführt werden sollen. So wird man beispielsweise bei einer Web-Portallösung die Dienste eines Internetservice-Providers in Anspruch nehmen, der die Installation und Konfiguration eines Web-Servers übernimmt. Auch der Einsatz von freiberuflichen Programmierern oder Beratern ist typisch für IT-Projekte.

– Verbrauchsmaterial

Den Verbrauchsmaterialanteil sollte man nicht unterschätzen. Hierzu zählen z.B. Ausgaben für Büromaterial, Toner, Farbkopien, Präsentationsmappen, Sicherungsbänder, CD-/DVD-Rohlinge, Add-on-Produkte zu Softwaresystemen, Nachrüstungen wie zum Beispiel Hauptspeicher für PC´s, eingesetzte Softwareprodukte von geringem Wert, um nur ein paar Beispiele zu nennen.

– Investitionskosten

Zu den Investitionen zählen langfristig nutzbare Produktionsmittel. Sie gehören zum Anlagevermögen des Unternehmens und werden in der Bilanz als Anlagevermögen geführt. Beispiele für Investitionen in IT-Projekten:

– Rechner/Rechnernetze, Server

– Betriebssysteme

– Entwicklungswerkzeuge (CASE-Tools[16])

– Datenbanken

---

[15] vgl. Kapitel 6.3.3.11

[16] CASE = Computer Aided Software Engineering

-   – Peripherie
-   – Dienstreisen

    Sofern das IT-Entwicklungsteam nicht in direkter Nachbarschaft zu den späteren Anwendern angesiedelt ist, sind häufige Dienstreisen nicht zu vermeiden. Lange Anreisezeiten, Kosten für Flüge, Taxi, Bahn, Hotels usw. können einen erheblichen Projektkostenanteil verursachen.

-   – Weiterbildungskosten

    Gut ausgebildete Mitarbeiter sind von hohem Wert für ein IT-Projekt. Sind während des Projektablaufs neuartige Aufgaben von einzelnen IT-Projektmitarbeitern zu erledigen, so muss zunächst die Basis für eine wirtschaftliche Aufgabenerfüllung geschaffen werden. Zunächst sollte geprüft werden, ob eine hausinterne Weiterbildung oder ein „on-the-job"-Training bei vorhandenen Mitarbeitern durchgeführt werden kann. Anschließend kann man prüfen, ob ein externes E-Learning-Angebot oder der Besuch einer Schulung anzuraten ist.

Die Zusammenstellung der IT-Projektgesamtkosten kann über die Angaben der Arbeitspakete tabellarisch (Tabelle 7 bis Tabelle 12) zusammengestellt oder grafisch (Abbildung 53) aufbereitet werden. Im Rahmen einer Zuschlagskalkulation lassen sich noch Aufwendungen für Gemeinkosten (z.B. Raumkosten, Nutzung zentraler Server, Verwaltungskosten usw.) über Zuschlagsätze berücksichtigen.

PSP-	Kostenart	K-Satz		Dauer	Anteil	PA	Betrag
Code	Personal	Kennung	€	Tage	%		€
...							64.200
3.2.1	Sebastian Bitzer	M2	250	18	100%	0,8	3.600
3.2.4.	Gerd Schneider	P2	80	20	80%	0,8	1.024
3.2.5.	Daniel Groth	M1	500	25	100%	0,8	10.000
3.2.5.	Gerd Schneider	P2	80	25	50%	0,8	800
4.1.2	Barbara Rotter	M1	500	36	100%	0,8	14.400
...						0,8	48.160
Personalkosten							**142.184**

Tabelle 7:   Tabellarische Aufstellung Personalkosten

PSP-	Kostenart	Anschaffungs-	Anteil	Betrag
Code	Investitionskosten	kosten	%	€
...				23.000
3.2.1	Animationssoftware	1.250	100%	1.250
3.2.4.	Entwicklungsrechner (PC)	3.250	50%	1.625
3.2.5.	Multimediahardware	1.900	100%	1.900
...				14.350
Investitionskosten				**42.125**

Tabelle 8:   Tabellarische Aufstellung Investitionskosten

PSP-	Kostenart	Kosten	Anteil	Betrag
Code	Outsourcing	€	%	€
...				18.000
1.3.4	Internet Service Provider	3.280	100%	3.280
3.2.8	Freiberufler DB-Schnittstelle	7.150	50%	3.575
...				12.000
Outsourcing				**36.855**

Tabelle 9:   Tabellarische Aufstellung Outsourcingkosten

PSP-	Kostenart	Kosten	Anteil	Betrag
Code	Verbrauchsmaterial	€	%	€
...				3.200
1.2.5	Präsentationsmaterial	180	100%	180
1.1.8	Büroausstattung IT-Projekt-MA	890	100%	890
1.1.9	Aufrüstung Projekt-PC´s	3.150	100%	3.150
...				7.000
Verbrauchsmaterial				**14.420**

Tabelle 10:   Tabellarische Aufstellung Verbrauchsmaterialkosten

PSP-Code	Kostenart Weiterbildung	Kosten €	Anteil %	Betrag €
...				2.000
1.7.5	E-Learning Kurs Animation	910	100%	910
3.2.4	Literatur	320	100%	320
...				4.500
Weiterbildung				7.730

Tabelle 11:   *Tabellarische Aufstellung Weiterbildungskosten*

PSP-Code	Kostenart Reisekosten	Kosten €	Anteil %	Betrag €
...				8.000
3.2.5	Besprechung	2.500	100%	2.500
...				12.000
Reisekosten				22.500

Tabelle 12:   *Tabellarische Aufstellung Reisekosten*

Die Aufteilung der Kosten nach Kostenarten ist ein wichtiger Aspekt bei der Kostenplanung. Eine mindestens ebenso wichtige Frage für den IT-Projektleiter ist es zu klären, wann die Kosten anfallen. Mit dieser Frage beschäftigt sich das nächste Kapitel.

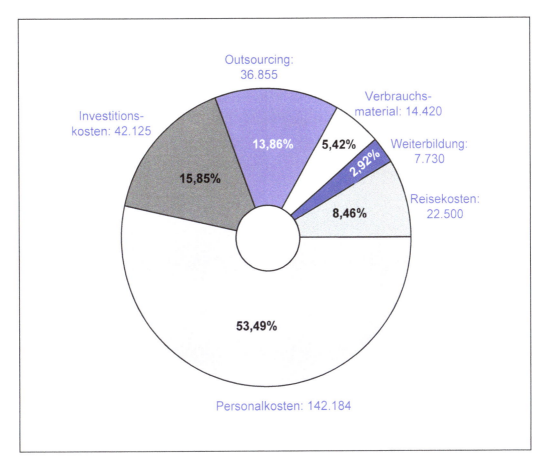

Abbildung 53:   Grafische Kostenverteilung nach Kostenarten

4.2.6.2   Kostenverlaufsplanung

Unter Verwendung der in den Arbeitspaketbeschreibungen enthaltenen Kostenarten und den Terminvorgaben lässt sich ein geplanter Kostenverlauf für ein IT-Projekt erstellen. Der Kostenverlaufsplan stellt die Vorkalkulation dar und ist die Grundlage für den Finanzplan eines IT-Projektes. Aus diesem ist ersichtlich, zu welchen Zeiten die Ausgaben geplant wurden und wie sich die Projektkosten während der Projektlaufzeit entwickeln. Tabelle 13 zeigt eine tabellarische Aufstellung und Abbildung 54 eine grafische Darstellung der IT-Projektkosten während der Projektlaufzeit.

	September	Oktober	November	Dezember	Januar	Februar	März	April	Mai	Juni	Juli
Personalkosten	7.875	6.300	7.875	15.751	16.801	16.276	18.376	7.875	8.400	21.001	15.653
Investitionskosten	2.610	2.088	2.610	5.220	5.568	5.394	6.090	2.610	2.784	6.960	5.188
Outsourcing	2.041	1.633	2.041	4.083	4.355	4.219	4.763	2.041	2.177	5.444	4.057
Verbrauchsmaterial	799	639	799	1.597	1.704	1.651	1.864	799	852	2.130	1.588
Weiterbildung	428	343	428	856	913	885	999	428	457	1.142	851
Reisekosten	1.246	997	1.246	2.492	2.659	2.576	2.908	1.246	1.329	3.323	2.477
Kosten (Monat)	15.000	12.000	15.000	30.000	32.000	31.000	35.000	15.000	16.000	40.000	29.814
kumulative Kosten	15.000	27.000	42.000	72.000	104.000	135.000	170.000	185.000	201.000	241.000	270.814

Tabelle 13:   *Tabellarische Aufstellung der IT-Projektkosten während der Projektlaufzeit*

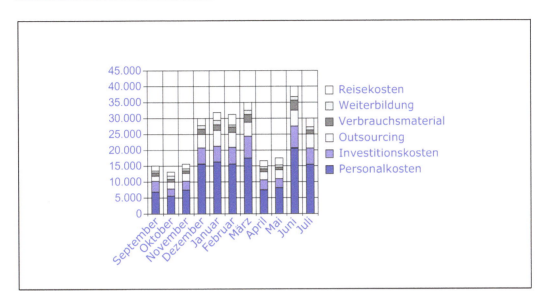

*Abbildung 54:   Grafische Darstellung der IT-Projektkosten während der Projekt-
laufzeit*

In Abbildung 55 wurden die Projektkosten addiert. Damit lässt sich der kumulierte
Kostenverlauf während der Projektumsetzung darstellen.

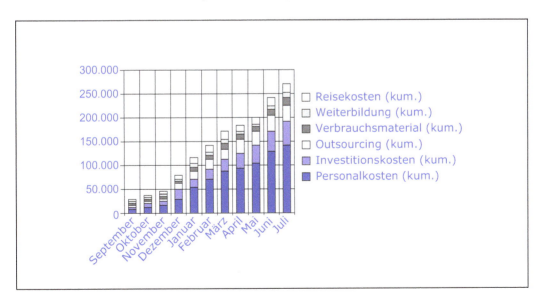

*Abbildung 55:   Grafische Darstellung der kumulierten IT-Projektkosten pro Mo-
nat*

Die Aufstellung wird während der Umsetzungsphase laufend um die tatsächlich angefallenen Kosten ergänzt. Diese Informationen bilden die Grundlage für die mitlaufende Kalkulation (oder Mitkalkulation). Aus dem damit möglichen Soll-/ Istvergleich lassen sich Hinweise für eventuell erforderliche Steuerungsmaßnahmen für den IT-Projektleiter ableiten. Abgeschlossene IT-Projekte sollten nach Projektabschluss weiter ausgewertet werden. Diese Auswertung stellt die Nachkalkulation dar. Bei der Nachkalkulation werden die gemachten Erfahrungen systematisch aufgearbeitet. Es werden für jedes abgeschlossene IT-Projekt der Soll- und Ist-Deckungsgrad, neue Verrechnungsschlüssel und Kennzahlen gebildet, die bei einem eventuellen Folgeprojekt im Rahmen der Vorkalkulation Eingang finden (vgl. Buhl, A.: (2004), S. 79 f). Der Zusammenhang zwischen den Zeitzonen der Kalkulation ist aus Abbildung 56 ersichtlich.

Nachdem man weiß, welche Ressourcen in einem IT-Projekt zu welcher Zeit benötigt werden, ist es wichtig zu prüfen, ob genau zu diesem Termin die Ressourcen auch tatsächlich frei sind. Diese Frage bildet den Ausgangspunkt für das nächste Kapitel.

4.2.7   Kapazitätsanalyse

Im Rahmen der Kapazitätsanalyse werden die im IT-Projekt benötigten knappen Ressourcen geplant. Diese Planungen dienen in erster Linie zur Personal- bzw. Sachmittelbeschaffung und deren Bereitstellung.

Unter Ressourcen werden Personal und Sachmittel verstanden, die zur IT-Projektumsetzung benötigt werden. Die Disposition erfolgt über die Arbeitspaketbeschreibung.

Bei der Ressourcenplanung geht man ähnlich vor wie bei der soeben beschriebenen Kostenverlaufsplanung. Es wird jedoch nur die geplante zeitliche Nutzung betrachtet.

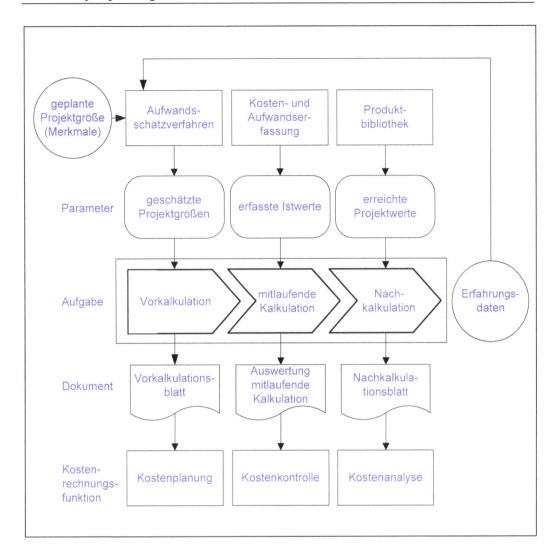

Abbildung 56:   *Zeitzonen der Kalkulation (vgl. Buhl, A.: (2004), S. 80)*

Unter einer Ressourceneinheit versteht man die IT-Mitarbeiter und knappe, separat zu planende Sachmittel. Knappe, separat zu planende Sachmittel sind z.B. Seminarräume, Testrechner, Spezialhardware (Multimedialabors, Tonstudio, Videostudio usw.).

Die Durchführung der Kapazitätsplanung wird anschließend in den Schritten
– Ressourcenbedarfsplan,
– Kapazitätsbelastungsdiagramme,

- Planung der IT-Projektmitarbeiter während der Projektlaufzeit und
- Sachmittelbelegung

erläutert.

4.2.7.1   Ressourcenbedarfsplan

Aus den Arbeitspaketbeschreibungen lässt sich der in einer Planungsperiode (Woche oder Monat) benötigte Ressourcenbedarf ermitteln (Abbildung 57).

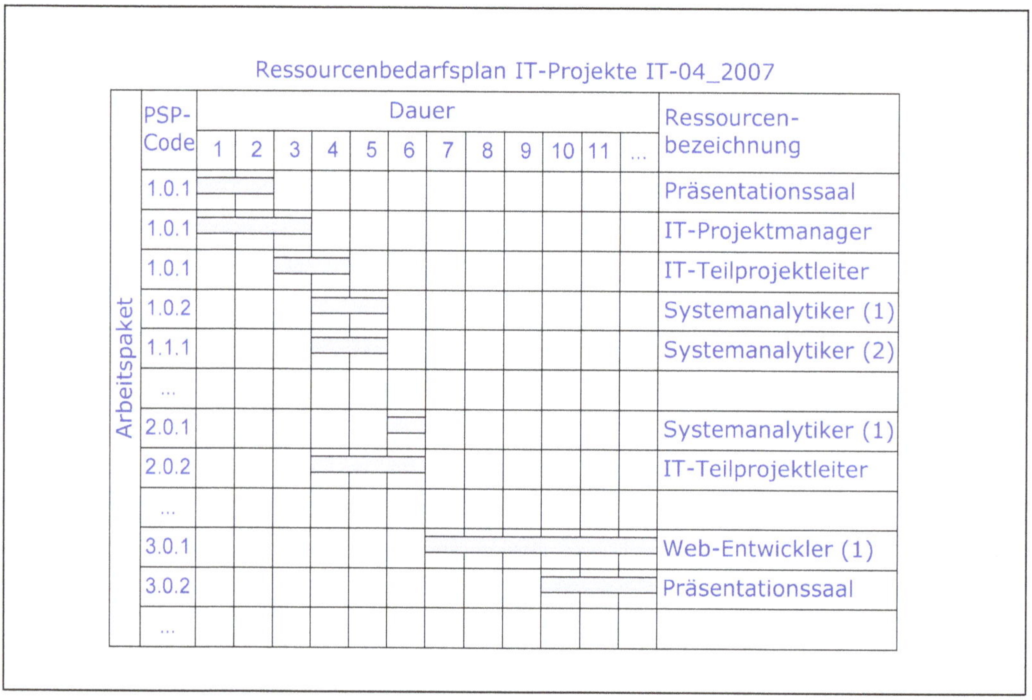

Abbildung 57:   Ressourcenbedarfsplan

In der Tabelle sieht man, dass in den Zeilen die in den Arbeitspaketen geplanten Ressourcen eingetragen werden. Die Spalten reichen über die Projektlaufzeit und werden entsprechend der Planungsgranularität in Tage, Wochen oder Monate aufgeschlüsselt. Aus dem Ressourcenbedarfsplan bildet man im nächsten Schritt die Kapazitätsbelastungsdiagramme für die einzelnen Ressourceneinheiten. Sofern die Ressourcen in mehreren Projekten eingesetzt werden, müssen die Belegungsübersichten für eine Ressourceneinheit aus den Ressourcenbedarfsplänen der einzelnen Projekte zusammengesetzt werden. Abbildung 58 zeigt die Ressourcenbelegung für einen IT-Projektmitarbeiter (Systemanalytiker 1), der an mehreren Projekten mitarbeitet.

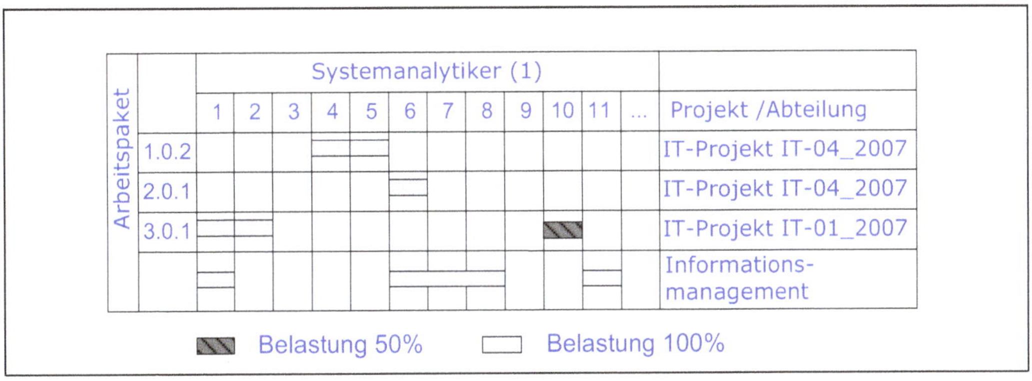

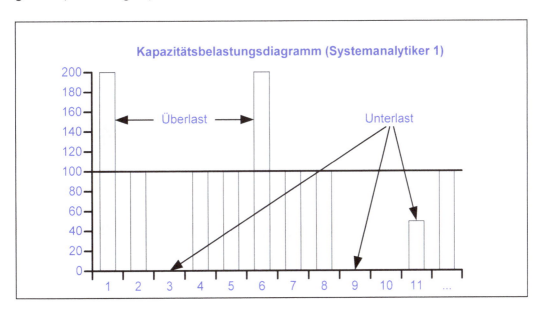

Abbildung 58:   Ressourcenbelegung für eine Einheit aus mehreren Projekten

4.2.7.2   Kapazitätsbelastungsdiagramme

Aus der Ressourcenbelegung für eine Einheit wird ein Kapazitätsbelastungsdiagramm (Abbildung 59) erstellt.

Abbildung 59:   Belastungsdiagramm für eine Ressourceneinheit

Aus den Diagrammen sind Überlast-/Unterlastsituationen bei den Ressourceneinheiten direkt zu erkennen. Die Überlastsituationen entstehen, wenn z.B. in parallel ablaufenden Arbeitspaketen identische Ressourceneinheiten verwendet werden. Bei IT-Projektmitarbeitern kann es auch weiterhin vorkommen, dass sie zeitgleich in anderen Projekten oder in Linienabteilungen benötigt werden.

Der IT-Projektleiter muss nun versuchen, diese Über-/Unterlastsituation innerhalb akzeptierter Schwankungsbereiche (z.B. +/- 10%) auszugleichen. Hierzu gibt es mehrere Möglichkeiten:
- zeitliche Verschiebung der Arbeitspakete innerhalb der Pufferzeiten
- Sofern ein Arbeitspaket Pufferzeiten aufweist und dies ist bei allen Arbeitspaketen, die nicht auf dem kritischen Pfad liegen der Fall, kann ohne terminliche Konsequenzen eine Verschiebung und damit ein Kapazitätsabgleich vorgenommen werden.
- anderer Ressourceneinsatz
- Häufig können bei Personalressourcen mehrere IT-Projektmitarbeiter eine Aufgabe übernehmen. Man kann also versuchen, zwischen den vorhandenen Ressourcen einen Ausgleich durch Umverteilung der Aufgaben vorzunehmen. Dies gilt auch für die Sachmittel.
- zusätzlicher Ressourceneinsatz
- Will man am zeitlichen Ablauf nichts verändern, kann der Einsatz zusätzlicher Ressourcen (z.B. der befristete Einsatz freiberuflicher Mitarbeiter oder die Anmietung von Sachmitteln) überlegt werden.
- Outsourcing
- Bei IT-Projekten findet man häufig, dass bestimmte Aufgabenkomplexe durch einen externen Dienstleister erbracht werden können.
- Terminverschiebung
  Die zeitliche Verschiebung von Projektanfangs- / -endezeiten bringt zusätzlichen Spielraum für einen Kapazitätsausgleich.
- Überstunden
  Im Personalbereich könnte man auch versuchen, durch Überstunden Engpasssituationen auszugleichen. Von dieser Möglichkeit wird jedoch in der Planungsphase dringend abgeraten. Bei IT-Entwicklungsaufgaben ist es sowieso sehr fraglich, ob durch längere Arbeitszeiten mehr geleistet werden kann.

4.2.7.3   IT-Projektmitarbeiter während der Projektlaufzeit

Nach dem Abschluss des Kapazitätsausgleichs besteht die Möglichkeit, aus den einzelnen Kapazitätsbelastungsdiagrammen der IT-Projektmitarbeiter ein kumuliertes Belastungsdiagramm abzuleiten. Hier sieht man genau, wie viele IT-Projektmitarbeiter während der Projektumsetzung zu den einzelnen Planungszeiteinheiten eingesetzt werden (Abbildung 60).

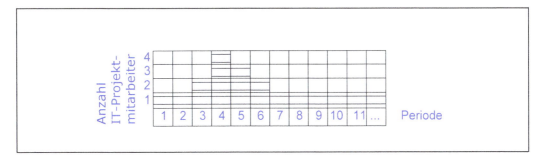

Abbildung 60:   Kumuliertes Belastungsdiagramm für IT-Projektmitarbeiter

4.2.7.4   Sachmittelbelegung

Verbindet man bei den Sachmitteln die Belastungen aus den einzelnen Projekten, so lassen sich damit z. B. bei Räumen Belegungspläne (Abbildung 61) erstellen. In Unternehmen ist oft die rechtzeitige Reservierung von Sachmitteln wichtig, da diese häufig nach dem Fifo-Prinzip (first in first out) zugeteilt werden.

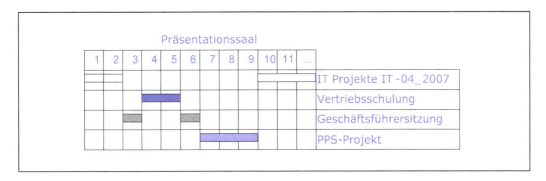

Abbildung 61:   Belegungsplan für Sachmittel (Beispiel Raumbelegung)

✧ Erfolgsfaktoren – Fallstricke - Praxistipp

– Eine solide Planung ist sehr arbeitsintensiv – lohnt sich aber immer.

– Durch viele Planänderungen wird wertvolle Zeit verschwendet. Planänderungen sollten deshalb einen formellen Instanzenweg durchlaufen.

– Es sollte versucht werden die wesentlichen Entscheidungsträger aktiv in den Planungsprozess zu integrieren – auch wenn deren Zeit ebenfalls knapp bemessen ist.

Nach einer erfolgreichen IT-Projektplanung und der Erteilung des Projektauftrages beginnen die Aufgaben der IT-Projektdurchführung, die im nächsten Kapitel beschrieben werden.

4.3   IT-Projektdurchführung

Bei der IT-Projektdurchführung beschäftigt man sich mit konkreten Umsetzungsmaßnahmen. Dazu gehört die Freigabe der einzelnen Arbeitspakete sowie die IT-Projektkontrolle und –steuerung. Bei diesen Aufgaben wird man immer wieder feststellen, dass Ausführung und Planung nur selten übereinstimmen. Der IT-Projektleiter ist ständig damit konfrontiert, organisatorische, technische und menschliche Probleme zu meistern. Planänderungen, neue Absprachen und neue Lösungsmöglichkeiten müssen mehrfach überdacht werden. Dem IT-Projektmanagement werden neben hohem fachlichen Know-how zunehmend soziale sowie persönliche Eigenschaften wie Ausdauer, Beharrlichkeit, Frustrationstoleranz, Weitsicht und Mut abverlangt (vgl. Hindel, B. et al.: (2004), S. 73 f.). Die IT-Projektumsetzung erfolgt sukzessiv und kann in einem Regelkreismodell beschrieben werden, das im nächsten Kapitel erläutert wird.

4.3.1   Regelkreismodell der Projektdurchführung

Aus Sicht des IT-Projektleiters gilt es, die vier Bestimmungsgrößen (Projektziele / Leistung, Qualität, Projektdauer, Projektressourcen) während der Umsetzung regelmäßig zu überwachen. Bei signifikanten Abweichungen sind Steuerungsmaßnahmen zu ergreifen.

In Abbildung 62 ist das Regelkreismodell für die IT-Projektdurchführung abgebildet. Dabei werden vom IT-Projektleiter im ersten Schritt die zur Durchführung anstehenden Arbeitspakete freigegeben.

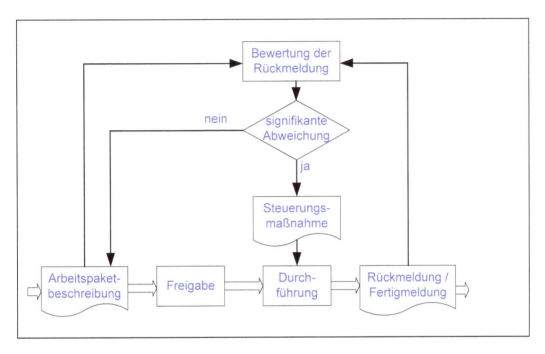

Abbildung 62:   Regelkreismodell der Projektdurchführung

Eine Freigabe für ein Arbeitspaket wird erteilt, wenn folgende Voraussetzungen
erfüllt sind:

– Der geplante Umsetzungszeitpunkt für das Arbeitspaket ist eingetreten.
– Die Arbeitspakete, die als Vorgänger abgeschlossen sein müssen, wurden
   fertig gestellt.
– Die zur Umsetzung benötigten Ressourcen (IT-Projektmitarbeiter und
   Sachmittel) stehen zur Verfügung.

Mit der Freigabe erhalten die mit der Umsetzung beauftragten IT-Projektmitarbeiter
Vorgaben, wie eine Rückmeldung des Arbeitsfortschritts erfolgen soll. Über die
Rückmeldung[17] werden Istwerte erfasst und anschließend im Rahmen eines Soll-Ist-

---

[17] Anstelle von Rückmeldung wird teilweise auch der Begriff Statusmeldung verwendet.

Vergleichs mit den Vorgaben verglichen. Aus der Arbeitspaketbeschreibung ist ersichtlich, ob eine tägliche, wöchentliche oder monatliche Rückmeldung abzugeben ist. Bei Arbeitspaketen von durchschnittlicher Schwierigkeit, einem mäßigen Risiko und vorhandenen Pufferzeiten wird man sich mit einer wöchentlichen/monatlichen Rückmeldung begnügen. Man sollte bedenken, dass alle Rückmeldungen mit einem Verwaltungsaufwand verbunden sind. Es genügt nicht, dass Rückmeldungen nur erfasst und abgelegt werden. Jede Rückmeldung muss sorgfältig analysiert werden, um beurteilen zu können, ob Steuerungsmaßnahmen erforderlich sind.

Abbildung 63 zeigt ein Formularbeispiel, das für eine Rückmeldung verwendet werden kann.

Eine vollständige Rückmeldung enthält Angaben zu den Bestimmungsgrößen eines Projektes in Bezug auf das aktuelle Arbeitspaket. Hierzu gehören:
– funktionaler Fortschrittsgrad
  Der funktionale Fortschrittsgrad wird durch einen Vergleich zwischen der erbrachten Leistung und der im Arbeitspaket beschriebenen geforderten Leistung gebildet. Bei Programmieraufgaben kann man auch die erstellten Programmfunktionen mit den geforderten Programmfunktionen vergleichen. Zur Bestimmung der Programmfunktionen werden oft Softwaremetriken eingesetzt.
– zeitlicher Fortschrittsgrad
  Durch einen Vergleich zwischen der bisherigen Dauer und der geplanten Dauer des Arbeitspaketes lässt sich der zeitliche Fortschrittsgrad ermitteln.
– ressourcenbezogener Fortschrittsgrad
  Gegenstand dieser Analyse ist die Bewertung des bisherigen Ressourcenverbrauchs innerhalb des Arbeitspaketes. Zu den Ressourcen zählen die Personal- und Sachressourcen.
– qualitativer Fortschrittsgrad
  Während der Umsetzung des Arbeitspaketes lässt sich die bisher erstellte Qualität oft nur unzureichend beurteilen. Nach Abschluss des Arbeitspaketes kann diese Bestimmungsgröße z.B. durch einen IV-Controller, den IT-(Teil-) Projektleiter oder zumindest von dem IT-Projektmitarbeiter, der das nachfolgende Arbeitspaket bearbeitet, geprüft werden.

Rückmeldung / Statusbericht				Hochschule Albstadt-Sigmaringen Albstadt-Sigmaringen University
Projektnummer		IT-04_2007	Datum	2.12.2007
Projektbezeichnung		Entwicklung Webshop	PSP-Code	3.2.5

	Soll	Ist	Erwar-tungswert	Hinweis	Manage-menthinweis
Beginn	29.10.	15.11.		Vorgänger endete nicht termingerecht.	
Ende	30.11.		15.12.		

ressourcenbezogener Fort-schrittsgrad	Soll	Ist	Erwar-tungswert	Manage-menthinweis
Daniel Groth (verantwortlich)	25 T.	12	25	
Gerd Schneider (Praktikant)	25 T.	15	25	
Animationssoftware	1250 €	3300 €	3300	
Besprechungen (2 Tage)	2500 €	1250 €	1250 €	
Kosten für das Arbeitspaket	14550 €	8300 €	15600 €	
funktionaler Fortschrittsgrad	38	22	40	
zeitlicher Fortschrittsgrad			60%	
qualitativer Fortschrittsgrad			60 %	

Besondere Hinweise	
Datum	Datum
_____ Arbeitspaketverantwortlicher	_____ IT-Projektcontrolling

Abbildung 63:   Formularbeispiel zur Rückmeldung (Teilrückmeldung / Fertig-meldung)

Rückmeldungen sollten so konzipiert sein, dass der Erstellungsaufwand und der Beurteilungsaufwand möglichst gering sind. In der Regel verwendet man deshalb Schätzwerte. Diese Schätzwerte werden von den IT-Projektmitarbeitern, die zur Durchführung eingeteilt wurden, ermittelt.

Für eine grobe Schätzung und eine übersichtliche Darstellung kann man auch die „Ampelmethode" verwenden. Dabei wird bei den Bestimmungsgrößen des Arbeitspaketes lediglich zwischen „rot", „gelb" und „grün" unterschieden. Die Farbe „grün" signalisiert in diesem Zusammenhang eine Umsetzung nach Plan. Mit „gelb" können Abweichungen gekennzeichnet werden, von denen die IT-Projektmitarbeiter glauben, dass sie diese selbst wieder in Ordnung bringen können („mittlere Probleme"). Mit „rot" sollen Problemsituationen markiert werden, die auf ein schwerwiegendes Problem hindeuten. Als schwerwiegend wären z.B. Probleme zu definieren, bei denen Zeitverzögerungen nicht mehr aufgeholt werden können oder wenn ein nennenswerter zusätzlicher Ressourcenaufwand unumgänglich ist. Die Richtlinien zur einheitlichen Verwendung der Ampelfarben erleichtern die Situationsbeurteilung während der Projektumsetzung.

Bei kleineren IT-Projekten, in denen der IT-Projektleiter „mitten im Team" ist, wird teilweise auf eine formale, schriftliche Rückmeldung verzichtet. Die Informationen zur Rückmeldung können in diesen Fällen z.B. eingeholt werden über:
–   wöchentliche Teambesprechungen
–   außerordentliche Teambesprechungen in Ausnahmefällen
–   „Kantinengespräche"
–   „Morning-Meetings"

Die Erstellung von Rückmeldungen ist meist mit einer Reihe von Schwierigkeiten verbunden:
–   Zwischenergebnisse lassen sich oft nicht eindeutig abschätzen.
–   IT-Projektmitarbeiter betrachten die Erstellung einer Rückmeldung als Zusatzaufgabe von geringer Bedeutung oder als unangenehme Überwachung.

Aus den Rückmeldungen wird vom IT-Projektleiter regelmäßig ein Bericht über den Gesamtprojektstand erstellt (Abbildung 64). Aus diesem sieht man den Status der einzelnen Arbeitspakete sowie zusätzliche Infos zu den Projektzeiten und -kosten.

Projektstatusbericht						Hochschule Albstadt-Sigmaringen Albstadt-Sigmaringen University	
Projektnummer		IT-04_2007			Datum		2.12.2007
Projektbezeichnung		Entwicklung Webshop					
PSP-Code	Bezeichnung	Status	FSG	aktuelle Kosten	restliche Kosten	Manage-menthin-weis	
…		…	F	…	…		
3.2.5	Animationsentwicklung	A	60%	8300	6300	🚦	
…	…	…	O	…	…		
Projektziele / Leistung		🚦		Projektdauer		🚦	
Projektqualität		🚦		Projektressourcen		🚦	
PSP = Projektstrukturplan Code; FSG = Fortschrittsgrad Status: A = angefangen; F = fertig; O = noch nicht angefangen							

Abbildung 64:   Formularbeispiel zum aktuellen IT-Projektstand

Zu signifikanten Abweichungen zwischen den Sollwerten aus der Arbeitspaketbeschreibung und den Istwerten kann es kommen, wenn entweder die Schätzung der Sollwerte (Vorgaben) falsch war oder wenn die Arbeit ineffizient oder schlecht durchgeführt wurde. In beiden Fällen muss der IT-Projektleiter Korrekturmaßnahmen ergreifen. Korrekturmaßnahmen können sein:

– Änderung der Termine

– Zuweisung zusätzlicher Ressourcen

– Anpassung des Funktionsumfangs oder der Qualität

4.3.2   Beurteilung von (Teil-)Leistungen

Mehrere Arbeitspakete lassen sich zu Sammelvorgängen zusammenfassen und mehrere Sammelvorgänge können mit einem Meilenstein enden.

Unter einem Meilenstein versteht man „Projektereignisse, denen eine besondere Bedeutung zukommt" (Olfert, K.: (2007), S. 245). Damit kennzeichnet ein Meilenstein einen wesentlichen Entwicklungsabschnitt. Bei IT-Projekten bietet es sich an, die Entwicklungsphasen durch einen Meilenstein abzuschließen.

Bevor ein Meilenstein erreicht wird, erfolgt oft eine Beurteilung der bisher erzielten Ergebnisse. Diese kann man z.B. prüfen durch

–   Reviews,

–   Walk-Throughs und

–   individuelle Tests.

Eine gewisse Neutralität erreicht man durch einen neutralen Dritten, der eine Beurteilung durchführt.

Unter einem *Review* versteht man die Überprüfung eines Arbeitsergebnisses (Dokument, Skizze, Programm) durch eine sachverständige Person. Diese Prüfung erfolgt anhand von Vorgaben und Richtlinien. Die Voraussetzungen für Reviews sind also Vorgaben wie Spezifikationen, Pläne oder Anweisungen. Eine gängige Methode für Reviews ist die Aufstellung von Fragekatalogen, die anschließend vom IT-Projektmitarbeiter beantwortet werden müssen. Je präziser Fragen gestellt werden, desto besser ist die Chance, dass Fehler entdeckt werden (vgl. Frühauf, K.; Ludewig, J.; Sandmayr, H.: (2002), S. 88 ff.).

Bei einem *Walk-Through* handelt es sich um eine spezielle Review-Anwendung. Man betrachtet die bisher erzielten Teilergebnisse. Die Untersuchung wird von neutralen Personen (peer group) durchgeführt, die über ein annähernd gleiches Knowhow verfügen wie die zur Umsetzung eingeteilten IT-Projektmitarbeiter. Die peer group erhält hierzu vorab alle Informationen, die zur Prüfung erforderlich sind. Anschließend stellen die IT-Projektmitarbeiter der peer group die Funktionsweise vor. Bei Programmieraufgaben „spielen die Teilnehmer Computer" und prüfen den Datenfluss, die darauf wirkenden Funktionen und die Programmschnittstellen. Dadurch werden die Abläufe analysiert. Man versucht zu hinterfragen, ob der Code so funktionieren könnte (Pfetzing, K.; Rohde, A.: (2006), S. 281 f.).

Der *Test* von Teilleistungen ist der Regelfall. Dabei kann prinzipiell ein Pflichtenheft ebenso wie ein bestimmtes Programm-Modul einem Test unterzogen werden. Es gilt als unbestritten, dass die Kosten für eine Fehlerbehebung umso höher sind, je später ein entsprechender Fehler entdeckt wird (Abbildung 65). Deshalb ist man bestrebt, alle Teilleistungen vom Projektanfang bis zum Projektende Tests zu unterziehen. Dem IT-Projektleiter bereitet es große Schwierigkeiten, den Testaufwand zu schätzen. In der Regel hat man nur vage Vorstellungen wie lange etwas getestet werden muss. Zudem ist es schwer einzuschätzen, wie lange es dauert, um einen Fehler, der im Test festgestellt wurde, zu beheben (vgl. Zehnder, C.: (2003), S. 135 f.).

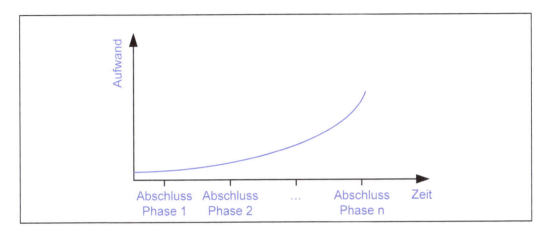

Abbildung 65:   Aufwand zur Fehlerbehebung

Mit der Fertigstellung eines (Teil-)Produktes leitet man die Abnahme ein, deren Besonderheiten im nächsten Kapitel zu diskutieren sind.

4.4   Abnahme

Besonders IT-Projektverträge mit einem externen Partner enthalten oft Vereinbarungen, wie eine Abnahme erfolgen soll. Mit einer erfolgreichen Abnahme stellt man das Ende eines Entwicklungsvorhabens formell fest. Das IT-Produkt wird endgültig übergeben und beispielsweise eine Schlusszahlung vereinbart. Zum Abnahmezeitpunkt muss das IT-Produkt im Wesentlichen fehlerfrei arbeiten. Gegenstand der Abnahme können das Gesamtsystem und die Teilbereiche des IT-Produktes mit

– Hardware,
– Software,
– Dokumentation,
– Lösungsverfahren oder dem
– Datenbestand

sein. Wie eine Abnahme erfolgen soll, kann man durch eine vertragliche Regelung - der Abnahmespezifikation - festlegen. Diese kann z.B. bestimmte Tests vorsehen, die durchzuführen sind (vgl. Streitz, S.: (2004), S. 137 ff.). Beispiele:

– Lasttests

Das Transaktionsvolumen oder das Antwortzeitverhalten des IT-Systems wird geprüft. Dabei wird neben einzelnen Geschäftsvorfällen auch das Verhalten bei einer Vielzahl an gleichzeitig anstehenden Verarbeitungsaufgaben untersucht.

– Stichprobentests zur Prüfung der Systemfunktionalität

Meist ist es nicht möglich, alle denkbaren Verarbeitungsabläufe inklusive der Sonderfälle in allen Variationen und innerhalb eines zeitlich machbaren Rahmens zu prüfen. Stichprobentests eignen sich dazu, Standardabläufe gründlich und Sonderfälle in einem gewissen Umfang zu kontrollieren. Für diese Testaufgaben ist unbedingt die Unterstützung der Fachabteilungen erforderlich. Oft kann nur von den Anwendungsspezialisten aus den Fachabteilungen erkannt werden, ob ein Ergebnis korrekt ist oder nicht.

Sofern man bei den Tests ein auffälliges Systemverhalten, offensichtliche Fehler oder gar Systemabstürze feststellt, sollte dieses mit Angaben zu den verwendeten Eingabewerten und Eingabefolgen möglichst nachvollziehbar dokumentiert werden. Für die Dokumentation ist die Schriftform empfehlenswert. Dabei wird das Dokument mit Angabe von Datum/Zeit von den beteiligten Personen unterschrieben.

Am Ende der Abnahmetests, die sich bei größeren Projekten durchaus über mehrere Wochen hinziehen können, muss die Frage geklärt werden, ob die Summe der gefundenen Fehler so zu bewerten ist, dass die Gesamtleistung im Wesentlichen erbracht wurde (vgl. Streitz, S.: (2004), S. 136 ff.).

Juristisch betrachtet gebührt der Abnahme große Aufmerksamkeit. Hier gibt es häufig zwischen den Vertragspartnern Anlass zum Streit. Der Grund liegt darin, dass jedes IT-Produkt eine gewisse Gefahr in sich birgt. Man kann die Fehlerfreiheit von IT-Produkten nicht garantieren. Es ist i.d.R. nur eine Frage der Zeit, bis man einen Fehler findet. Ebenfalls ändern sich laufend die organisatorischen Rahmenbedingungen für ein IT-Produkt, was wiederum IT-Produktänderungen zur Folge haben kann.

Bis zur Abnahme muss i.d.R. der Auftragnehmer die Vollständigkeit seiner Leistung nachweisen. Nach der Abnahme kommt es zur Umkehrung der Beweislast und der Auftraggeber hat einen Mangel nachzuweisen, damit er seine Ansprüche geltend machen kann.

Die Ursachen für Widerstände bei der Abnahme lassen sich u.a. auch durch folgende Aspekte erklären (vgl. Zahrnt, C.: (2005), S. 106):

– Die Verjährungsfrist beginnt erst mit der Abnahme.
– Bei einer vorübergehenden Liquiditätsschwäche kann der Auftraggeber ggf. Zahlungen hinauszögern.
– Der Auftraggeber ist unzufrieden mit dem IT-Produkt.
– Beim Auftraggeber ist keiner bereit, die Verantwortung für die Abnahme zu übernehmen.
– Das ursprünglich beauftragte IT-Produkt wird nicht mehr oder nicht mehr in dieser Form benötigt.

An dieser Stelle soll nun jedoch nicht eine Diskussion juristisch relevanter Fragen geführt, sondern auf die entsprechende Literatur verwiesen werden. Der interessierte Leser wird z.B. bei „Zahrnt, C.: (2005), Richtiges Vorgehen bei Verträgen über IT-Leistungen" oder bei „Streitz, S.: (2004): IT-Projekte retten" weitere wertvolle Hinweise finden.

Ist die Abnahme eines IT-Produkts geschafft, kann das IT-Projekt dennoch nicht als beendet betrachtet werden. Was nach der Abnahme noch zu bewältigen ist, zeigt das nachfolgende Kapitel.

4.5   IT-Projektabschluss

Eigentlich ist man mit der Entwicklung eines IT-Produktes nie fertig. Sowohl die IT-Mitarbeiter als auch die Kunden und Anwender können sich immer weitere Verbesserungen / Erweiterungen vorstellen. Eine wichtige Entscheidung ist deshalb festzustellen, was man als ein endgültiges Produkt betrachten soll.

Je mehr man sich dem Projektende nähert, desto weniger IT-Projektmitarbeiter verbleiben im Team. Viele von ihnen sind bereits wieder in ihre ursprünglichen Abteilungen zurückgekehrt. Der IT-Projektleiter sollte jedoch nicht versäumen einen aussagekräftigen Projektabschlussbericht zu erstellen, aus dem die erreichten Erfolge und auch Misserfolge zu erkennen sind.

4.5.1   Erfolgsbeurteilung

Das IT-Projektmanagement hat das Ziel IT-Projekte erfolgreich zu beenden. IT-Projekte sind erfolgreich, wenn das IT-Produkt

– die angestrebte Leistung / Funktionalität erbringt,

– die gewünschte Qualität aufweist,

– in der geplanten Projektdauer umgesetzt wurde und

– nicht mehr als die geplanten Ressourcen eingesetzt werden mussten.

Die Erfolgsbeurteilung kann nun wieder mit Hilfe eines Kiviat-Diagramms grafisch dargestellt werden. Aus Abbildung 66 ist ersichtlich, zu welchem Anteil die Bestimmungsgrößen erreicht wurden. In dem Beispiel werden die „Leistung / Funktionalität" zu 80%, die „Qualität" zu 70%, die „Projektdauer (Terminziel)" zu 90% und die „Projektressourcen" zu 110% erfüllt. Letzteres bedeutet, dass 10% weniger Ressourcen gebraucht wurden als geplant.

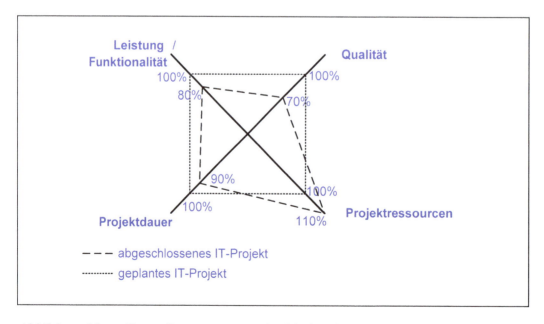

Abbildung 66:   Kiviat-Diagramm zur abschließenden Beurteilung des IT-Projektes

Die prozentuale Beurteilung von „Leistung / Funktionalität" und „Qualität" kann anhand von Metriken zumindest näherungsweise bestimmt werden. Die Beurteilung der Projektdauer lässt sich direkt aus der Projektlaufzeit oder anhand der Kennzahl „verbrauchte Mannmonate" ermitteln. Ebenfalls stellt die Beurteilung der benötigten Projektressourcen kein Problem dar. Hier stellt das IT-Projektcontrolling oder die Kostenrechnung die entsprechenden Verbrauchsangaben zur Verfügung.

Will man eine einzige Kennzahl zur Erfolgsbeurteilung ermitteln, so bietet es sich an, für jede Bestimmungsgröße einen Gewichtungsfaktor zu ermitteln und daraus den Beurteilungswert für das IT-Projekt zu berechnen (Tabelle 14).

Bestimmungsgröße	Gewichtung	Messwert	
Leistung / Funktionalität	0,2	80	16
Qualität	0,3	70	21
Projektdauer	0,2	90	18
Projektressourcen	0,3	110	33
Beurteilungswert IT-Projekt			**88**

Tabelle 14:   Berechnung des Beurteilungswertes für ein IT-Projekt

4.5.2   Projektabschlussbericht

Zur Dokumentation der Ergebnisse und zur Aufbereitung der Erkenntnisse wird ein Projektabschlussbericht verfasst. Dieser beinhaltet, neben dem Produkt (z.B. auf Sicherungsband, DVD / CD) alle Dokumente, die während der Durchführung erstellt wurden. Abbildung 67 zeigt ein Gliederungsbeispiel für einen Projektabschlussbericht.

1. Grundlagen
    -   Überblick
    -   Ziele
    -   Aufgaben
2. Auswertungen des Projektplanes (Soll / Ist- Vergleich)
    -   Leistungs- / Funktionsauswertungen
    -   Qualitätsauswertungen
    -   Projektzeitanalysen
    -   Ressourcenvergleich
3. Kennzahlen zu den Projektplanauswertungen
4. Managementaspekte
    -   Projektbeteiligte
    -   Gremienunterstützung
    -   Vorgehensmodell
    -   Projektabnahme / Teilabnahme
5. Entwicklungsaspekte / Phasenergebnisse
    -   Spezifikation
    -   Grobdesign
    -   Systementwurf
    -   Codierung
    -   ...
6. Empfehlungen

    Anhang
    -   IT-Produkt
    -   Projektstrukturplan
    -   Arbeitspaketbeschreibungen
    -   ...

Abbildung 67:   Gliederungsbeispiel Projektabschlussbericht

Es wird eine systematische Projektauswertung[18] für alle Projekte in gleicher Form empfohlen. Die Projektauswertung erfolgt im Rahmen einer Besprechung ungefähr zwei bis drei Wochen nach Projektende mit allen Projektbeteiligten inklusive dem beteiligten Management. Hierfür ist ein Zeitrahmen von ca. drei Tagen zu veranschlagen (vgl. Kerth, N., L.: (2003), S. 83).

---

[18] Teilweise wird auch von einer Projekt-Retrospektive gesprochen.

⊕ Erfolgsfaktoren – Fallstricke - Praxistipp

- IT-Projektleiter müssen mit vielen Problemen umgehen. Wichtig ist, dass man an Zielen festhält und Problemen nicht aus dem Weg geht. „Unnachgiebig zu sein ist grundlegend, um Dinge voranzutreiben (Berkun, S.: (2007), S. 306)."

- Zu den größten Risiken zählt die Weigerung des Auftraggebers eine Abnahme zu erteilen. Die Art und Weise, wie eine Abnahme erfolgt, sollte vertraglich geregelt werden. Ebenfalls verhindern Vereinbarungen zur Abnahme von Teilergebnissen Überraschungen am Projektende (vgl. Mangold, P.: (2002), S. 71).

- Für viele Projektmitarbeiter bedeutet „nach dem Projekt ist vor dem Projekt". Besonders motivierend wirkt, wenn sich der Auftraggeber nach einem erfolgreichen IT-Projekt bei den IT-Projektmitarbeitern und dem IT-Projektleiter bedankt und die Leistung würdigt (vgl. Hansel, J.; Lomnitz, G.: (2003), S. 144).

- Während der Projektlaufzeit kann es auch zu gravierenden Veränderungen bei den Linienstellen der IT-Projektmitarbeiter kommen. Die Rückkehr von Projektmitarbeitern in die Fachabteilungen sollte sorgfältig geplant und neue Perspektiven aufgezeigt werden.

Übungsfragen zu Kapitel 4:

1. Was gehört zu den Inhalten eines IT-Projektauftrages?

2. In einer Softwareentwicklungsabteilung beträgt der Produktivanteil der Arbeit (PA) 80%. Für ein Projekt wurde im Rahmen der Zeitschätzung ein Aufwand von 120 Mannmonaten berechnet. Dem IT-Projektleiter stehen 8 Mitarbeiter zur Verfügung. Berechnen Sie die Projektdauer in Tagen und berücksichtigen Sie, dass ein Monat im Durchschnitt 22 Arbeitstage umfasst.

3. Wer benutzt alles ein Pflichtenheft? Benennen Sie den Personenkreis.

4. Informieren Sie sich über das Informationssystem der Bibliothek einer Hochschule.

    a) Wie könnte das Lastenheft / Pflichtenheft zur Entwicklung dieses Systems ausgesehen haben?

    b) Erstellen Sie einen Projektstrukturplan und zwei Beispiele zu einem Arbeitspaket für dieses System.

5. Worin unterscheidet sich ein phasenorientierter Projektstrukturplan von einem objektorientierten Projektstrukturplan?

6. Was wird in einem Ressourcenbedarfsplan dargestellt?

7. Wie kann man einen Ressourcenbelegungsplan aufstellen?

8. Was verstehen Sie unter der „Ampelmethode" und wo findet sie Anwendung?

9. Welche Methoden zur Beurteilung von (Teil-) Leistungen sind Ihnen bekannt?

10. Nennen Sie Gründe, warum in der Praxis häufig eine Abnahme hinausgezögert wird.

Das nächste Kapitel zeigt einen Vorschlag aus dem Bereich „best practice", in dem der Versuch zur Vereinheitlichung der IT-Projektmanagementaufgaben im Vordergrund steht.

5 IT-Projektmanagement mit einheitlicher Methodik

Jeder, der über eine bestimmte Zeitspanne wiederkehrende Aufgaben ausübt, wird sich über kurz oder lang eine Vorgehensweise überlegen, mit der die erworbenen Fähigkeiten bei der nächsten Gelegenheit effektiver eingesetzt und Fehler vermieden werden können. Man erstellt sich einen Best-Practice Ansatz für viele Aufgaben des täglichen Lebens, aber auch z.B. für gelungene, technische Ansätze.

Auch im Zusammenhang mit der Umsetzung von Projektaufgaben haben viele Projektleiter eigene Erfahrungen mit sinnvollen Methoden oder auch mit wenig brauchbarem Vorgehen gemacht. Dieses nicht standardisierte Wissen wird im besten Fall in persönlichen Repositorien hinterlegt und gepflegt, meistens aber nur als flüchtiges Know-how für den nächsten Anwendungsfall „gespeichert".

Insgesamt muss es das Ziel eines Unternehmens mit intensiver Projektarbeit sein, eine verbindliche Methodik für das Projektmanagement einzuführen und diese in allen Projekten durchgängig zu verwenden. Nur in dieser Form ist es möglich, ein exzellentes oder zumindest ausgereiftes Projektmanagement zu erhalten.

Auch die einfachste Methode kann die Chancen für eine erfolgreiche Projektdurchführung enorm erhöhen, wenn sie durch das Unternehmen angewendet und korrekt benutzt wird (vgl. Kerzner, H.: (2001), S. 1057).

Die Standish Group hat im Jahr 2001 folgende Daten bezüglich gescheiterter Projekte aus dem Jahr 2000 erhoben (vgl. Standish Group: (2001), S. 5).

In 49% aller erfolgreich abgeschlossenen, aber nur in 30% der gescheiterten Projekte wurde eine formale Vorgehensmethodik verwendet. Daraus wird geschlossen, dass die Wahrscheinlichkeit für den Erfolg eines Projektes um 16% gesteigert werden kann, wenn eine formale Methode eingesetzt wird.

Weiterhin wird in der Studie festgestellt, dass 97% aller positiv abgeschlossenen Projekte von erfahrenen Projektmanagern geleitet wurden (Vgl. Standish Group:

(2001), S. 4). Ausgehend von diesen Ergebnissen sollen im Folgenden einige, für Projektleiter wichtige und hilfreiche „best practice" Ansätze beschrieben werden.

Lernziele von Kapitel 5

In den letzten Jahren wurden viele Erkenntnisse, Methoden und Verfahren zum Projektmanagement entwickelt. Aus diesem Wissen wurden Standards und Richtlinien abgeleitet, die sich als besonders sinnvoll in praktischen Anwendungen erwiesen haben.

Der Leser erhält in diesem Kapitel einen Überblick über die wesentlichen Wissensgebiete, die von ehrenamtlichen Mitarbeitern des PMI (Project Management Institute) zu Projektmanagementaufgaben zusammengestellt wurden.

Was man sich unter einer unternehmensspezifischen Anpassung für das Projektmanagement in einem IT-Unternehmen vorzustellen hat, wird am Beispiel des Projektmanagementansatzes der IBM erläutert.

Zusammengefasst: Das sollten Sie nach diesem Kapitel wissen:

– Welchen Aufbau und welche Struktur sieht das Phasenmodell des PMI vor?

– Sie kennen die neun zentralen Wissensgebiete im Projektmanagement nach PMI-Terminologie. Dabei wissen Sie, welche Inhalte in diesen betrachtet werden und wie die Strukturierung der Inhalte erfolgt.

– Ihnen ist bekannt, wie Unternehmen vorgehen, um Projektmanagementwissen auf das eigene Unternehmen hin anzupassen.

– Sie erhalten einen Überblick, was man bei der IBM unter der Worldwide Project Management Method versteht.

Nachfolgend werden in Kapitel 5.1 die Voraussetzungen für erfolgreiche Methoden aus der Praxis und in Kapitel 5.2 das Framework des PMI (Project Management Institute) vorgestellt. Abschließend wird in Kapitel 5.3 der Projektmanagementansatz der IBM im Überblick dargestellt.

5.1   Erfolgreiche Methoden in der Praxis

Aus einer grundlegenden Basis von Ansätzen haben sich in der Vergangenheit verschiedenste Methoden entwickelt. Auch wenn wir uns in diesem Buch auf IT-

Projektmanagement konzentrieren und daher im Wesentlichen auf die Entwicklungen in diesem Bereich abheben, sollte angemerkt sein, dass ein wichtiges Charakteristikum einer PM-Methode ihre universelle Einsetzbarkeit darstellt.

Eine gute PM-Methode sollte folgende Merkmale und Bestandteile aufweisen. Sie
- stellt standardisierte Vorlagen und Schablonen zur Verfügung.
- beinhaltet Werkzeuge für die Planung, Ablaufsteuerung und Kostenkontrolle.
- sollte für eine möglichst große Anzahl von Projekten anwendbar sein, Flexibilität aufweisen und sich schnell anpassen lassen.
- basiert auf sich überlappenden Phasen, die den Lebenszyklus des Projektes darstellen.
- beschreibt üblicherweise Richtlinien, weniger strikte Regeln und Verfahrensanweisungen.

Zusammengefasst sollte man also eine umfassende, klar strukturierte und gleichzeitig flexible Sammlung von Prozessbeschreibungen und Werkzeugen einsetzen, die in Form eines Frameworks[19] unternehmensweit zur Verfügung gestellt werden. Wie bereits angedeutet, steht man vor der Entscheidung zwischen einer Eigenentwicklung oder dem Erwerb einer Standardmethode. Dabei muss die Entwicklung einer eigenen Methode kein kostspieliges Unterfangen sein, sondern kann durch unmittelbare Berücksichtigung der Unternehmenskultur einen wesentlich schnelleren Return on Investment bringen als die umfangreiche Anpassung einer Standardmethode. In der Regel wird ein guter Weg in einer Zwischenlösung, dem adaptierten Einsatz einer Standardmethode, liegen.

Wichtig ist, dass man sich bewusst darüber ist, dass nicht einzig der Erwerb oder die Entwicklung einer Methode den gewünschten Mehrwert liefert, sondern die Art und Weise, wie sie in einem Unternehmen umgesetzt, unterstützt und angewendet wird.

Ein weiterer Aspekt für die Verwendung einer Methode ist der daraus resultierende Wettbewerbsvorteil in Form einer

---

[19] Unter einem Framework lässt sich in diesem Zusammenhang ein Rahmenwerk verstehen, das aus verschiedenen Komponenten besteht und Gliederungshinweise, Methodenhinweise, Aufgabenbereiche usw. enthält, die sich auf viele konkrete Projekte hin anpassen lassen.

– schnelleren,

– effektiveren und

– erfolgreicheren

Projektrealisierung als die der Mitbewerber.

Um dies zu gewährleisten, muss der strukturierte Ansatz laufend verbessert und qualitätsgeprüft werden. Ein Stillstand reduziert sehr schnell den eigenen Vorteil, den man sich schrittweise erarbeitet hat. Abbildung 68 zeigt grafisch die Auswirkungen ohne eine frühzeitige Weiterentwicklung.

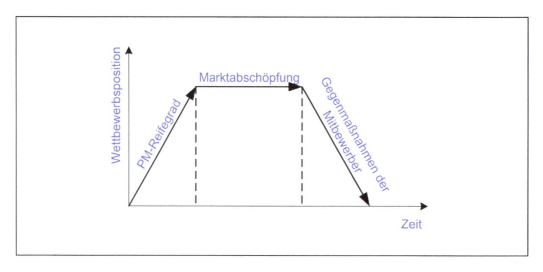

Abbildung 68:   Einführung einer Methodik ohne nachhaltigen Verbesserungsprozess (vgl. Kerzner, H.: (2001), S. 1061)

Durch einen rechtzeitig einsetzenden und kontinuierlichen Verbesserungsprozess kann die eigene Marktposition erhalten und der Erfahrungsgrad im Bereich Projektmanagement nachhaltig gesteigert werden (Abbildung 69).

Mit zunehmendem Reifegrad des Unternehmens im Einsatz und der Verwendung einer Projektmanagementmethode werden die anfangs favorisierten Regeln und Anweisungen schrittweise durch Richtlinien, Formulare und Checklisten ersetzt. Dadurch erhält das Projektmanagement im Unternehmen kontinuierlich mehr Verantwortung und mehr Flexibilität. Dies kann aber nur mit dem Vertrauen der Unternehmensführung in die eingesetzte PM-Methode erreicht werden.

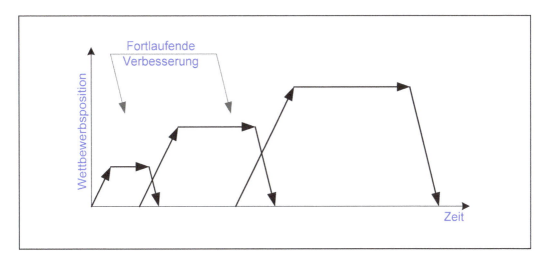

*Abbildung 69:   Einführung einer Methodik mit nachhaltigem Verbesserungspro-
zess (vgl. Kerzner, H.: (2001), S. 1061)*

Eine professionelle Einführung sollte in jedem Fall in diesen zwei Phasen verlaufen,
denn oftmals scheitert eine einheitliche Methode in dem aufkeimenden Misstrauen
der Führungsebene in die ordnungsgemäße Verwendung des Verfahrens und damit
an seinem Sinn und Zweck. In vielen Beispielen hat sich gezeigt, dass die Komplexität eines Einführungsprojektes nicht unterschätzt werden darf und natürlich eine
professionelle Managementbegleitung benötigt wird.

Einen der am weitesten verbreiteten Ansätze stellt das Project Management Institute
(PMI) in Form seines PMI-Frameworks zur Verfügung.

5.2   Framework des Project Management Institute

Weltweit wurden zum Thema Projektmanagement mehrere Frameworks (Rahmen-
werke) geschaffen, um eine universelle Hülle für die Arbeit im Projektmanagement
zu liefern, aber auch, um in Aufgabenschwerpunkten nützliche und geprüfte Techniken darzustellen und zu empfehlen.
International gesehen haben sich zwei Gesellschaften etabliert:
1. das aus den USA stammende PMI (Project Management Institute) und
2. das in Europa angesiedelte IPMA (International Project Management Asso-
    ciation)

Nachfolgend soll das Project Management Institute (PMI) mit dem PMBOK® etwas genauer betrachtet werden.

5.2.1   Grundlage zum Stellenwert von PMI

Das PMI verfügt über eine Gemeinschaft weltweit verteilter Mitglieder in über 100 Ländern und bietet im Rahmen seines Frameworks eine zweistufige Zertifizierung zum „Certified Associate in Project Management" (CAPM®) und als „Project Management Professional" (PMP®) an. Grundlage dieser Zertifizierung ist in beiden Fällen der Nachweis einer umfangreichen PM-Tätigkeit und einer entsprechenden Ausbildung. Im Falle des PMP® ist zusätzlich eine Prüfung abzulegen, in der Kenntnisse bzgl. des PMI-Frameworks, grundlegende Fähigkeiten eines Projektmanagers und das Wissen um PM-Werkzeuge und Verfahren überprüft werden. Die Prüfung zum PMP® ist in einigen Unternehmen eine notwendige Voraussetzung zur verantwortlichen Leitung von Projekten.

5.2.2   Aufbau und Struktur

Grundlage für die ersten Schritte, um sich im Framework des PMI zu bewegen, ist der Methodenführer, das sogenannte PMBOK® (Project Management Body of Knowledge).

Ein Projekt gliedert sich danach in mehrere Projektphasen. Jede Projektphase besteht aus fünf Prozessgruppen (Abbildung 70), die ihrerseits wieder in einen oder mehrere (Einzel-)Prozesse gegliedert werden können.

Die Prozessgruppen innerhalb einer Projektphase überlappen sich in der Regel und sind, z.B. im Falle der Projektkontrolle, nahezu während der gesamten Projektphase zu betrachten (Abbildung 71).

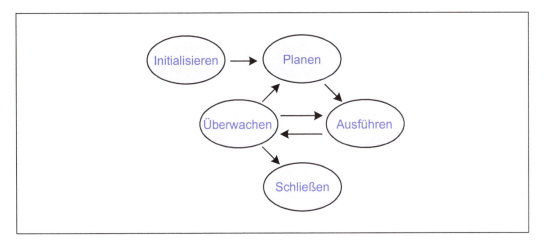

Abbildung 70:   Prozessgruppen in einer Projektphase (vgl. PMI (Hrsg.): (2003), S. 31)

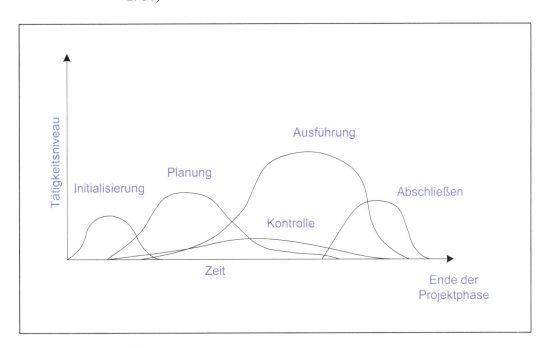

Abbildung 71:   Überlappung von Prozessgruppen in einer Projektphase (vgl. PMI (Hrsg.): (2003), S. 31)

In wie viele Projektphasen ein Projekt aufgeteilt wird, hängt zum einen natürlich von Art und Umfang des Projektes ab, liegt aber letztendlich im Ermessen des Projekt-managers, in welcher Granularität er sein Projekt steuern möchte (Abbildung 72).

Beispiele für Projektphasen sind:

– „Anforderungsanalyse", „Grobkonzept", „Feinkonzept", …

– „Tiefbau", „Bodenplatte", „Mauerwerk", „Elektrik", …

– „Tageskarte", „Einkauf", „Vorbereitung", „Kochen", …

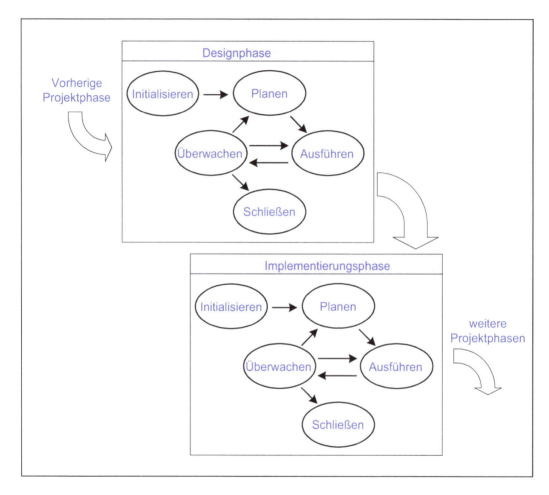

Abbildung 72:   Projektphasen innerhalb eines Projektes (vgl. PMI (Hrsg.):
(2003), S. 31)

5.2.3   Tätigkeitsbereiche nach PMI – Areas of Knowledge

PMI unterscheidet im Framework neun Wissensgebiete, die die grundsätzlichen
Aufgaben eines Projektmanagers in diesem Framework beschreiben (Abbildung 73).
Diese werden anschließend genauer betrachtet.

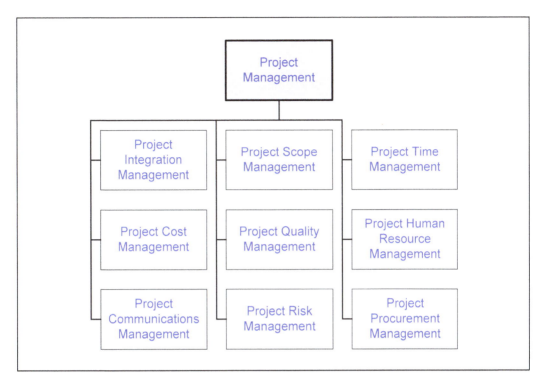

Abbildung 73: *Tätigkeitsbereiche – Areas of Knowledge (vgl. PMBoK® Guide: (2003), S. 8)*

5.2.3.1 Project Integration Management

Unter dem Begriff Project Integration Management (Integrationsmanagement in Projekten) versteht man in der PMI-Terminologie die Verwaltung und die Koordination aller Elemente eines Projektes. Zugeordnet sind diesem Bereich

– die Entwicklung des Projektplans,

– die Durchführung des Projektplans in den festgelegten Grenzen und

– die Aufgaben für ein integriertes Change-Management.

Obwohl es sich um einen prozessübergreifenden Bereich handelt, werden folgende Zuordnungen vorgeschlagen:

Wissensgebiet Prozessgruppe	Project Integration Management
Initialisieren	-
Planen	- Entwicklung des Projektplans
Durchführen	- Ausführung des Projektplans
Kontrollieren	- Integrierte Änderungskontrolle
Schließen	-

Tabelle 15:   *Überblick zum Wissensgebiet Project Integration Management*

Mit der Entwicklung des Projektplans wird ein anfangs dynamischer und später verbindlicher Leitfaden für die Durchführung eines Projektes erstellt. Im Rahmen mehrerer Iterationen wird der Projektplan schrittweise konkretisiert und insbesondere durch das in dieser Phase ebenfalls stattfindende „Project Scope Management" um weitere Informationen ergänzt. Auf der anderen Seite stellt der endgültige Projektplan mit allen Methoden, die für seine Erstellung und Kontrolle notwendig sind, wichtige Informationen für die Festlegung und Machbarkeit der Projektziele zur Verfügung (siehe „Project Scope Management").

Die Entwicklung des Projektplans umfasst die schrittweise Bearbeitung aller Aufgaben eines Projektes unter Berücksichtigung der definierten Ziele und Vorgaben. Dabei spielt die Kontrolle dieser zielgerichteten Projektdurchführung natürlich eine wichtige Rolle. Falls entsprechende Änderungen oder Anpassungen festgestellt werden, müssen diese im Rahmen der integrierten Änderungskontrolle im Projektplan berücksichtigt werden.

Da sich im gesamten Projektverlauf Änderungen und Anpassungen ergeben können, ist ein übergeordnetes „Project Integration Management" erforderlich.

5.2.3.2   Project Scope Management

Die Planung, die Definition und die laufende Prüfung des Projektumfangs (Project Scope Management[20]) stellt für den Projektmanager die Grundlage, aber auch das Sicherungsseil seiner Tätigkeiten dar. Im Wesentlichen geht es also hier um die

---

[20]   Inhalts- und Umfangsmanagement in Projekten

Festlegung und Überwachung dessen, was zum Projekt gehört und was nicht. Legitimiert durch den Projekt Sponsor (Auftraggeber) liegt es in Verantwortung des Projektmanagers, die zur Verfügung stehenden Ressourcen zur optimalen Zielerreichung einzusetzen. Alle verwendeten Werkzeuge und Kontrollmechanismen dienen letztendlich der Feststellung, ob sich das Projekt in dem geplanten Projektrahmen bewegt oder ob korrigierende Maßnahmen getroffen werden müssen.

Das Project Scope Management umfasst im Sinne des PMI die in Tabelle 16 dargestellten Aufgaben.

Wissensgebiet Prozessgruppe	Project Scope Management
Initialisieren	- Initialisierung
Planen	- Planung des Projektrahmens - Definition des Projektrahmens
Durchführen	-
Kontrollieren	- Projektziele prüfen - Projektziele erläutern - Änderungskontrolle
Schließen	-

Tabelle 16: Überblick zum Wissensgebiet Project Scope Management

5.2.3.3 Project Time Management

Das Zeitmanagement (Project Time Management[21]) innerhalb eines Projektes befasst sich mit der Abfolge und der Dauer einzelner Aktivitäten. Diese Ergebnisse werden dann in den Projektplan übertragen.

Wichtigste Eingangsdaten für die Durchführung der Projektzeitplanung sind die Rahmenbedingungen aus dem Project Scope Management und die Ergebnisse der sogenannten *Work-Breakdown-Structure (Projektstrukturplan)*, die, erstellt durch das Projektteam, die Elemente und Arbeitsergebnisse des Projektes beschreibt. Basierend auf diesen Unterlagen werden die notwendigen Aktivitäten definiert, mit

---

[21] Terminmanagement in Projekten

Hilfe geeigneter Methoden in eine logische und möglichst optimale Abfolge gebracht und abschließend hinsichtlich ihres zeitlichen Aufwands bewertet.

An dieser Stelle ergibt sich für den Projektmanager häufig das Problem, dass das gewünschte Fertigstellungsdatum stark von dem ermittelten Datum abweicht. Damit wird aber lediglich ein Faktor der sogenannten Triple Constraints („Time", „Budget", „Ressourcen") dargestellt und erst im Zusammenspiel mit anderen Faktoren können die notwendigen Schlüsse gezogen werden.

Die Aufgaben des „Project Time Managements" sind aus der nachfolgenden Tabelle 17 ersichtlich.

Wissensgebiet Prozessgruppe	Project Time Management
Initialisieren	-
Planen	- Definition der Aktivitäten - Bestimmung der Reihenfolge der Aktivitäten - Bestimmung der Dauer der einzelnen Aktivitäten - Erstellung der Ablaufplanung
Durchführen	-
Kontrollieren	- Ablaufkontrolle
Schließen	-

Tabelle 17:   Überblick zum Wissensgebiet Project Time Management

5.2.3.4   Project Cost Management

Dieser Bereich befasst sich mit der Planung, der Feststellung und der Kontrolle der Projektkosten (Project Cost Management)[22] und stellt neben der Zeitplanung und der Verfügbarkeit notwendiger Ressourcen ein wichtiges Element bei der Zielerreichung dar.

Hinsichtlich der Prozessgruppen werden nach dem Modell die in Tabelle 18 aufgeführten Tätigkeiten erwartet.

---

[22] Kostenmanagement in Projekten

Wissensgebiet Prozessgruppe	Project Cost Management
Initialisieren	-
Planen	- Ressourcenplanung - Kostenplanung - Kostenverteilung
Durchführen	-
Kontrollieren	- Kostenkontrolle
Schließen	-

Tabelle 18:   Überblick zum Wissensgebiet Project Cost Management

5.2.3.5   Project Quality Management

Das in IT-Projekten eingesetzte Qualitätsmanagement (Project Quality Management), so wie es aus Sicht eines Projektmanagers durchgeführt wird, basiert in der Regel auf Vorgaben und Standards aus dem Projektumfeld, gegen die das Projektergebnis geprüft werden muss. Durch die Entwicklung eines Qualitätsplans wird diese Zielvorgabe unter Berücksichtigung der Umgebungsfaktoren beschrieben und im Projektverlauf regelmäßig kontrolliert. Zur Ermittlung des möglichen Qualitätsziels sind weitreichende Kenntnisse, z.B. über das Projektumfeld und die verwendeten Technologien nötig. Damit können die Erwartungen an das Projekt realistisch eingeschätzt werden.

Methoden der Qualitätsplanung sind z.B.

– *Ursache-Wirkung-Diagramm* zur Feststellung von Abhängigkeiten von Einflussfaktoren im Hinblick auf ein bestimmtes Ergebnis

Aufgrund seiner Form wird es auch *Fishbone-Diagramm* genannt. In Anlehnung an Fischgräten werden Einflussfaktoren grafisch an einen Wirkungspfeil gezeichnet, um die Korrelation zwischen Wirkung und Ursache zu verdeutlichen. Die in Abbildung 74 aufgeführten Haupteinflussgrößen „Material", „Maschine", „Methode", „Mensch", „Milieu" und „Messung" beziehen sich stark auf das produzierende Gewerbe und können in heutigen IT-Projekten z.B. durch Begriffe wie „Umwelt", „Management", „Prozesse", „Anwender" ersetzt bzw. ergänzt werden. Abbildung 75 zeigt hierzu ein Beispiel.

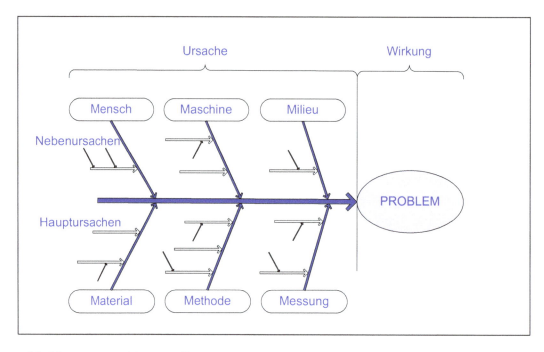

Abbildung 74:   Universelle Darstellung eines Ursache-Wirkung-Diagramms

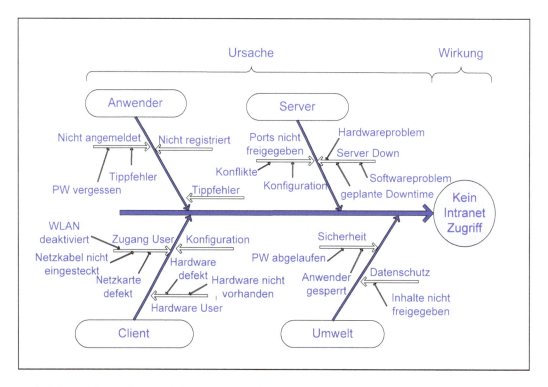

Abbildung 75:   Beispiel für ein Ursache-Wirkung-Diagramm

– *FMEA* („*Failure Mode and Effects Analysis*") ist eine der am weitest verbreiteten Möglichkeiten zur Erstellung eines Qualitätsplans und unterstützt eine kontinuierliche Prüfung. Da FMEA von der Feststellung potentieller Schwachstellen ausgeht, ähnelt das Vorgehen sehr einer Risikoanalyse, bei der die Reduzierung der Auswirkungen möglicher Fehlerquellen im Vordergrund steht. Diese Methode ist auch Bestandteil der verbreiteten „*Six Sigma Methode*"[23] zur Prozess- und Qualitätsoptimierung.

– *Paretodiagramme* stellen ebenfalls das Verhältnis zwischen der Wirkung, also dem Effekt eines Problems und der Ursache des Problems dar. Hierbei wird davon ausgegangen, dass eine relativ kleine Zahl von Ursachen (ca. 20%) für eine große Zahl von Auswirkungen (ca. 80%) auf das Projekt verantwortlich ist. Diese Regel lässt sich in vielen Bereichen anwenden, in denen es darum geht, den zu investierenden Aufwand zum Erreichen eines bestimmten Ziels möglichst effektiv zu kalkulieren. In der Qualitätsplanung für das IT-Projektmanagement hilft die Methode ganz konkret dabei, die wesentlichen Einflussfaktoren festzustellen, zu beobachten und mit Gegenmaßnahmen zu versehen.

Neben vielen anderen Werkzeugen eignen sich die gerade beschriebenen Methoden gut dazu, den festgelegten Qualitätsstandard für das Projekt im gesamten Projektverlauf regelmäßig zu prüfen. Durch die Verwendung einer einzigen bzw. weniger Methoden kann man damit bereits eine gute und nachweisbare Qualitätssicherung für ein IT-Projekt erzielen. Die Aufgaben der Planung, Sicherung und Kontrolle lassen sich eindeutig den Prozessgruppen zuordnen.

---

[23] Unter Six Sigma versteht man einen Managementansatz, um die Qualität von Software Produkten und die Produktivität des Herstellungsprozesses zu verbessern. Der Name wird aus der Statistik abgeleitet, in der Sigma zur Kennzeichnung der Standardabweichung verwendet wird. Statistisch betrachtet bedeutet Six Sigma, dass man bei 1.000.000 Fehlermöglichkeiten nur 3,4 Fehler akzeptiert (vgl. Fehlmann, M.: (2005), S. 37).

Wissensgebiet Prozessgruppe	**Project Quality Management**
Initialisieren	-
Planen	- Qualitätsplanung
Durchführen	- Qualitätssicherung
Kontrollieren	- Qualitätskontrolle
Schließen	-

Tabelle 19:   Überblick zum Wissensgebiet Project Quality Management

5.2.3.6   Project Human Resource Management

Die Mitarbeiter eines IT-Projektes sind extrem kritische Erfolgsfaktoren. Wie können die am Projekt beteiligten Personen so effektiv wie möglich eingesetzt werden?
Dies ist die zentrale Frage des Project Human Resource Managements (Personalma-
nagement in Projekten). Hierzu werden Tätigkeiten, die sich von der Planung über
die Auswahl bis hin zur Weiterentwicklung der Teammitarbeiter erstrecken, definiert.

Die Basis für die Zusammenstellung eines Teams ist die Planung und Zuordnung
von Verantwortlichkeiten und Rollen. Ein Verfahren, das sich hierbei etabliert hat,
ist das sogenannte *RASCI*-Verfahren (Abbildung 76).

Beim *RASCI*-Verfahren werden in einer Matrix die Aufgaben in einem Projekt
an der Vertikalen eingetragen und die am Projekt beteiligten Rollen an der Hori-
zontalen. Danach wird jeder Person die Rolle für die jeweilige Tätigkeit zugewiesen, wobei folgendes Schema verwendet wird:

(R) esponsible = Verantwortlich für die Ausführung

(A) ccountable = Genehmigt, prüft, führt Abnahme aus

(S) upportive = Unterstützt bei der Ausführung

(C) onsulting = Berät bei der Ausführung

(I) nformed = Wird über Fortschritt informiert

	Projekt-manager	Sponsor	Abteilungs-leiter	Qualitäts-beauftragter	Datenschutz-beauftragter	...
Teilprojekt A						
Paket 1						
Aufgabe 1.0.1	R	A	S	S	I	
Aufgabe 1.0.2	A			R		
Aufgabe 1.0.3	R	A	I		CI	
Aufgabe 1.0.4	S		I	R		
Aufgabe 1.0.5	S	I	A	R	I	

Abbildung 76:   Beispiel für RASCI-Diagramm

Wenn die Verantwortlichkeiten geplant sind, muss vor einer Einsatzplanung die notwendige Qualifikation der Teammitglieder festgelegt werden. An dieser Stelle wird im Hinblick auf die *Work-Breakdown-Structure* auch eine genauere Planung der Mitarbeiterzahl durchgeführt.

Die Zusammenstellung des Teams erfolgt dann mit den Unterlagen aus den vorangegangenen Untersuchungen. Natürlich ist es in keinem Projekt so, dass man das bestmögliche Team zusammenstellen kann, aber die Pläne dienen auch der angestrebten Gruppenzusammensetzung. Daher ist ein abschließender aber ebenfalls wichtiger Schritt, die Planung von Mitarbeitermotivation und Weiterentwicklungsmöglichkeiten für das Team. Wenn das Ziel erreicht ist, dass in einem Projekt ein gut aufeinander abgestimmtes Team mit hoher Zufriedenheit zusammengestellt ist, muss im Rahmen der Möglichkeiten des Projektes alles getan werden, um die Leistungsfähigkeit dieses Team zu erhalten.

Insgesamt ist das Human Resource Management also eine Disziplin, die sich mit folgenden Aufgaben befasst (Tabelle 20).

Wissensgebiet Prozessgruppe	Project Human Resource Management
Initialisieren	-
Planen	- Organisationsplanung - Mitarbeiterakquise
Durchführen	- Teamentwicklung
Kontrollieren	-
Schließen	-

Tabelle 20:   *Überblick zum Wissensgebiet Project Human Resource Management*

5.2.3.7   Project Communications Management

Das *Project Management Institute* führt hinsichtlich der Frage, wie viel Kommunikationsaufwand ein Projektmanager in seinen Projekten einplanen sollte, einige interessante Zahlen auf.

Aufgrund der Erfahrung, dass ein Projektmanager den weitaus größten Teil seiner Arbeitszeit in unterschiedlichsten Kommunikationssituationen verbringt, sind viele Experten der Meinung, dass eine gute Ausbildung im Bereich der Kommunikation für den Projekterfolg essentiell wichtig ist und eine notwendige Fähigkeit eines Projektmanagers darstellt.

Aus diesem Grund sind im Rahmen der theoretischen Betrachtung Arbeitsschritte vorgesehen (Tabelle 21), die für ein professionelles Kommunikationsmanagement dringend in der Praxis durchgeführt werden sollten.

Wissensgebiet Prozessgruppe	Project Communications Management
Initialisieren	-
Planen	- Kommunikationsplanung
Durchführen	- Informationsverteilung
Kontrollieren	- Leistungs- und Ergebnisdokumentation
Schließen	- Administrativer Projektabschluss

Tabelle 21:   *Überblick zum Wissensgebiet Project Communications Management[24]*

5.2.3.8   Project Risk Management

Im PMI-Kontext gibt es 6 Arbeitspakete für eine Risikobetrachtung (Tabelle 22). Da das Project Risk Management (Risikomanagement in Projekten) in diesem Buch an anderer Stelle detailliert betrachtet wird (vgl. Kapitel 6.4.3), soll hier auf weitere Ausführungen verzichtet werden.

Wissensgebiet Prozessgruppe	Project Risk Management
Initialisieren	-
Planen	1. Risiko Managementplanung 2. Risikoidentifikation 3. Qualitative Risikoanalyse 4. Quantitative Risikoanalyse 5. Risiko Reaktionsplanung
Durchführen	-
Kontrollieren	6. Überwachen und Kontrollieren von Risiken
Schließen	-

Tabelle 22:   *Überblick zum Wissensgebiet Project Risk Management*

---

[24] Kommunikationsmanagement in Projekten

Der Bereich Beschaffung (Beschaffungsmanagement in Projekten) befasst sich mit der Bereitstellung von Waren und Dienstleistungen, die zur Erfüllung der gestellten Aufgabe notwendig sind (Tabelle 23). Ein standardisiertes Vorgehen ist in diesem Bereich sehr wichtig, um je nach Projektumfeld auch eventuellen gesetzlichen Bestimmungen zu genügen.

Die Ausarbeitung von ersten Anfragen und detaillierten Angebotsaufforderungen setzt ein sehr gutes Verständnis von Vertragsformen und den damit verbundenen Rechten und Pflichten voraus. Neben vielen gesetzlichen Rahmenbedingungen ist in diesem Bereich dringend auf länderspezifische Regelungen zu achten.

Wissensgebiet Prozessgruppe	Project Procurement Management
Initialisieren	-
Planen	- Beschaffungsplanung - Planung von Angebotsausschreibungen
Durchführen	- Ausschreibungen und Angebotseinholung - Angebotsauswahl (Lieferantenauswahl) - Vertragsabwicklung (Vertragsverwaltung)
Kontrollieren	-
Schließen	- Vertragsbeendigung (Vertragsschließung)

Tabelle 23:   Überblick zum Wissensgebiet Project Procurement Management

Nach einem kurzen Einblick in die Empfehlungen des PMI zum Projektmanagement stellen wir im nächsten Kapitel die Adaption von Projektmanagementwissen auf ein Unternehmen vor.

5.3   Der Projektmanagementansatz der IBM

Die Aufgaben und Dienstleistungen eines IT-Unternehmens formierten sich seit Anfang des letzten Jahrhunderts immer mehr zu komplexen Tätigkeiten aus funktional unterschiedlichen Bereichen. In diesem Zuge hat sich auch die IBM immer weiter von einem funktionalen zu einem stark „Matrix organisierten" Unternehmen verändert.

Mitte der 90er Jahre steuerte Lou Gerstner (CEO von 1993 – 2002) die IBM in eine neue Ära. Er leitete den grundlegenden Wandel zu einem projektbasierten Unternehmen ein, in dem übergreifendes Projektmanagement als einer der kritischen Erfolgsfaktoren definiert wird. Man entwickelte daraufhin ein neues und weltweit einheitliches Konzept, um die jahrzehntelange Erfahrung im Bereich Projektmanagement zu konsolidieren und zu optimieren. Neben einem „*Executive Steering Commitee*" wurde, als eines der grundlegenden Elemente der zukünftigen PM-Organisation, auch das *PM/COE* gegründet, welches als „*Project Management / Center of Excellence*" für die Entwicklung und Einführung der unternehmensweiten Strategien im Bereich Projektmanagement verantwortlich ist. Über das PM/COE werden alle Initiativen und Programme zentral gesteuert bzw. gesammelt und die Strukturen für sowohl firmeninterne als auch unternehmensübergreifende Netzwerke zum Informationsaustausch gefördert.

5.3.1　Unternehmensweites Projektmanagement

Heutzutage geht IBM mit dem *Enterprise Project Management* noch einen Schritt weiter und nutzt die Strategien und Lösungswege des On-Demand Business auch im Bereich Projektmanagement. Über die gesamte Unternehmensstruktur werden Dienstleistungen und Produkte bedarfsweise in Lösungen zusammengeführt, sodass sich ein Ergebnis präsentiert, das die Bedürfnisse der Kunden berücksichtigt.

Die wesentliche Erweiterung von Project Management in Richtung Enterprise Project Management wird bei IBM folgendermaßen beschrieben:

- *Enterprise Project Management* ist ein Management System für ein globales, projektorientiertes Unternehmen. Es bildet die Klammer um alle Projektmanagementinitiativen im Unternehmen. Es basiert auf der Annahme, dass Unternehmen als Portfolios von Projekten organisiert werden können. Damit geht Enterprise Project Management der Frage nach, wie ein Unternehmen bzw. eine Organisation in einem sich immer schneller ändernden Umfeld mit den Mitteln des Projektmanagements flexibler und profitabler gestaltet werden kann. Im Gegensatz dazu sorgt sich das spezifische Projektmanagement darum, wie ein einzelnes Projekt oder Programm effizient und effektiv durchgeführt werden kann (vgl. Friesike, W.: (2004), S. 18).

Das Modell, an dem sich Umfang und Komplexität in der Entwicklung eines projektbasierten Unternehmens erkennen lässt, wird bei der IBM in Form einer Pyramide aus den drei Bereichen „professionelle Entwicklung", „Methoden und Werkzeuge" und „Managementsysteme" beschrieben, die durch die Faktoren „Organisation", „Geschäft" und „Projekt / Programm" beeinflusst werden.

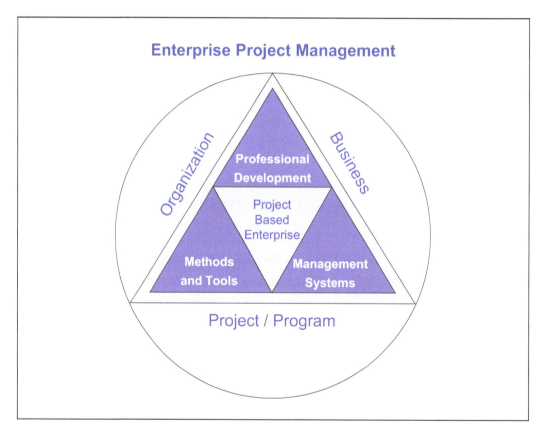

Abbildung 77:   „Enterprise Project Management" bei IBM (vgl. Friesike, W.: (2004), S. 20)

In der Abbildung 77 lässt sich sehr gut erkennen, dass aus Sicht der IBM einem methodischen Ansatz für Projektmanagement nicht alleine damit genüge getan ist, eine geeignete Methode zu erwerben oder zu entwickeln und einzusetzen. Vielmehr muss auch die organisatorische und technische Struktur des Unternehmens auf das definierte Ziel ausgerichtet werden.

Natürlich ist es mit dieser Vorgehensweise auch möglich, schrittweise die beteiligten Bereiche kontinuierlich aufzubauen. Das Verhältnis und die Abhängigkeiten zwischen den Bereichen sollten allerdings immer berücksichtigt werden. Insbesondere darf keiner der angeführten Bereiche unbeachtet bleiben.

5.3.2   Grundregeln für Projektmanagement bei IBM

Die Einführung, Unterstützung und Einhaltung definierter Grundregeln werden in den Geschäftsbereichen der IBM entwickelt. Alle Regelsätze basieren auf der Grundlage der einheitlichen *„Worldwide Project Management Method"*, kurz WWPMM genannt. Die Methode ist so flexibel, dass unterschiedliche Betrachtungsweisen zugelassen werden und dennoch ein einheitliches System über das gesamte Unternehmen abgebildet werden kann. WWPMM ist damit prinzipiell für jedes Unternehmen anwendbar. Durch einen Anpassungsvorgang, das sogenannte *Tailoring* erfolgt der Zuschnitt der Regeln auf die Bedürfnisse eines einzelnen Unternehmens bzw. eines speziellen Projektes.

Beispiele für notwendige Regeln, die auch als Essenz aus dem PMI-Framework entstehen könnten, sind:

- Jedes Projekt basiert hinsichtlich der Ziele und dem Umfang auf einer abgestimmten, schriftlichen **Projektdefinition**.
- In jedem Projekt gibt es einen **definierten Projektmanager**.
- Für jedes Projekt wird ein **Projekt Management System** definiert, mit dem das Projekt zu steuern ist.
- Jedes Projekt wird mit der schriftlichen Zustimmung durch den **Projektsponsor** beendet.
- usw.

Diese Liste sollte durch weitere Grundlagen ergänzt und entsprechend der Ausrichtung des Unternehmens fortgeführt werden. Damit ist der Grundstein für die Festlegung von unternehmensweiten Verhaltensregeln für einen Projektmanager geschaffen. Jetzt fehlt es natürlich noch an den Möglichkeiten, diese Regeln in der Praxis auch umzusetzen. Diese Diskussion wird im nächsten Kapitel geführt.

5.3.3   Worldwide Project Management Method (WWPMM)

Im Zusammenspiel mit Geschäftsprozessen, technischen Verfahren und allgemeinen Projektregeln stellt die WWPMM als Teil des Projektmanagement Systems Vorgehensweisen und Werkzeuge bereit, um ein flexibles und auf die jeweiligen Bedürfnisse zugeschnittenes Projektmanagement System entwickeln zu können. Mit Hilfe der methodischen und standardisierten Ansätze lässt sich damit ein Projekt im Unternehmen erfolgreich planen, steuern und überwachen. Des Weiteren ist es durch entsprechende Audits jederzeit hinsichtlich der Unternehmensvorgaben überprüfbar.

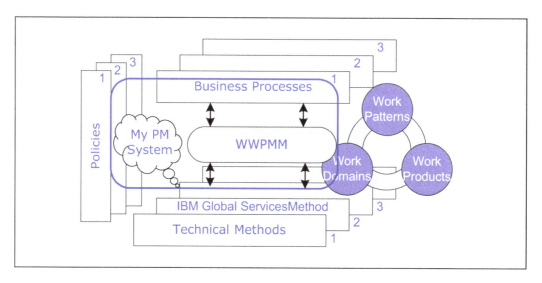

Abbildung 78:   WWPMM als integrativer Bestandteil eines Projektmanagement Systems (vgl. IBM: (2006), S. 9)

Um die Umsetzung des Regelwerks zu unterstützen, werden dem Projektmanager weitere Hilfsmittel bereitgestellt. Hierzu zählen zum Beispiel Vorlagen, die sowohl von entsprechenden Intranetseiten als auch direkt in Anwendungen zur Verfügung gestellt werden. Die Aufbereitung und Bereitstellung wiederverwendbarer Komponenten durch die Mitarbeiter sind ebenfalls wichtige Arbeitsmittel. Hierzu ist eine offene und vertrauensvolle Kommunikation unter den Mitarbeitern, in Verbindung mit entsprechenden Bewertungs- und Anreizmechanismen, eine wichtige Voraussetzung.

5.3.4 Struktur und Elemente von WWPMM

Die „*Worldwide Project Management Method*" wird hinsichtlich Aufbau und Struktur als ein Modell beschrieben, welches die Herangehensweise und den Blick auf ein Projekt aus drei verschiedenen Perspektiven ermöglicht. Auf der Arbeitsebene liefert WWPMM die Basis zur Definition eines Projektmanagementsystems, welches sich aus einer Vielzahl von Plänen, Arbeitsschritten, Arbeitsanweisungen und Unterlagen zusammensetzt.

Die drei grundlegenden Bestandteile, auf die sich WWPMM stützt (Abbildung 79), wurden als „*Best-Practice*"-Bereiche zusammengestellt.

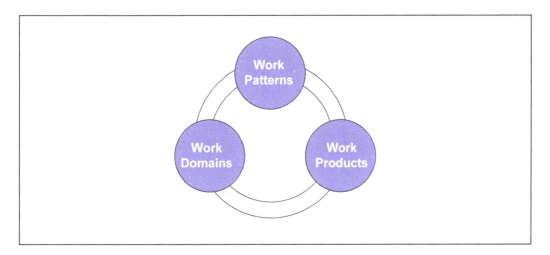

Abbildung 79:   Elemente des WWPMM (vgl. IBM: (2006), S.10)

Hierauf wird im Folgenden konkreter eingegangen.

5.3.4.1 Work Domains

Arbeitsbereiche oder „*Work Domains*" beschreiben die konkreten Wissensgebiete, in denen Projektmanagementaktivitäten ausgeführt werden müssen. Im Gegensatz bzw. als Erweiterung zum PMI-Framework, welches 9 Areas of Knowledge umfasst (vgl. PMI: (2000), S. 7), werden in WWPMM 13 Arbeitsbereiche definiert. Dies sind im Einzelnen (vgl. IBM PM/CoE: (2007)):

–   Change Management
–   Kommunikationsmanagement

- Management von Liefereinheiten und deren Abnahmen
- Management von Ereignissen und zugehörigen Aktionen
- Management von Projektmitarbeitern
- Projektdefinition
- Qualitätsmanagement
- Risikomanagement
- Management der Ziele und Interessen des Auftraggebers
- Management externer Partner, deren Angebote und Lieferungen
- Kontrolle von Projektfortschritt und Status
- Management der technischen Infrastruktur
- Management der technischen und organisatorischen Arbeitspläne

5.3.4.2   Work Patterns

Diese standardisierten Arbeitsfolgen oder *"Work Patterns"* sind, wie das gesamte System, aus den Erfahrungen und Ergebnissen vieler Projekte entwickelt worden. Sie beschreiben Prozessschritte und empfehlen Vorgehensweisen, damit der Projektmanager notwendige Ergebnisse erreichen und auf spezielle Situationen angemessen und schnell reagieren kann.

Insgesamt stellt die WWPMM dem Projektmanager einen Satz von 40 Verfahren zur Verfügung, die, entsprechend ihrem jeweiligen Ziel, den Projektbereichen „Definieren", „Planen", „Ausführen", „Überwachen", „Behandeln von Ausnahmen", „Behandeln von Liefereinheiten" und „Abschließen" zugeordnet sind (vgl. IBM PM/CoE: (2007)).

5.3.4.3   Work Products

Bei den Work Products handelt es sich in der Regel um Dokumente oder inhaltlich definierte Arbeitsergebnisse, die dem Projektleiter in qualitätsgesicherter Form zur Verfügung gestellt werden, um das Projekt effektiv und mit der notwendigen Sorgfalt und Kontrolle zu führen.

Insgesamt beschreibt WWPMM 51 mögliche Arbeitsdokumente. Von diesen wählt der Projektmanager die für das Projekt benötigten aus.

Beispiele für Arbeitsdokumente (vgl. IBM PM/CoE: (2007)):

– Domäne: Projektdefinition („Project Definition")
  – Organisational Breakdown Structure (*OBS*)
  – Projektsatzung (*„Project Charter"*)
  – Entscheidungsstruktur (*„Project Decision Structure"*)
  – Projektdefinition (*„Project Definition"*)
– Domäne: Risikomanagement („Risk Management")
  – Risikodefinition (*„Risk Definition"*)
  – Risikomanagementplan (*„Risk Management Plan"*)
  – Risikoeintritt (*„Risk Occurance Document"*)

Zusammengefasst bilden die drei Bereiche in der beschriebenen Form den standardisierten Werkzeugkasten aller Projektleiter der IBM.

Übungsfragen zu Kapitel 5:

1. Wie kann durch die Anwendung einer Projektmanagementmethode ein Wettbewerbsvorteil entstehen?
2. Projektabwicklung nach PMI:
   a) Aus welchen Prozessgruppen setzt sich eine Projektphase zusammen?
   b) Beschreiben Sie die 9 „Areas of Knowledge" hinsichtlich ihrem Inhalt.
   c) Erläutern Sie das RASCI-Verfahren.
3. Was versteht man unter einem Ursache-Wirkungsdiagramm? Erstellen Sie ein selbstgewähltes Beispiel.
4. Projektmanagementansatz der IBM:
   a) Was versteht man unter dem Enterprise Project Management?
   b) Nennen Sie Beispiele für notwendige Regeln, die bei einem unternehmensweiten Projektmanagementansatz vereinbart werden können.
   c) Wie sieht die Struktur und wie sehen die Elemente bei WWPMM aus?

Mit einer erfolgreichen IT-Projektabwicklung setzen wir uns im nächsten Kapitel auseinander. Hierzu wird gezeigt, wie Erkenntnisse aus einem allgemeinen Controlling-Ansatz speziell für die Belange des IT-Projektmanagements aufbereitet werden können.

6 Controlling im IT-Projektmanagement

Nachfolgend soll zunächst der Aufgabenbereich des allgemeinen Controllingansatzes erläutert und Verständnis für die Funktionsweise geweckt werden. Im Anschluss wird auf das IV-Controlling eingegangen und dessen spezifische Ausgestaltungsmöglichkeiten beschrieben. Im dritten Teil erfolgt dann eine Konkretisierung von Controllingaufgaben in Bezug auf das IT-Projektmanagement.

Lernziele von Kapitel 6

Durch die Einführung von Controllingfunktionen können die Erfolgsaussichten für IT-Projekte wesentlich gesteigert werden. In diesem Kapitel soll deshalb zunächst Verständnis für ein allgemeines Controlling im Unternehmen gefördert werden. Daran anschließend sollen die Aufgaben des Controllings speziell für die Informationsverarbeitung abgegrenzt werden.

Nach der Bearbeitung dieses Kapitels weiß der Leser, mit welchen Aufgaben man es beim IT-Projektcontrolling zu tun hat. Er kennt ein Referenzmodell für die praktische Anwendung und kann für seine Aufgaben quantitative Größen für Planvorgaben und die Durchführungsüberwachung bilden.

Zusammengefasst: Das sollten Sie nach diesem Kapitel wissen:

- Was macht man im Unternehmens- und IV-Controlling?
- Sie können die vielfältigen Controllingaufgaben beim IT-Projektcontrolling strukturieren und komplexitätsmindernd auf verschiedenen Ebenen eingrenzen und zuordnen.
- Ihnen sind die Anforderungen an Kennzahlen bekannt. Sie kennen eine Vielzahl typischer Kennzahlen, die im IT-Projektcontrolling verwendet werden und können diese projektspezifisch anwenden.
- Sie verstehen die Managementinstrumente Balanced Scorecard und Earned Value Analyse.
- Mit Hilfe des Risikomanagements können Sie mit den vielfältigen IT-Risiken umgehen und zeigen, was man machen kann, um die Chancen für eine erfolgreiche IT-Projektumsetzung zu erhöhen.

6.1   Controlling im Unternehmen

Die ökonomische Umsetzung von IT-Projekten stellt eine besondere Herausforde-rung für das Management dar. Dieses ist dafür verantwortlich, dass die Überlebens-fähigkeit des Unternehmens langfristig gesichert wird. Dazu ist es erforderlich, dass das Unternehmen zum einen langfristig wirtschaftlich erfolgreich agiert und Gewin-ne erwirtschaftet und zum anderen sich laufend den Herausforderungen und Chan-cen des Marktes durch entsprechende Anpassungsprozesse, die von vielen Projekten begleitet werden, stellt.

Genau hier liegt nun der Ansatzpunkt für ein Controlling. Dieses versteht sich als ein „Subsystem der Führung, das Planung und Kontrolle sowie Informationsversor-gung systembildend und systemkoppelnd ergebniszielorientiert unterstützt" (Hor-váth, P.: (2003), S. 151).

Controlling unterstützt durch Methoden und Informationen einen Managementpro-zess, der sich aus den Teilschritten Planung, Verabschiedung, Durchführung und Kontrolle zusammensetzt.
Zur Führung eines Unternehmens müssen in allen Teilschritten regelmäßig Ent-scheidungen über Ziele, Pläne, Durchführungsmöglichkeiten und Abweichungen getroffen werden. Jede Entscheidung ist mit mehr oder weniger großen Risiken ver-bunden. Der Entscheider weiß erst im Nachhinein, ob seine Entscheidungen gut oder schlecht waren.

Entscheidungen lassen sich nur durch Informationen rational vorbereiten und tref-fen. Entscheidungen ohne Informationen sind „Bauchentscheidungen" und bergen erhebliche Gefahren in sich. Controlling unterstützt die Führung bei der Beschaffung und Aufbereitung von Informationen, also bei der Vorbereitung und Durchsetzung von Entscheidungen.

Damit wird deutlich, dass Controlling wesentlich mehr als nur Kontrollfunktionen umfasst. Der Wirkungsbereich und damit das Aktionsfeld des Controllings wird deutlich, wenn man den Managementprozess betrachtet. Dieser umfasst als Querschnittsfunktion alle Objekte der Organisation Unternehmung, die sich zusammensetzt aus:

- Aufbauorganisation (Struktur zur langfristigen Erfüllung von Daueraufgaben)
- Prozessorganisation (Struktur zur Regelung der betrieblichen Abläufe)
- Projektorganisation (Struktur für eine Organisation auf Zeit, um ein bestimmtes Ziel zu erreichen)

Controlling ist also nicht etwas, was sich in einer einzelnen Abteilung abspielt. Controlling bezieht sich auf das Gesamtunternehmen. Alle Unternehmens- und Regionalbereiche, die Funktionsbereiche, Produkte, Dienstleistungen und Projekte in allen organisatorischen Ebenen sind einzubeziehen (vgl. Hahn, D.; Hungenberg, H.: (2001), S. 277).

Grundsätzlich kann man beim Controlling unterscheiden zwischen:
  a) Controlling als Funktion
  b) Controlling als Institution

zu a) Controlling als Funktion
Einen recht guten Überblick über die Aufgaben des Controllings kann man dem Controller-Leitbild der International Group of Controlling (IGC) entnehmen. Bei der IGC handelt es sich um eine Interessengemeinschaft, zu deren Zielen die Formulierung eines Controller-Funktionsbildes (Abbildung 80) oder auch die Schaffung einer gemeinsamen Terminologie im Controlling zählen.

Durch ein Leitbild wird beschrieben, wie sich eine Organisation in ihrer existenziellen Grundlage selbst sieht. Daraus ist ersichtlich, in welcher Weise die Organisation und deren Leistung von der Umwelt wahrgenommen werden möchte. Vom Management werden die übergeordneten Ziele konkretisiert und mit einer Unternehmensstrategie werden Wege aufgezeigt, wie diese Ziele erreicht werden können. Für diese Aufgabe wird vom Management ein Planungs- und Kontrollsystem benötigt, das vom Controlling erarbeitet wird. Das Controlling nimmt damit Führungsaufgaben wahr, indem Managemententscheidungen vorbereitet werden. Die Verantwortung für die Entscheidungen bleibt jedoch beim Management. Der Controller wird gelegentlich mit dem „Navigator" oder „Steuermann" verglichen, während das Management der „Kapitän" im Unternehmen bleibt.

Controller-Leitbild

„Controller gestalten und begleiten den Management-Prozess der Zielfindung, Planung und Steuerung und tragen damit eine Mitverantwortung für die Zielerreichung.

Das heißt:

–   Controller sorgen für Strategie-, Ergebnis-, Finanz- und Prozesstransparenz und tragen somit zu höherer Wirtschaftlichkeit bei.

–   Controller koordinieren Teilziele und Teilpläne ganzheitlich und organisieren unternehmensübergreifend das zukunftsorientierte Berichtswesen.

–   Controller moderieren und gestalten den Management-Prozess der Zielfindung, der Planung und der Steuerung so, dass jeder Entscheidungsträger zielorientiert handeln kann.

–   Controller leisten den dazu erforderlichen Service der betriebswirtschaftlichen Daten- und Informationsversorgung.

–   Controller gestalten und pflegen die Controllingsysteme."

Abbildung 80:   Controller Leitbild nach IGC[25] (ebenso bei Horváth & Partners: (2003), S. 7)

Vom Controlling werden ergebnisoptimierende Aufgaben wahrgenommen. Der Aufbau eines Planungs- und Kontrollsystems zählt zu den Gestaltungsaufgaben und die regelmäßige Erstellung von Plänen und Berichten im Rahmen der Planungs- und Kontrollrechnung zu den Nutzungsaufgaben des Controllings.

zu b) Controlling als Institution

Beim Controlling handelt es sich um ein System (Subsystem der Führung), das zur Erfüllung bestimmter Aufgaben eingesetzt wird. Für diese Aufgaben müssen Zuständigkeiten im Unternehmen festgelegt werden. Hierzu bedarf es Regelungen, wer in welchen hierarchischen Positionen innerhalb des Unternehmens die einzelnen Controllingaufgaben wahrzunehmen hat.

6.2   IV-Controlling

Schon lange wird gefordert, dass auch die Informationsverarbeitung im Unternehmen durch das Controlling unterstützt wird. In vielen Großunternehmen findet man

---

[25] www.igc-controlling.org/DE/_leitbild/leitbild.php Abruf am: 1.4.2007

die Funktion eines speziellen IV-Controllers, der die Unternehmensleitung und das Informationsmanagement bei der Bewältigung von IT-Aufgaben berät.

Unter IV-Controlling[26] versteht man ein funktions- und bereichsübergreifendes Ko-ordinationssystem für den IT-Bereich und die Informationswirtschaft der Gesamtor-ganisation (vgl. Horvath, P.; Reichmann, T.: (2003), S. 343).[27] Es beinhaltet Maß-nahmen und Instrumente zur Überprüfung und Förderung der Effektivität und Effi-zienz der Informationsverarbeitung im Unternehmen.

Das IV-Controlling umfasst sowohl den Informationsfluss im Unternehmen als auch die IT-Systeme, mit denen der Informationsfluss unterstützt / ermöglicht wird. Dabei werden die bewährten Ansätze aus dem allgemeinen Controlling verwendet. Somit kann sichergestellt werden, dass die Unternehmensführung mit vertrauten Ansätzen einen Zugang zum IT-Bereich erfährt. Da es sich beim Controlling um eine Quer-schnittsfunktion handelt, muss das IV-Controlling alle Bereiche im Unternehmen umfassen, in denen IT-Leistungen geplant, entwickelt, erbracht oder genutzt werden.

6.2.1 IV-Controlling und ganzheitliches Informationsmanage-ment

Für die Informationsverarbeitung ist im Unternehmen das Informationsmanagement verantwortlich. Unter Informationsmanagement versteht man das „systematische, methodengestützte Planen, Steuern, Kontrollieren, Koordinieren und Führen der

---

[26] Anstelle des Begriffs IV-Controlling werden oft auch die Begriffe IT-Controlling, Controlling im DV-Bereich, IM-Controlling, Informatik-Controlling, EDV-Controlling, ADV-Controlling (Automatisierte Datenverarbeitung) oder Informa-tionscontrolling synonym verwendet (vgl. Schwarze, J. (1998): S. 296; Gadatsch, A.; Mayer, E.: (2006), S. 31).

[27] Da sich noch keine einheitliche Meinung zum Begriff IV-Controlling durchge-setzt hat, sei hier noch zusätzlich auf den Definitionsvorschlag von Becker / Win-kelmann verwiesen. IV-Controlling kann „als Beschaffung, Aufbereitung und Analyse von Daten zur Vorbereitung zielsetzungsgerechter Entscheidungen bei Anschaffung, Realisierung und Betrieb von Hardware und Software gesehen wer-den" (Becker, J.; Winkelmann, A.: (2004), S. 214).

aufeinander abgestimmten Sammlung, Erfassung, Be- und Verarbeitung, Aufbewah-
rung und Bereitstellung von Information sowie der hierfür erforderlichen Organisation" (Biethahn, J.; Mucksch, H.; Ruf, W.: (2004): S. 18). Der Betrachtungshorizont
des Informationsmanagements wird nochmals erweitert zu einem *ganzheitlichen
Informationsmanagement,* wenn man von einem zusammenfügenden, integrierenden
Denken ausgeht. Dieses beruht auf einem breiten Horizont und größeren Zusam-
menhängen und berücksichtigt viele Einflussfaktoren (vgl. Ulrich, H.; Probst, G.J.B.
(1995), S. 11). Übertragen auf das Informationsmanagement bedeutet dies, dass
Informationen im Zusammenhang betrachtet weit mehr beeinflussen als nur innerhalb eines Informationssystems. Dies zeigt sich sehr deutlich, wenn man konkret das
Wirkungsspektrum von Informationen durchleuchtet.

Beispiel:

So wirken sich z.B. die Informationen einer Rechnung nicht nur auf dem Aus-
druck, einer Liste oder einer Bildschirmmaske aus. Sie sind Teil eines äußerst
komplexen Systems im Unternehmen mit vielen gegenseitigen Abhängigkeiten.
Die Informationen der Rechnung wirken sich auf den Forderungsbestand des
Unternehmens aus. Aus ihnen lassen sich in Summe mit anderen Informationen
Aussagen über den wirtschaftlichen Unternehmenserfolg und die Zielerreichung
in einer Periode für einen Unternehmensbereich oder die Shareholder ermitteln.
Beim Empfänger der Rechnung haben die darin enthalten Informationen Wirkungen auf die Finanzströme, das Logistiksystem und auch auf die Beziehungen
zwischen Kunden und Lieferanten. Der Mitarbeiter, der die Informationen erfasst, wird in seiner Arbeitswelt direkt tangiert. Die Arbeitszufriedenheit wird
durch die Arbeitsabläufe und die Art und Weise, wie das Fakturierungspro-
gramm arbeitet, wesentlich beeinflusst.

Durch die Rechnung werden ebenfalls Beziehungen zum Staat (z.B. durch die
Abführung von Steuern) oder im Streitfall zur Rechtssprechung festgelegt.

Zusammenfassend lässt sich feststellen (Abbildung 81), dass Informationen Wirkungen auf den Unternehmenserfolg, die Produkte, die Unternehmensorganisation,
den arbeitenden Menschen als Individuum und in seiner Arbeitswelt sowie zur zwi-
schenbetrieblichen Ebene bis hin zu Rechtssprechung, Staat und Gesellschaft haben
(vgl. Biethahn, J.; Mucksch, H.; Ruf, W.: (2004), S. 23 ff).

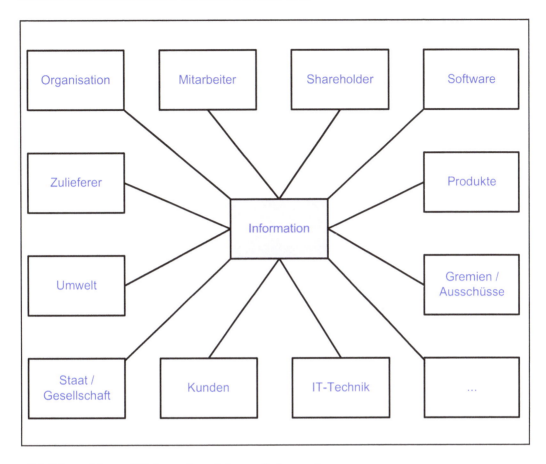

Abbildung 81:   Wirkungsbereich von Informationen

Diese vielfältigen Wirkungen der Informationen sind ebenfalls aus Abbildung 81 ersichtlich. Nur durch einen integrativen und ganzheitlichen Ansatz kann der gewünschte Erfolg erreicht werden.

Dieser Forderung will man beim **ganzheitlichen Informationsmanagement** nachkommen. Hierunter versteht man ein Informationsmanagement, „das sich an den Zielen des Unternehmens orientiert und bei der Generierung von Informationen und der Gestaltung der Informationsflüsse die diffundierenden, ganzheitlich orientierten Wirkungsmechanismen des Produktionsfaktors Information berücksichtigt" (Biethahn, J.; Mucksch, H.; Ruf, W.: (2004), S. 28).

Betrachtet man nun das Controlling im Bereich Informationsverarbeitung als ein Subsystem der Führung, so erfolgt eine ganzheitliche Orientierung zum einen aus dem Wirkungsbereich des ganzheitlichen Informationsmanagements heraus. Zum anderen wird schon lange gerade im Controlling eine ganzheitliche Orientierung gefordert.

- Bereits im oben beschriebenen Leitbild des Controllers liest man, dass Controller Teilziele und Teilpläne ganzheitlich koordinieren.
- Controlling versteht sich als ein Führungsunterstützungssystem im Rahmen einer ganzheitlichen Unternehmensführung.

6.2.2   Überblick zu Zielen und Aufgaben im IV-Controlling

Beim IV-Controlling soll versucht werden, den Einsatz der Informationsverarbeitung auf die Unternehmensziele hin auszurichten.

Als Ziele für das IV-Controlling können „die Wirtschaftlichkeit und Effektivität der Planung, Steuerung und Kontrolle aller Informationsverarbeitungsprozesse, deren Ressourcen und der Infrastruktur im Unternehmen" definiert werden (Krcmar, H.; Buresch, A.: (2000), S. 4).

Die nachfolgende Aufstellung von Einzelzielen soll einen Überblick über die Ziele des IV-Controllings geben, ohne dass ein Anspruch auf Vollständigkeit erhoben wird:

- Verbesserung der Wettbewerbsfähigkeit des Unternehmens
- Ausrichtung der Informationsverarbeitung an den Zielen des Unternehmens
- Steigerung des Nutzens der Informationsverarbeitung
- Gewährleistung einer adäquaten Informationsversorgung im Unternehmen
- Unterstützung des Managements bei Entscheidungen
- Sicherstellung einer wirtschaftlichen Informationsverarbeitung
- Qualitätssicherung von IT-Leistungen
- Sicherstellung einer effizienten und effektiven Informationsverarbeitung
- Unterstützung des Managements von IT-Projekten
- verursachungsorientierte Verrechnung von IT-Leistungen

Aus den dargestellten Zielen ergeben sich die Aufgaben des IV-Controllings. Eine Klassifikation der Aufgaben des IV-Controllings kann anhand der Objekte erfolgen, auf die sich das IV-Controlling bezieht. Krcmar teilt die Objekte des IV-Controllings ein in (vgl. Krcmar, H.; Buresch, A.: (2000), S. 5 ff.): [28]

– Portfoliocontrolling (Kapitel 6.2.2.1)

– Projektcontrolling (Kapitel 6.2.2.2)

– Produktcontrolling (Kapitel 6.2.2.3)

– IuK-Infrastrukturcontrolling (Kapitel 6.2.2.4)

Diese Objekte werden anschließend weiter betrachtet.

6.2.2.1   Portfoliocontrolling

Dass Informationssysteme die Wettbewerbsfähigkeit von Unternehmen stark beeinflussen, ist in der Zwischenzeit unbestritten. Dementsprechend wichtig ist der Auswahlprozess, welches Informationssystem in Zukunft eingesetzt werden soll. Diese Frage wird im Rahmen des strategischen Informationsmanagements diskutiert.

Die Umsetzung von Unternehmenszielen erfolgt in den Fachbereichen. Aus diesen kommen oft eine Vielzahl an IT-Projektvorschlägen, die für die Erreichung von Unternehmenszielen benötigt werden. Damit können Forderungen an neue IT-Projekte direkt aus der Unternehmensstrategie oder aus den Zielen in den Fachbereichen abgeleitet werden. Die dabei generierten IT-Projektwünsche übersteigen sehr häufig die verfügbaren IT-Ressourcen. Aufgrund dieser Ressourcenbeschränkung entsteht eine Konkurrenzsituation zwischen den Projekten mit mehreren Handlungsalternativen.

Im Rahmen des Portfoliocontrollings erfolgt nun eine Bewertung und anschließend eine Priorisierung der möglichen IT-Projekte. Als Instrumente des Portfoliocontrollings werden die Portfolio-Analyse, die Szenario Technik oder die Erfolgsfaktorenanalyse eingesetzt (vgl. Biethahn, J.; Mucksch, H.; Ruf, W.: (2004), S. 290 ff.).

---

[28] Schwarze unterscheidet zwischen Controlling der technischen IV-Infrastruktur, Controlling der Anwendungssysteme und Personal-Controlling (vgl. Schwarze, J.: (1998), S. 300). Von Heinrich wird eine Strukturierung in Institution der Informationswirtschaft, Informationssysteme, Betriebsmittel, IT-Projekte und IT-Prozesse vorgenommen (vgl. Heinrich, L.: (2002), S. 172).

6.2.2.2 Projektcontrolling

Während man sich im Bereich Portfoliocontrolling die Frage nach der Effektivität „doing the right things" stellt, steht im Projektcontrolling die Frage nach der Effizienz „doing the things right" im Vordergrund.

Beim Projektcontrolling handelt es sich um „ein integriertes System zur Planung, Steuerung und Kontrolle von Kosten, Terminen und Leistungen eines Projektes" (Krcmar, H.; Buresch, A.: (2000), S. 9). Das Informationsmanagement wird während der Projektplanung, -durchführung und -kontrolle die Leitung beraten und die Vorbereitung von Entscheidungen unterstützen.

Auf das IT-Projektcontrolling wird ausführlich in Kapitel 6.3 eingegangen.

6.2.2.3 Produktcontrolling

Das Produktcontrolling gehört zum operativen IV-Controlling und befasst sich mit allen IT-Systemen, die sich in der Nutzungsphase befinden. Es schließt sich direkt an das Projektcontrolling oder an die Beschaffung / Implementierung von extern erworbenen IT-Systemen an.

Die Nutzungsphase von IT-Systemen gehört zum Verantwortungsbereich des Informationsmanagements. Das Produktcontrolling berät das Informationsmanagement beim Einsatz, der Wartung, Weiterentwicklung und Anpassung von IT-Systemen (vgl. Krcmar, H.; Buresch, A.: (2000), S. 12 f.).

Die Wichtigkeit dieser Aufgabe wird deutlich, wenn man bedenkt, dass der größte Teil des Aufwandes - über den Softwarelebenszyklus betrachtet - erst nach der Inbetriebnahme entsteht. Man schätzt, dass ungefähr 30% - 50% des Aufwandes für die Entwicklung und ca. 50% - 70% des Aufwandes nach der Inbetriebnahme der IT-Systeme entstehen. Bei manchen Unternehmen kann der Anteil der Wartungskosten sogar bis zu 80% des IV-Gesamtbudgets betragen (vgl. Möller, H.-P.: (2000), S. 321).

Die Aufgaben des Produktcontrollings enden mit der Vorbereitung der Entscheidung über den Ersatz eines IT-Produktes und dessen Außerbetriebnahme.

Die Produktqualität von IT-Systemen verändert sich im Lauf der Zeit, weil Geschäftsprozesse geändert werden, die angrenzenden IT-Systeme sich geändert haben oder weil Innovationen verfügbar sind.

Zu den Zielen des Produktcontrollings gehören:

- Gewährleistung der Produktqualität
- Gewährleistung der Funktionalität
- Sicherstellung einer effektiven und effizienten Nutzung

Das Produktcontrolling kann nur dann seine Ziele erreichen, wenn

- es in die Gestaltung neuer bzw. bei der Änderung bestehender Geschäftsprozesse integriert ist.
- die Betriebskosten laufend erfasst, protokolliert und aufbereitet werden.
- eine Budgetierung für alle genutzten IT-Systeme erfolgt.
- eine Verteilung der entstehenden Kosten auf die Leistungsempfänger erfolgt.
- der Aufbau eines Berichtssystems zur Beurteilung der eingesetzten IT-Systeme erfolgt, aus dem ersichtlich ist, ob die Ziele der IT-Systeme erreicht wurden / werden.

6.2.2.4 Controlling der IuK-Infrastruktur

Zur IuK-Infrastruktur zählen die Gesamtheit der IT-Hardware mit Rechnern, Peripheriegeräten (Monitore, Drucker, Scanner usw.), Rechnernetze, TK-Anlagen und die zu deren Betrieb erforderliche Software bis hin zu Gebäuden und Einrichtungen für die Informationsverarbeitung im Unternehmen.

Das IuK-Controlling beschäftigt sich mit der langfristigen Planung, dem Betrieb und der Leistungsverrechnung der IuK-Infrastruktur. Es unterstützt die Leitung der IuK-Systeme (z.B. den Rechenzentrumsleiter) und ist integriert in den Controllingprozess der Führungsaufgaben und das Controllingsystem des Unternehmens.

Zu den Aufgaben des Controllings der IuK-Infrastruktur zählen (vgl. Krcmar, H.: (2003), S. 354 ff.):

- Aufstellung des Gesamtbudgets für die IuK-Infrastruktur. Dabei müssen der Lebenszyklus der vorhandenen Einrichtungen ebenso wie die Anforderungen aus neuen Projekten berücksichtigt werden.
- Untersuchungen zur Wirtschaftlichkeit der eingesetzten IuK-Infrastruktur.

–   Analyse zur Hardwareauslastung. Dabei kommen vor allem Monitoringsysteme,
    mit denen automatisch Aufzeichnungen zur Nutzung und zur Verfügbarkeit der
    Hardware gemacht werden können, zum Einsatz.

–   Die Bereitstellung von Informationen zur technischen Entwicklung und Erfas-
    sung von Benutzerwünschen.

–   Die innerbetriebliche Leistungsverrechnung der IuK-Infrastrukturkosten.

Im nächsten Kapitel geht es darum, wie die Objekte des IV-Controllings in ein
ganzheitliches Controllingsystem integriert werden können.

6.2.3   Integration der Teilsysteme des IV-Controllings

Geht man davon aus, dass das Controlling ein Subsystem der Führung ist, so empfiehlt es sich, alle Führungsbereiche durch Controllingfunktionen zu unterstützen.
Das Informationsmanagement ist für die Informationswirtschaft im Unternehmen
zuständig und wird zumindest bei größeren Unternehmen weiter untergliedert.

Die vielfältigen Aufgaben des Informationsmanagements lassen sich mit Hilfe eines
Referenzmodells in übersichtliche Teilbereiche gliedern. Dabei versucht man möglichst einheitliche Aufgabeninhalte zusammenzufassen.

Folgt man dem Gliederungsvorschlag von Wollnik, so kann man eine Aufgabenun-
terteilung nach dem Merkmal der „Techniknähe" durchführen (vgl. Wollnik, M.
(1998): S. 38). Dadurch entstehen einzelne Schichten. Diese sind durch eine Summe
von zusammengehörenden Aufgaben zu jeweils einem abgegrenzten Aufgabenkomplex gekennzeichnet. Die abgegrenzten Aufgabenkomplexe können für die Gestaltung der betrieblichen Aufbauorganisation verwendet werden, wobei jede Schicht
einem eigenen Managementbereich entspricht.

Auf der untersten Schicht werden Aufgaben mit einem starken Technikbezug zusammengefasst und dem „Management der IuK-Technologie" einem IT-Leiter (man
findet auch die Bezeichnung Rechenzentrumsleiter) zugeordnet. Die darüber liegende Schicht wird von Aufgaben aus dem Bereich Anwendungssoftware dominiert, die
die darunter liegende IuK-Technik nutzt. Diese Schicht enthält Managementaufgaben aus dem Bereich „Entwicklung und Nutzung von Informationssystemen". Sie
wird von einem Manager mit der Bezeichnung „Leiter Software (Entwicklung / Nutzung)" verantwortet.

Mit Hilfe von Anwendungssoftware werden Geschäftsprozesse unterstützt, die auf der nächsten Ebene mit der Bezeichnung „Management der Informations- und Wissensversorgung" von einem Manager vielleicht mit der Bezeichnung „Leiter Geschäftsprozessmanagement" geführt werden.

Für den ganzen Aufgabenkomplex der Informationswirtschaft ist ein Mitglied der Geschäftsleitung zuständig, für den z.B. die Bezeichnung „CIO" (Chief Information Officer) oder auch IT-Vorstand verwendet wird. In dem beschriebenen Schichtenmodell werden diese Aufgaben im Bereich „Management der Führungsaufgaben" dargestellt (vgl. Biethahn, J.; Mucksch, H.; Ruf, W.: (2004), S. 39 ff.).

Es empfiehlt sich nun, alle Führungsebenen mit Controllingfunktionen und ggf. mit Controllingsubsystemen zu unterstützen. Diese Teilsysteme bilden in Summe das IV-Controlling und sind mit dem Controllingsystem des Unternehmens verbunden (vgl. Abbildung 82). Die Teilsysteme der einzelnen Schichten sind durch einen Regelkreis miteinander verbunden, in dem Vorgaben und Rückkopplungen verarbeitet werden können.

6.2.4   IV-Controlling zentral / dezentral

IV-Controlling ist eine Dienstleistungsfunktion für das IT-Management. Ob für das IV-Controlling eine eigene Stelle oder vielleicht sogar eine eigene Organisation aufgebaut werden soll, ist hauptsächlich von zwei Parametern abhängig:

1. Unternehmensgröße (Kapitel 6.2.4.1)
2. Rolle der IT als kritischer Erfolgsfaktor im Unternehmen (Kapitel 6.2.4.2)

6.2.4.1   Einflussparameter: Unternehmensgröße

Tendenziell kann man sagen, dass große Unternehmen z.B. der Grundstoffindustrie eher weniger IT-Leistung benötigen als z.B. kleinere Unternehmen im E-Business oder Finanzdienstleistungssektor. Da IV-Controlling wie das normale Controlling eine Querschnittsfunktion durch alle Bereiche darstellt, die IT-Dienste nutzen, gibt

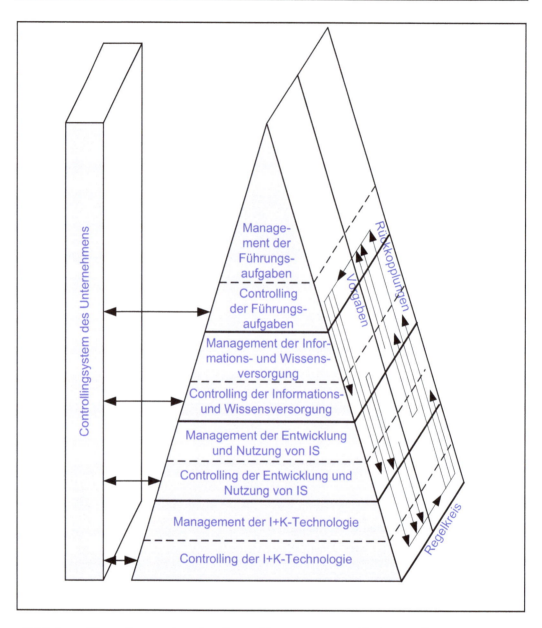

Abbildung 82:   Integration der Controllingsysteme im IV-Controlling

es prinzipiell zwei Möglichkeiten, IV-Controllingaufgaben in diesen Bereichen zu etablieren. Auf der einen Seite können Controllingdienste im Rahmen der fachabteilungsinternen Controllingaufgaben oder auf der anderen Seite zentral über ein dediziertes IV-Controlling wahrgenommen werden. Selbstverständlich lassen sich auch beliebige Mischformen realisieren (Abbildung 83).

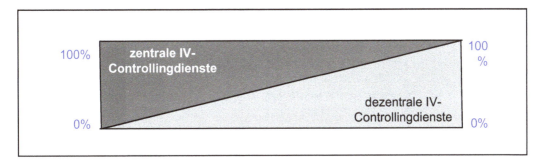

Abbildung 83:   Zentrale / dezentrale Bereitstellung von IV-Controllingdiensten

⊕ Erfolgsfaktoren – Fallstricke - Praxistipp

In einer Unternehmensbefragung wurde festgestellt, dass in mehr als der Hälfte der befragten Unternehmen das IV-Controlling dem IV-Bereich zugeordnet wurde. Knapp 20% gaben an, dass das IV-Controlling beim Unternehmenscontrolling angesiedelt ist und 10% der Befragten haben sich für eine doppelte Zuständigkeit entschieden (vgl. von Dobschütz, L.: (2000), S. 15 f.).

Eine Aufteilung der Controllingaufgaben auf die Bereiche der Fachabteilungen, der IT-Leitung und auf die Informationswirtschaft wird von Kütz empfohlen. Die Aufteilung erfolgt nach Zuständigkeitsbereichen. Dabei sind der CIO (Chief Information Officer) für den Aufgabenbereich der Informationswirtschaft, die Fachbereiche für den Aufgabenbereich der IT-Leistungsverwendung und der IT-Leiter für die IT-Leistungserstellung zuständig. Eine Abstimmung mit dem zentralen Controlling im Unternehmen soll über eine zusätzliche Berichtspflicht an einen zentralen Controlling-Dienst (Abbildung 84) erfolgen (vgl. Kütz, M.: (2005), S. 67 f.).

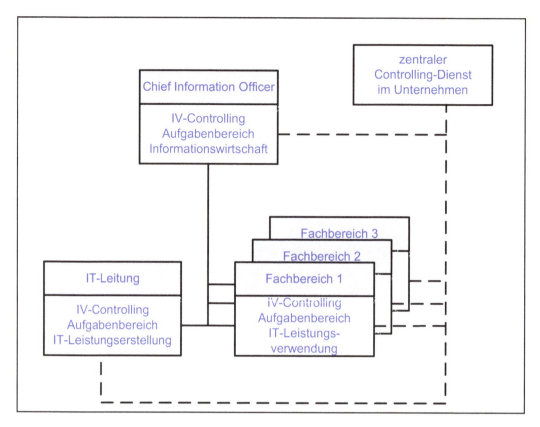

Abbildung 84:   *Aufteilung und Integration der IV-Controllingaufgaben (vgl. Kütz,*
                    M.: (2005), S. 69)

6.2.4.2   Einflussparameter: IT als kritischer Erfolgsfaktor

Im Zeitalter der „Internetökonomie" ist der Einsatz der Informationstechnologie bei
vielen Geschäftsprozessen zu einem kritischen Erfolgsfaktor geworden. Je stärker
der Unternehmenserfolg von einer erfolgreichen Informationsverarbeitung im Unternehmen abhängt, desto größer muss der Einfluss des Controllings auf den IT-
Bereich ausgestaltet werden. In diesem Fall entstehen zudem viele spezialisierte
Controllingaufgaben.

Für ein allgemeines oder zentrales Controlling sprechen:
– Eine Insellösung des IV-Controllings wird vermieden.
– Die Kommunikation zur und die Akzeptanz durch die Unternehmensleitung
  weisen Vorteile auf.
– Eine Integration in die strategische Unternehmensplanung wird erleichtert.

Argumente für ein dezentrales IV-Controlling sind:

– Sofern IT-Spezialkenntnisse erforderlich sind, ist eine dezentrale Ausrichtung von Vorteil.

– Je größer das Unternehmen ist, desto größer wird ein zentraler Planungs-, Kontroll- und Steuerungsaufwand.

– Die Nähe zu den Problemen, Aufgaben und Personen ist dezentral besser gegeben.

Ob IV-Controllingfunktionen vom

– Informationsmanager (z.B. Chief Information Manager) dezentral oder

– durch das Controlling des Gesamtunternehmens oder

– durch ein spezielles zentrales oder dezentrales IV-Controlling

wahrgenommen werden, kann tendenziell entsprechend der Unternehmensgröße und der Bedeutung der IT als kritischer Erfolgsfaktor entschieden werden (Abbildung 85).

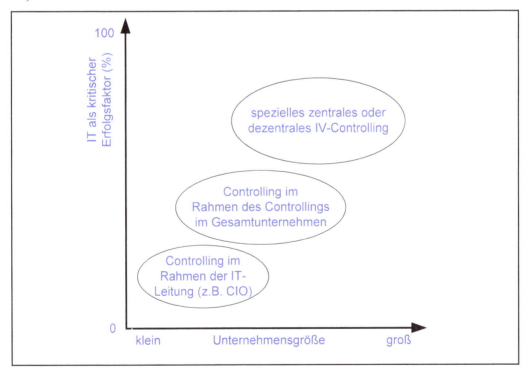

Abbildung 85:   *IV-Controllingfunktionen im Unternehmen (vgl. von Dobschütz, L.: (2000), S. 16)*

Nach der Diskussion wer IV-Controllingaufgaben ausführen soll, geht es im nächsten Kapitel darum, wie diese Aufgabenkomplexe aufbauorganisatorisch verankert werden können.

6.2.5 Integration des IV-Controllings in die Aufbauorganisation

Grundsätzlich soll die Einordnung des IV-Controllings in die Unternehmensorganisation so erfolgen, dass die interne Akzeptanz, die Durchsetzungsfähigkeit und Effizienz gesichert werden können. Damit ist jedoch nicht verbunden, das IV-Controlling jeweils auf der höchstmöglichen Hierarchiestufe anzuordnen (vgl. von Dobschütz, L.: (2000), S. 15).

Unabhängig von der hierarchischen Position wird der IV-Controller i.d.R. an den Leiter des IT-Bereichs oder das zuständige Mitglied der Geschäftsführung (z.B.: Chief Information Officer) berichten.

Die personelle Ausstattung ist abhängig von der Unternehmensgröße, dem IT-Budget und der Aufgabenzuweisung. Als Faustgröße kann man davon ausgehen, dass ca. 1% des IT-Personals für IV-Controllingaufgaben (im engeren Sinn – ohne IT-Leistungsverrechnung) benötigt werden (vgl. Kütz, M.: (2005), S. 70 f.).

✦ Erfolgsfaktoren – Fallstricke - Praxistipp

- klare Aufgabenabgrenzung zwischen IV-Controlling und dem generellen Controlling
- richtiges Verständnis des Controllings für die Informationsverarbeitung im Unternehmen
- Nutzenorientierung
  Nicht eine Kostenreduktion sondern eine Verbesserung des Nutzens der Informationsverarbeitung steht im Vordergrund.
- Steigerung des wirtschaftlichen Potenzials der Informationsverarbeitung
- Produktorientierung der Informationsverarbeitung, bei der der gesamte Life-Cycle der Anwendungen betrachtet wird

Bisher wurden allgemeine Überlegungen zur Controllingfunktion im Unternehmen und zum IV-Controlling angestellt. Das folgende Kapitel stellt eine weitere Spezialisierung des Controllings auf IT-Belange in den Vordergrund.

6.3 IT-Projektcontrolling

Ausgangspunkt für das Projektcontrolling ist die Auswahlentscheidung für einzelne Projekte, die jetzt zur Umsetzung anstehen. Mit der Auswahlentscheidung ist auch die Wahl eines geeigneten IT-Projektleiters und eines IT-Projektcontrollers verbunden. Ein Beispiel für eine Stellenbeschreibung eines IT-Projektcontrollers ist aus Abbildung 86 ersichtlich.

6.3.1 Aufgaben des IT-Projektcontrollings

Aufgrund der Neuartigkeit und Einmaligkeit sind alle IT-Projekte mit Risiken behaftet. Zusätzliche Risiken entstehen oft durch neue Anforderungen, die sich während der Projektlaufzeit ergeben. Diese Risiken gilt es mit Hilfe einer Aufgabengliederung und Prozessstrukturierung zu beherrschen.

Die Aufgaben des Projektcontrollings (siehe Abbildung 87) lassen sich einteilen in:

– Planung,
– Verabschiedung,
– Durchführung und
– Kontrolle inkl. Projektabschluss.

Bei der Projektplanung sind die Projektziele soweit zu operationalisieren, dass konkrete Vorgaben gemacht werden können. Vom Projektcontrolling wird ein projektspezifischer Controllingstrukturplan erstellt. In diesem wird ein einheitlicher Planungs-, Entscheidungs-, Steuerungs- und Kontrollprozess beschrieben. Die inhaltliche Umsetzung gehört jedoch zum Aufgabengebiet des Informationsmanagers (vgl. Gabriel, R.; Beier, D.: (2003), S. 141).

Stellenbeschreibung IT-Projektcontroller

Stelleninhaber:	Paul Müller
Stelleneinordnung:	Der Stelleninhaber ist fachlich und disziplinarisch dem Leiter des IV-Controllings unterstellt.
Unterstellte Mitarbeiter:	ein Projektassistent
Stellvertretungsregelungen:	Der Stelleninhaber vertritt und wird vertreten durch den IT-Projektcontroller Otto Maier.
Stellenanforderungen:	Der IT- Controller verfügt über fundierte betriebswirtschaftliche Kenntnisse im Bereich Controlling und kennt sich mit den spezifischen Anforderungen bei der Realisierung von IT-Projekten aus. Er ist sicher im Umgang mit Projektplanungstechniken bei IT-Projekten (wie Netzplantechnik, Methoden der Kostenschätzung, Balanced Scorecard usw.).
Ziele der Stelle:	Der IT-Projektcontroller unterstützt den IT-Projektleiter und das IV-Controlling bei der wirtschaftlichen Planung, Verabschiedung, Durchführung und Kontrolle von IT-Projekten.
Aufgaben:	Integration des IT-Projektcontrollings in das IV-Controlling des Unternehmens Unterstützung des IT-Projektleiters bei der Erstellung der Projektablaufplanung (Phasenmodell), Aufstellung von Projektkostenplänen, Entwicklung von Alternativplänen, Risikoanalysen, Soll-Istvergleichen, Kennzahlenbildung, Budgetplanung und –überwachung, Information der Projektbeteiligten
Befugnisse / Vollmachten:	Externe Bestellungen müssen vom IT-Projektleiter und vom IT-Projektcontroller unterzeichnet werden. Der IT-Projektcontroller hat Einsicht in alle projektspezifischen Vorgänge und Unterlagen bei zentralen und projektbezogenen Stellen.

Datum	Leiter IV-Controlling	IT-Projektcontroller
	Informationsmanagement	Personalabteilung

Abbildung 86:   Beispiel Stellenbeschreibung IT-Projektcontroller

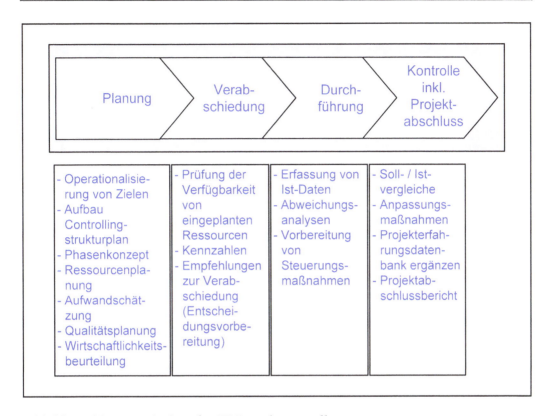

Abbildung 87:   Aufgaben des IT-Projektcontrollings

Der Controllingstrukturplan (Abbildung 88) stellt die Auftragsfreigabe für das IT-Projektcontrolling dar. Nun kann der IT-Projektcontroller mit den Aufgaben aus dem Bereich „Planung" beginnen. Der Controllingstrukturplan gilt jeweils nur für ein Projekt und enthält:

– die Vorgaben des Managements hinsichtlich Ziele, Budget, Termine usw..

– die für die Umsetzung vorgegebenen organisatorischen Rahmenbedingungen (bereits vorhandene Regelungen zu den internen und externen Projektpartnern).

– Regelungen zu Entscheidungsprozessen, z.B. Zuständigkeit für Routineentscheidungen, Entscheidungen in Ausnahmesituationen.

– Regelungen zur Verteilung von Aufgaben, Kompetenzen und Verantwortungen zwischen IT-Projektleiter und IT-Projektcontroller.

Controllingstrukturplan

Projektbezeichnung: Entwicklung eines Webshops

Projektbeginn: 01.8.2008
Projektende: 31.1.2009

Ziele:
Es soll ein Webshop für mindestens 3500 Produkte aus dem Bereich Computerhardware
für den Kundenbereich Wiederverkäufer erstellt werden. Mit dem Webshop soll im Jahr
2009 bereits ein Umsatz in Höhe von 2.500.000 Mio. € in Europa erzielt werden.

Aufwand:
geplanter Projektaufwand (extern):   300.000 €
geplanter Projektaufwand (intern):   210.000 €

Auftraggeber: Fachbereich Marketing / Vertrieb
zuständiger IT-Projektleiter: Pascal Gründlich
zuständiger IV-Controller: Konrad Zahlek
zuständiger CIO: Miro Scheffold

Entscheidungsgremien:
Lenkungsausschuss: LA 12
- Vorsitz (Marketing/Vertrieb)   Hermann Schwatzmann
- Logistik   Franz Los
- Produktion   Fredi Fleißig
- IT-Projektleiter, IV-Controller, CIO, Vertreter Geschäftsleitung

Entscheidungssituationen:
Verabschiedung und Freigabe der Durchführung: Lenkungsausschuss
Routineentscheidungen werden vom IT-Projektleiter und vom IV-Controller gemeinsam ge-
troffen. Bei unterschiedlichen Ansichten entscheidet der Auftraggeber.

Ausnahmesituationen:
Deuten sich während des Projektablaufs Ausnahmesituationen wie Kostensteigerungen
von mehr als > 20%, Terminverschiebungen um mehr als 2 Monate oder erhebliche Quali-
tätsprobleme an, so entscheidet der Lenkungsausschuss.

_____   _____
Datum   Geschäftsleitung

Abbildung 88:   Beispiel Controllingstrukturplan

6.3.2 Referenzmodell für das IT-Projektcontrolling

Die Beschreibung des geplanten IT-Projektablaufs erfolgt durch ein Phasenmodell. In dem Phasenmodell wird der Entwicklungsprozess in mehrere Abschnitte eingeteilt.[29] Durch das Phasenmodell lässt sich erkennen, welche klar abgegrenzten Problemstellungen wann und mit welchen Ressourcen umgesetzt werden sollen. Typisch für Phasenmodelle ist, dass in jeder Phase phasenspezifische Ergebnisse erstellt werden. So wird z.B. in der Phase der Spezifikation ein Grob-/Feinentwurf erstellt. Bei der Implementierung erhält man das lauffähige Programm, also den Quellcode, und in der Testphase werden Testberichte erstellt. Die Festlegung der zu erstellenden „Teilprodukte" ist für das IT-Projektcontrolling von großer Bedeutung, weil damit der Weg von der Projektidee bis zum nutzungsfähigen Erzeugnis in einer zeitlogischen Abfolge beschrieben wird. Für die technische, methodengestützte Ausgestaltung des Phasenmodells ist das IT-Projektmanagement zuständig.

Mit besonderen Schwierigkeiten muss gerechnet werden, wenn zeitgleich nicht nur ein, sondern mehrere Projekte realisiert werden. Damit werden ein Multiprojektmanagement und ein Multiprojektcontrolling erforderlich.

Das Phasenmodell kann als Grundlage für eine Aufwandschätzung verwendet werden. Mit Hilfe einer Aufwandschätzung (vgl. Kapitel 4.2.5) wird ein Kapazitäts-, Termin- und Kostenplan zu Beginn und mehrfach während des Projektes erstellt. Die Aufwandschätzung zu Projektbeginn wird zur Ressourcenplanung verwendet. Aus dieser ist ersichtlich, wann, wie lange, welche Ressourcen verwendet werden. Aufwandschätzungen während des Projektablaufs sind für die Ermittlung von Abweichungen von hohem Wert. Sie werden deshalb auch für Steuerungszwecke eingesetzt (vgl. Horvath, P.: (2003), S. 731 f.).
Aus den Aufwandschätzungen kann eine Aufstellung über das geplante Projektbudget und dessen zeitliche Verteilung ermittelt werden.

---

[29] Eine Diskussion verschiedener Phasenmodelle (Phasenkonzepte) findet sich in Kapitel 1.

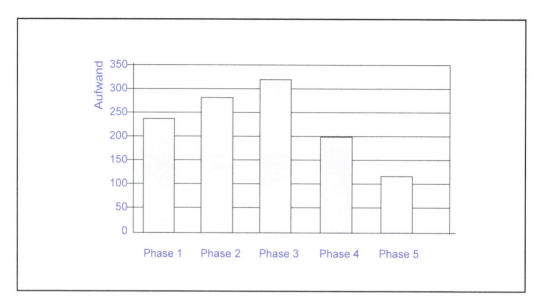

Abbildung 89:   Verteilung Projektaufwand auf Phasen

Vor der Durchführung eines IT-Projektes erfolgt im Rahmen der Verabschiedung die Freigabe für die Umsetzung. Aufgrund der nunmehr detaillierter vorliegenden Pläne wird geprüft, ob die IT-Projektziele erreicht werden können. Ebenfalls wird geprüft, ob die eingeplanten Ressourcen auch in der benötigten Qualität / Quantität und zur benötigten Zeit verfügbar sind. Daraus lässt sich eine Entscheidungsempfehlung für die Entscheidungsträger (z.B. Lenkungsausschuss) vorbereiten.

Während der Projektdurchführung werden Ist-Daten erfasst und ein Projektstatus dargestellt. Dieser betrifft den Soll- / Ist-Vergleich zu den

–   Funktionszielen,

–   Leistungszielen,

–   Terminen,

–   Ressourcen und

–   Kosten.

Die Abweichungen werden im Rahmen der IT-Projektkontrolle beurteilt. Dabei gilt es auch die Auswirkungen von Abweichungen zu schätzen und bei gravierenden Diskrepanzen ggf. die Projektpläne anzupassen und entsprechende Anpassungsmaßnahmen zu veranlassen.

Während der Durchführung legt der IT-Projektcontroller ein besonderes Augenmerk auf die Überwachung der Wirtschaftlichkeit des IT-Projektes. Hierzu gilt es entsprechende Kennzahlen (siehe Pkt. 6.3.3) zu bilden und fortzuschreiben.

Die Erkenntnisse aus der Durchführung und Kontrolle fließen später auch in die Projektabschlussdokumentation ein und werden in einer Projekterfahrungsdatenbank gespeichert. Diese Datenbank stellt die Grundlage für die weitere Planung und Abwicklung von IT-Projekten dar. Der oben beschriebene Ablauf wurde in Abbildung 91 grafisch aufbereitet (vgl. Beier, C.; Tyschler, P.: (ohne Jahr): S. 5, 44 ff.). Dazu wird folgende Symbolik verwendet:

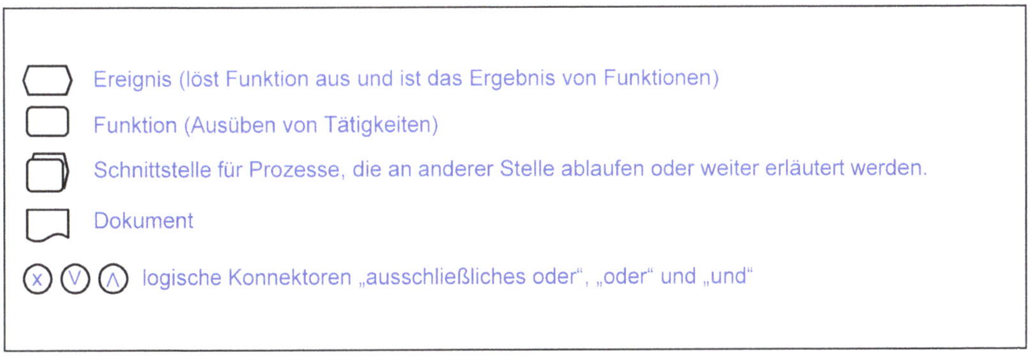

Abbildung 90:   Legende zur Prozessbeschreibung IT-Projektcontrolling

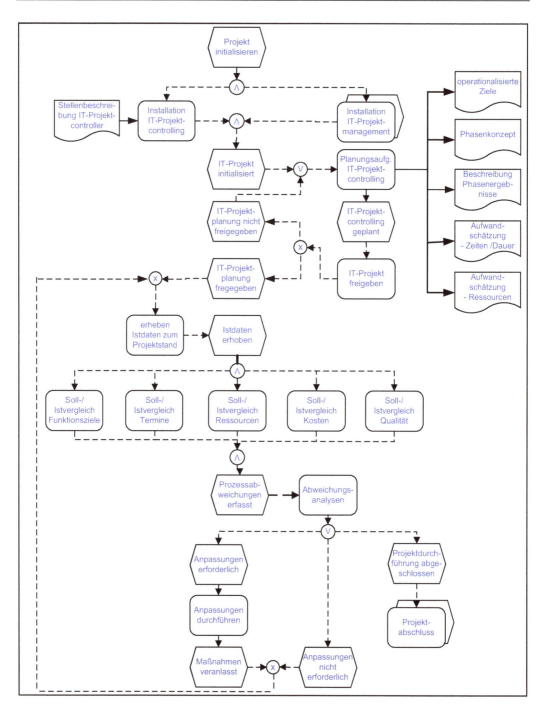

Abbildung 91:   Prozessbeschreibung IT-Projektcontrolling

⊕ Erfolgsfaktoren – Fallstricke – Praxistipp

- Wichtig ist eine transparente Darstellung der Ziele und des zu erwartenden Nutzen eines IT-Projektes.
- Auf eine nachvollziehbare Beschreibung der Leistungen und Kosten ist zu achten.
- Die Aufwandschätzungen sind regelmäßig zu wiederholen.
- Man sollte vertraute Methoden und Instrumente einsetzen.
- Die Zuordnung und die Aufteilung von IT-Projektaufgaben zwischen IT-Projektcontroller und IT-Projektleiter müssen geregelt werden.
- Vorgaben von ehrgeizigen, jedoch erreichbaren Projektzielen, die messbar sind, steigern die Mitarbeitermotivation.
- Die Fachbereiche sollen als Auftraggeber aktiv in den Projektablauf integriert werden.
- Man braucht überschaubare Aufgabenbereiche und nicht zu lange Realisierungszeiten von Arbeitspaketen für die Durchführungsüberwachung.

IT-Projektcontrolling ist mehr als die Einhaltung von Terminen und Kosten. Auch Funktionalität und Qualität müssen in einem modernen IT-Projektcontrolling Beachtung finden.

6.3.3 Kennzahlen für IT-Projekte

Kennzahlen gehören zum Handwerkszeug eines jeden Controllers. Durch Kennzahlen lassen sich komplexe Sachverhalte einfach beschreiben. Sie stellen in komprimierter, leicht verständlicher Art Informationen für die Planung, Steuerung und Kontrolle zur Verfügung. Mit ihnen lassen sich quantifizierbare, betriebswirtschaftlich interessante Sachverhalte rückblickend, vorausschauend oder vergleichend darstellen (vgl. Haufs, P. (1989), S. 115).

Besonders für das IT-Projektcontrolling haben Kennzahlen eine herausragende Bedeutung. Damit lassen sich

- IT-Projektziele operationalisieren und als Vorgabewerte verwenden.
- Pläne erarbeiten und Soll-/Istvergleiche durchführen.
- Informationen schnell und prägnant darstellen.

Bei der Verwendung von Kennzahlen ist darauf zu achten, dass:

– mit jeder Kennzahl nur ein kleiner Ausschnitt aus der Realität erfasst und beschrieben werden kann.

– Kennzahlen interpretationsbedürftig sind. Mit einer Kennzahl alleine kann noch keine Aussage getroffen werden. Erst durch Zeitreihenvergleiche oder durch Vergleiche mit Kennzahlen aus anderen Projekten oder aus Plänen gewinnen Kennzahlen an Wert.

Anforderungen an Kennzahlen:

– Kennzahlen sollen einfach zu ermitteln sein. Im Idealfall können sie automatisch über andere Systeme zur Verfügung gestellt werden. (So ist beispielsweise die Erfassung von Arbeitszeiten an einem Projekt über ein Zeiterfassungssystem zur Lohn- und Gehaltsabrechnung möglich.)

– Kennzahlen sollen zweckmäßig sein.

6.3.3.1   Arten von Kennzahlen bei IT-Projekten

Häufig werden Kennzahlen zu verschiedenen Zeitpunkten ermittelt. Damit entstehen mehrere Versionen ein und derselben Kennzahl. Man kann unterscheiden zwischen

– Planwert für eine Periode,

– aktuellem Istwert in einer Periode,

– Hochrechnung für die restliche Periode und

– Vergangenheitswert nach Abschluss (z.B. für die Nachkalkulation).

Kennzahlen können nach verschiedenen Kriterien eingeteilt werden. Hierzu zählen (vgl. Kütz, M.: (2000), S. 267):

– Absolute Zahlen

  – Einzelzahlen

    Beispiel: Anzahl der Entwickler

  – Summenzahlen

    Beispiel: Anzahl der Entwicklungsstunden

  – Differenzzahlen

    Beispiel: Projekterlös – Projektaufwand

  – Mittelwerte

    Beispiel: Durchschnittliche Fehleranzahl je 1.000 Lines of Code

– Verhältniszahlen (vgl. Biethahn, J.; Mucksch, H.; Ruf, W.: (2004), S. 330):
  – Gliederungszahlen
    Teilgrößen werden in Beziehung zu einer ihnen übergeordneten Gesamtgrö-
    ße gesetzt.
    Beispiel: Budgetanteil Softwareentwicklung = Aufwand für Softwareent-
    wicklung / Gesamtaufwand des IT-Projektes
  – Beziehungszahlen
    Es wird ein sachlich sinnvoller Zusammenhang zwischen verschiedenen
    Größen hergestellt.
    Beispiel:
    Änderungsdichte = Anzahl Änderungsanforderungen [Stück] / Zeitraum
    [Zeiteinheit]
    oder: Schulungskosten je Mitarbeiter
    oder: Projektkosten je Anwender
    Beziehungszahlen können weiter gegliedert werden in:
      – technische Beziehungszahlen:
        Beispiel: Kosten pro Transaktion; Kosten pro Server; Kosten pro Tera-
        byte
      – betriebswirtschaftliche Beziehungszahlen:
        Beispiel: Kosten pro Arbeitsplatz; Kosten pro Manntag
  – Indexzahlen
    Es handelt sich um dimensionslose Größen.
    Beispiel: Index Auftraggeberzufriedenheit; Index Benutzerfreundlichkeit

Beispiele für Kennzahlen im IT-Projektmanagement
Absolute Zahlen:
– Anzahl Entwickler
– Anzahl Systemanalytiker
– Anzahl zur Verfügung stehender Server
– Anzahl Funktionen
– Anzahl einzubindender Datenbanken
– Anzahl zu erstellender Bildschirmmasken
– Anzahl Berichte
– Anzahl SLA-Verletzungen (SLA = Service Level Agreements)

Kosten:

- Gesamtkosten der Entwicklung
- aktueller Entwicklungsaufwand in der Periode
- kumulierter Entwicklungsaufwand
- Aufwand für Hardware
- Aufwand für Outsourcing

Projektabwicklung:

- Aufwand je Arbeitspaket
- Überstundenanteil = Überstunden / Gesamtstunden

Nachfolgend werden wesentliche Kennzahlen im IT-Projektmanagement exemplarisch erläutert und gezeigt, wie diese eingesetzt, abgewandelt und im IT-Projekt verwendet werden können (vgl. Kütz, M.: (2007), S. 295 ff.).

6.3.3.2   Kennzahl zur Kostenstruktur

Projektkostenanteil Kategorie X = Kosten Kategorie X / Gesamtkosten

Als Kostenkategorien sind von Interesse:

- Managementkosten; Entwicklungskosten; Dokumentationskosten; Beratungskosten; Kosten für Testaufwand; Kosten für Prototypentwicklung; Hardwarekosten; Serverkosten; Reisekosten; Kommunikationskosten; ...

Die nachfolgende Tabelle zeigt eine Aufstellung der Projektkosten nach Kostenarten. Eine derartige Aufstellung kann z.B. als Grundlage für den Projektantrag verwendet werden. Die Kostenblöcke werden entsprechend den im Unternehmen üblichen Schemata und entsprechend vergleichbaren Projekten gebildet (vgl. Brugger, R.: (2005), S. 326).

Kostenart	Kosten €	Anteil	Kennzahl
interne Kosten			
Hardwarekosten	18.000	0,12	Anteil Hardwarekosten
Softwarekosten	25.000	0,17	Anteil Softwarekosten
Analysekosten	14.000	0,09	Anteil Analysekosten
Mediendesignkosten	28.000	0,18	Anteil Mediendesignkosten
Programmierungskosten	20.000	0,13	Anteil Programmierungskosten
Schulungskosten	5.000	0,03	Anteil Schulungskosten
Reisekosten	7.000	0,05	Anteil Reisekosten
weitere Kosten	8.000	0,05	Anteil weitere Kosten
externe Kosten			
Providerkosten	2.800	0,02	Anteil Providerkosten
Beraterkosten	18.000	0,12	Anteil Beraterkosten
Copyright-Abgaben	6.000	0,04	Anteil Copyright-Abgaben
Projektkosten	**151.800**	**1,00**	
Anzahl User	250	607,20	Projektkosten pro User
Betriebskosten (jährlich)	16.000	0,11	Anteil Betriebsk. an Projektkosten

Tabelle 24:   Aufstellung Kostenanteile

Die Beurteilung von Kosten durch Währungsgrößen ist in manchen Kostenarten aufwändig. Der im Projekt geplante bzw. geleistete Aufwand kann vom IT-Projektmanager oft einfacher in der Einheit „Manntage" hinreichend genau erfasst und beurteilt werden.

Diese Kennzahl eignet sich zur Projektplanung und kann bei der Durchführung für die Beurteilung von Soll- / Istvergleichen verwendet werden. Werden die Kennzahlen nach Projektabschluss archiviert, so bieten sie eine wertvolle Hilfe bei der Planung von neuen Projekten.

6.3.3.3   Kennzahl Total Costs of Ownership

TCO =   Summe aller Kosten eines IT-Produktes über den gesamten Lebenszyklus
         hinweg

Zu den Total Costs of Ownership (Besitzer-Gesamtkosten) rechnet man alle Kosten
über die gesamte Lebensdauer. Hierzu zählen die Kosten der Entwicklung / Beschaffung sowie die Kosten der Nutzung und Anpassung der IT-Systeme.

Besonders die Folgekosten von IT-Produkten werden häufig unterschätzt. Vor der
Umsetzung eines IT-Projektes sollten zumindest die Lebensdauer und die absehba-
ren Kosten (z.B. zusätzlicher Personalaufwand, Providerkosten, Sicherungskosten
usw.) geschätzt werden. Bei IT-Produkten sind Abschreibungsdauern von drei bis
fünf und in Ausnahmefällen von bis zu acht Jahren typisch.

6.3.3.4   Kennzahl Jahreskosten

Jahreskosten =   jährliche Betriebskosten + (Investitionskosten / Abschreibungs-
                 dauer)

Die Darstellung des Kostenverlaufs über einen längeren Zeitraum hinweg oder zum
Kostenvergleich verschiedener Alternativen kann mit der Kennzahl „Jahreskosten"
erfolgen.

6.3.3.5   Erste Kennzahl zu Änderungsanforderungen

Anteil übernommener Änderungsanforderungen =
Anzahl der akzeptierten Änderungsanforderungen / Anzahl der eingegangenen
Änderungsanforderungen

Während der Projektlaufzeit ist mit Änderungsanforderungen zu rechnen. Diese können den Aufwand, die Entwicklungsdauer oder auch die Qualität beeinflussen. Je mehr Änderungsanforderungen akzeptiert und damit realisiert werden, desto schwieriger wird eine erfolgreiche Projektumsetzung für das IT-Projektmanagement.

Je später im Projektablauf Änderungsanforderungen geäußert und umgesetzt werden, desto aufwendiger und risikoreicher ist dies. Die Kennzahl kann deshalb entsprechend dem Anfall der Änderungsanforderungen weiter differenziert werden nach der Phase, in der die Änderungsanforderung vom IT-Projektmanagement entgegengenommen wurde.

6.3.3.6 Zweite Kennzahl zu Änderungsanforderungen

Änderungsdichte = Anzahl Änderungsanforderungen / Zeitraum

Mit dieser zeitraumbezogenen Kennzahl lassen sich „wechselnde Ziele" im IT-Projekt beurteilen. Es wird empfohlen, die Kennzahl regelmäßig z.B. im vierzehntägigen oder monatlichen Rhythmus während der gesamten Projektdauer zu erfassen.

6.3.3.7 Kennzahl zum Projektfortschritt / Projektstatus

Fortschrittsgrad X = erreichter Istwert X / Planwert X

Diese Kennzahl vergleicht Istwerte mit Planwerten. Für das IT-Projektmanagement ist sie von großer Bedeutung, da sich damit Aussagen darüber ableiten lassen, wie gut sich ein IT-Projekt „auf Kurs" befindet. Als zu vergleichende Werte kann man verwenden:

– bisher angefallene Arbeitstage für eine Aufgabe / geplante Arbeitstage für die Aufgabe

– bisher entstandene Kosten für eine Aufgabe / geplante Kosten für die Aufgabe

– realisierter Aufwand in Mannmonaten / geplanter Gesamtaufwand in Mannmonaten

- – Anzahl fertig gestellter Arbeitspakete / geplante Arbeitspakete
- – Anzahl fertig programmierter Funktionen / geplante Funktionen
- – Anzahl erfolgreich getesteter Funktionen / geplante Funktionen
- – Höhe der bisher entstandenen Projektkosten / geplante Projektkosten
- – bisherige IT-Projektdauer / geplante IT-Projektdauer

Anstelle des Begriffs Fortschrittsgrad findet man auch die Bezeichnung Fertigstellungsgrad. Beide Begriffe werden synonym verwendet.[30]

In der nachfolgenden Tabelle findet man eine Beispielrechnung zur Ermittlung des Fortschrittsgrades (vgl. Buhl, A.: (2004), S. 131). Die Zeilen enthalten den auf die einzelnen Projektphasen verteilten Aufwand. Die Spalten beinhalten den geplanten Aufwand ($A_{geplant}$), den tatsächlichen Aufwand (A_{ist}), den korrigierten Aufwand (A_{korr}) sowie die kumulierten Planwerte und Ist-Werte ($A_{Plan\ kum.}$, $A_{ist\ kum.}$). Der geplante Fortschrittsgrad (FG) wird in der vorletzten Spalte aufgrund des geplanten Aufwands berechnet. Die Istwerte ergeben sich aus dem korrigierten Aufwand. Man erkennt, dass man sich bei der Realisierung in Phase 3 befindet. Es sind bereits 420 Stunden und damit bereits 100 Stunden mehr als geplant erfasst worden. Man rechnet in dieser Phase noch mit einem Mehraufwand von weiteren 60 Stunden. Der Gesamtaufwand für das Projekt wurde bereits von 1160 auf 1330 Stunden korrigiert.

Phase	$A_{geplant}$	A_{ist}	A_{korr}	$A_{Plan\ kum.}$	$A_{Ist\ kum.}$	FG_{Plan}	FG_{Ist}
Phase 1	240	300	260	240	300	0,21	0,23
Phase 2	280	120	270	520	420	0,45	0,32
Phase 3	320	420	480	840	840	0,72	0,63
Phase 4	200		200	1040		0,90	
Phase 5	120		120	1160		1,00	
Summe	**1160**		**1330**				

Tabelle 25:   Beispielberechnung Fortschrittsgrad

---

[30] In DIN 6901 findet man zum Fertigstellungsgrad folgende Definition: „Verhältnis der zu einem Stichtag erbrachten Leistung zur Gesamtleistung eines Vorganges oder eines Projektes."

Der Kurvenzug zum Fortschrittsgrad lässt sich grafisch veranschaulichen (Abbildung 92).

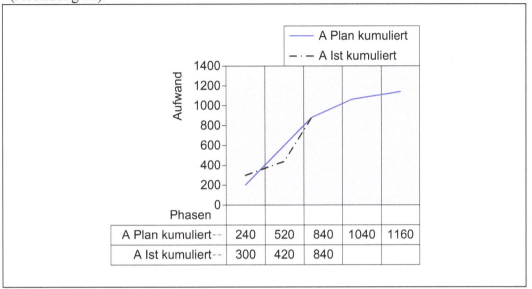

Phasen					
A Plan kumuliert--	240	520	840	1040	1160
A Ist kumuliert--	300	420	840		

Abbildung 92:   Grafische Darstellung Fortschrittsgrad

6.3.3.8   Kennzahl Fremdleistungsanteil

Fremdleistungsanteil = Personalkapazität externe Projektmitarbeiter / Personalkapazität Gesamt

Die Personalkapazität wird i.d.R. in Manntagen verglichen. Je größer der Wert ist, desto größer ist die Gefahr des Kontrollverlustes und Know-how-Verlustes. Man kann die Kennzahl auf einzelne Projektphasen beziehen und z.B. mit anderen IT-Projekten vergleichen.

6.3.3.9   Kennzahl Ressourcenauslastung

Ressourcenauslastung = Ressourceneinsatz / Ressourcenkapazität

Die Kennzahl wird für einen gewissen Zeitraum berechnet und gibt Auskunft darüber, wie stark einzelne Ressourcen (Personen, Gruppen, Teilteams) vom IT-Projekt in Anspruch genommen werden. Es lassen sich Ist-, Soll- oder Prognosewerte berechnen. Werte über 1 kennzeichnen Überlastsituationen. Das IT-Projektmanagement verwendet die Kennzahl in der Planungsphase, um eine möglichst ausgewogene Ressourcenbelastung im Projektverlauf zu erzielen. In der nachfolgenden Abbildung 93 sieht man die Belastung einer Ressourceneinheit im Zeitverlauf. Dabei sind deutlich die Über- / Unterlastsituationen zu erkennen.

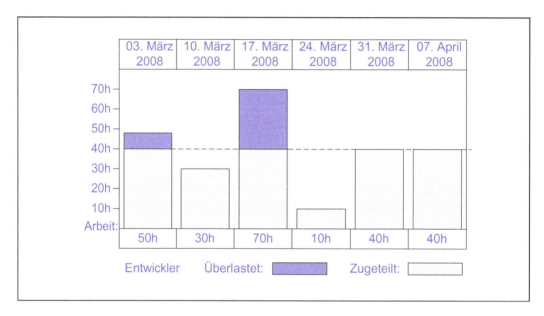

Abbildung 93:   Ressourcengebirge

6.3.3.10   Kennzahl Servicegrad der IT-Projektabwicklung

Servicegrad der IT-Projektabwicklung = Anzahl termingerecht ausgeführter Projekte / Anzahl der Gesamtprojekte

Aus der Kennzahl zum Servicegrad lassen sich rückblickend Aussagen zur Termintreue von IT-Projekten ableiten. Eine detaillierte Analyse über die Verzögerungsgründe kann ab einem bestimmten Wert veranlasst werden.

6.3.3.11   Kennzahl Produktivanteil der Arbeitszeit

Berücksichtigt man Fehlzeiten wie z.B. 6 Wochen Urlaub pro Jahr, Krankheitszeiten oder sonstige Freistellungszeiten, so stehen auch festangestellte Mitarbeiter nur einen Teil der Arbeitszeit für Projektaufgaben zur Verfügung. Der Produktivanteil der Arbeitszeit (PA) berechnet sich aus:

$$PA = \Pr oduktivanteil Arbeitszeit = \frac{Nettoarbeitsstunden}{Bruttoarbeitsstunden} \cdot 100\%$$

Beispiel:

$$PA = \Pr oduktivanteil Arbeitszeit = \frac{9,6 Monate}{12 Monate} \cdot 100\% = 80\%$$

Der Produktivanteil schwankt von Unternehmen zu Unternehmen. Man sollte ihn über einen längeren Zeitraum hinweg berechnen und Schwankungen beobachten und interpretieren. Unter Berücksichtigung des Produktivanteils berechnet sich der Personalbedarf für ein Projekt aus:

$$Anzahl Mitarbeiter = \frac{\Pr ojektaufwand(Monate)}{\Pr ojektdauer(Monate)} \cdot \frac{1}{PA}$$

Beispiel:

$$Anzahl Mitarbeiter = \frac{120 Monate}{6 Monate} \cdot \frac{1}{0,80} = 25$$

6.3.3.12   Kennzahl IT-Projektrendite

IT-Projektrendite = kumulierter Nettonutzen des IT-Projektes / Projektaufwand

Eine zentrale Kenngröße zur Genehmigung und nachträglichen Beurteilung von IT-Projekten stellt die IT-Projektrendite dar. Es handelt sich um eine zeitraumbezogene Größe, in der Währungseinheiten verglichen werden. Sie kann über den gesamten Lebenszyklus ermittelt werden. Bei intern eingesetzten IT-Projekten bestehen oft

Schwierigkeiten, den Nettonutzen, der sich z.B. in einer komfortableren Geschäftsprozessabwicklung mit hochwertigen Informationen darstellt, in Form von Währungseinheiten zu quantifizieren.

6.3.3.13   Kennzahl IT-Risikograd

Risikograd = Schadensvolumen / Gesamtaufwand des IT-Projektes

Die Risiken bei IT-Projekten sind sehr vielfältig. Sie liegen z.B. in einer längeren Projektlaufzeit, eventuell fälligen Konventionalstrafen bei nicht rechtzeitiger Fertigstellung oder technologischen Risiken. Der Risikograd wird mehrfach während der Projektlaufzeit ermittelt und strebt bei erfolgreichen Projekten zum Projektende hin gegen 0.

6.3.3.14   Kennzahl Auftragsreichweite

Auftragsreichweite = Restdauer für die Projektfertigstellung / Kapazität pro Zeiteinheit

Mit dieser Kennzahl kann man beurteilen, wie lange ein Projektteam noch in einem IT-Projekt beschäftigt sein wird. Man vergleicht die noch ausstehende Realisierungszeit in Manntagen mit der Kapazität des Projektteams.
Beispiel:
Dem IT-Projektteam stehen 12 Personen zur Verfügung und die restliche Realisierungszeit wird mit 960 Manntagen beziffert. Damit ergibt sich eine Auftragsreichweite von 80 Tagen. Die Auftragsreichweite sollte so bemessen sein, dass die damit berechnete Vorlaufzeit z.B. dem Vertrieb ausreicht, einen Neuauftrag zu erzielen oder intern ein neues Projekt aufzusetzen.

6.3.3.15   Kennzahl Anteil IT-Projektart

Anteil IT-Projektart X = Volumen von IT-Projekten der Art X / IT-
Projektvolumen

Man geht bei dieser Kennzahl davon aus, dass es in einem Unternehmen mehrere
Arten von Projekten gibt wie Neuentwicklungen, Wartungsprojekte, Sanierungspro-
jekte, Migrationsprojekte oder Integrationsprojekte. Mit Hilfe der Kennzahl IT-
Projektart erfolgt die Aufteilung des gesamten Projektportfolios in die einzelnen
Arten. Für das Management ist die Kennzahl zur Beurteilung der Neuentwicklungen
oder der notwendigen Sanierungsprojekte von Bedeutung.

6.3.3.16   Wirtschaftlichkeitsanalyse von IT-Projekten

Aus finanzwirtschaftlicher Sicht stellen IT-Projekte Investitionen dar, die in der
Absicht gemacht werden, dass aus einer Ausgabe später Einnahmen realisiert werden können. Ob aus diesem Blickwinkel eine Investition angeraten werden kann
oder nicht, wird im Rahmen einer Investitionsrechnung, die vom Auftraggeber
durchgeführt wird, geklärt. Das IT-Projektcontrolling sollte jedoch den Auftraggeber, sofern es sich um ein internes IT-Projekt handelt, bei der Anfertigung unterstützen. Kommt es während der Projektdurchführung zu erheblichen Soll- / Istabwei-
chungen, so wird empfohlen die Wirtschaftlichkeitsberechnung während der Durchführung mehrfach zu wiederholen.

Mit Hilfe der klassischen Methoden der Investitionsrechnung lässt sich die Wirtschaftlichkeit von IT-Projekten beurteilen. Bei diesen Verfahren unterscheidet man
zwischen
– statischen Methoden und
– dynamischen Methoden.
Bei den statischen Methoden werden zeitliche Unterschiede beim Anfall der Einnahmen / Ausgaben nicht berücksichtigt. Dies bedeutet, dass bei den dynamischen
Methoden alle mit dem Investitionsprojekt in Zusammenhang stehenden Einnahmen
/ Ausgaben unter Beachtung von Zinseszinsüberlegungen zu analysieren sind.

✥ Erfolgsfaktoren – Fallstricke - Praxistipp

Bei IT-Projekten handelt es sich häufig um Investitionen mit einem hohen Anschaffungswert. Jeder Projektantrag sollte deshalb eine Wirtschaftlichkeitsanalyse beinhalten. Die Wirtschaftlichkeit ist auch während der Projektlaufzeit und am Ende des Projektes zu prüfen.

Zu den statischen Methoden zählen u.a.:

- Kostenvergleichsrechnung
- Die Investitionsalternative, die die geringsten Kosten verursacht, wird als vorteilhaft angesehen.
- Gewinnvergleichsrechnung
- Das Investitionsobjekt mit dem durchschnittlich höchsten Jahresgewinn innerhalb der betrachteten Rechnungsperiode wird präferiert.
- Amortisationsrechnung
- Man betrachtet die Anfangsinvestition und stellt den Ausgaben die Einnahmen gegenüber. Als Amortisationszeit (Pay-Back- oder Pay-Off Periode) wird die Dauer berechnet, bis die Rückflüsse die Anfangsinvestition erreicht haben. Je kürzer die Amortisationsdauer, desto vorteilhafter ist die Investition.

$$Amortisationsdauer = \frac{Investitionskosten}{durchschn.\, jährlicher Rückfluss}$$

Zu den dynamischen Methoden werden u.a. gerechnet:

- Interne Zinsfußmethode

  Bei dieser Methode werden die Einnahmen und Ausgaben, die zu verschiedenen Zeiten anfallen, analysiert. Man berechnet, mit welchem Zinssatz sich das eingesetzte Kapital, also die Ausgaben, verzinsen. Je höher der Zinssatz, desto vorteilhafter ist die Investitionsalternative. Der berechnete Zinssatz kann mit Alternativanlagen oder mit dem Kapitalmarktzins verglichen werden.

– Kapitalwertmethode

Die Kapitalwertmethode wird sehr häufig zu Wirtschaftlichkeitsberechnungen eingesetzt. Auch diese Methode basiert auf der Zinseszinsrechnung. Dabei wird vom Entscheidungsträger ein Kalkulationszinssatz vorgegeben und alle zu erwartenden Einnahmen und Ausgaben auf einen Betrachtungszeitpunkt, z.B. den Projektstarttermin, abgezinst (diskontiert) und anschließend aufsummiert. Der aus der Summe gebildete Wert wird als Nettobarwert (Net Present Value) bezeichnet. Ist dieser positiv, so handelt es sich um eine vorteilhafte Investition.

Beispiel Kapitalwertmethode:

Zur Ermittlung des Aufwandes kann ein Projektkostenplan (Tabelle 26) verwendet werden. In den Zeilen werden die einzelnen Projektabschnitte (Phasen oder Teilphasen) und in den Spalten die Aufwandsarten erfasst. Über den Betrachtungszeitraum hinweg wird z.B. pro Jahr (man könnte auch Monate verwenden) eine Tabelle erstellt. Ähnlich wird mit den geschätzten Einnahmen verfahren (Tabelle 27). Die Berechnung des Kapitalwertes für ein Projekt ergibt sich aus der Formel (vgl. Gadatsch, A.; Mayer, E.: (2006), S. 218 ff.)[31]:

$$Kapitalwert = \sum_{t=0}^{n} \frac{(E_t - A_t)}{(1+i)^t}$$

E = Einnahmen am Ende der Periode t

A = Ausgaben am Ende der Periode t

i = Kalkulationszinssatz

t = Index für das Jahr (t=0, 1, 2, …,n)

n = Nutzungsdauer des Produktes

---

[31] Tabellenkalkulationsprogramme wie z.B. Excel verfügen über finanzmathematische Funktionen. Bei Excel kann der Kapitalwert über die Funktion NBW (Nettobarwert = Kapitalwert) berechnet werden.

IT-Projektkostenplan für das Jahr 2008						
Projektphasen	Projekt-team	Personal Fach-bereiche	Perso-nal extern	Hard-ware	Soft-ware	Summe
Problemspezifikation	25.000	15.000		5.000	8.000	53.000
Systemspezifikation	20.000	10.000	5.000			35.000
Systemkonstruktion	35.000	5.000	8.000			48.000
Systemimplementie-rung	40.000		15.000	25.000	20.000	100.000
Systemverifikation	15.000	5.000				20.000
Systemeinführung	10.000	15.000		10.000		35.000
	145.000	50.000	28.000	40.000	28.000	291.000

Tabelle 26:   Projektkostenplan IT-Projektentwicklung für ein Jahr

Aufstellung IT-Projekterfolg von 2008 - 2011					
Jahr	2008	2009	2010	2011	Summe
Projektertrag	0	150.000	320.000	260.000	730.000
Projektaufwand	291.000	189.000	15.000	18.000	513.000
Überschuss / Defizit	-291.000	-39.000	305.000	242.000	217.000
Kapitalwert	-264.545	-32.232	229.151	165.289	97.663
Kapitalwert kumuliert	-264.545	-296.777	-67.626	97.663	

Tabelle 27:   Berechnung des Kapitalwerts für ein IT-Projekt

Für die Diskontierung kann ein Kalkulationszinssatz[32] oder ein vom Unternehmen vorgegebener Zinssatz für Neuinvestitionen verwendet werden.

Wenn neben den monetären Größen weitere Parameter im Entscheidungskalkül zu berücksichtigen sind, empfiehlt sich der Einsatz der Nutzwertanalyse (vgl. Kapitel 3.3.5.2).

---

[32] Der durchschnittliche landesübliche Sollzins für risikofreie langfristige Anlagen liegt im Bereich 5 – 10%.

> ### ✦ Erfolgsfaktoren – Fallstricke - Praxistipp
>
> – Die Wirtschaftlichkeitsanalyse mit Hilfe der Kapitalwertmethode gehört zu den klassischen und ältesten Methoden im Controlling. Damit die Methode als solche im Unternehmen beurteilt werden kann, wird angeraten, die Wirtschaftlichkeit über die gesamte Nutzungsdauer des IT-Produktes mehrfach zu berechnen. Nur so kann festgestellt werden, ob die geschätzten Einnahmen / Ausgaben sich später in der erwarteten Höhe auch einstellen.
> – In der Praxis werden von den Unternehmen häufig IT-Projekte präferiert, die eine Amortisationsdauer von höchstens zwei bis drei Jahren haben (vgl. Kütz, M.: (2006), S. 130). Je kürzer der Lebenszyklus des IT-Produktes ist, desto einfacher kann die Wirtschaftlichkeitsrechnung sein. Als Faustregel kann gelten:
> – Bei langen Produktlebenszyklen sollte man eher die dynamische Kapitalwertmethode einsetzen. Im anderen Fall ist z.B. die statische Methode der Amortisationsdauer einfacher und flexibler einsetzbar.

6.4 Managementinstrumente in IT-Projekten

Ein Werkzeug, das vor allem im Bereich der strategischen Führung in Unternehmen eingesetzt wird, ist die Balanced Scorecard. Dieses Hilfsmittel kann sowohl im Bereich des IT-Projektmanagements als auch im IV-Controlling eingesetzt werden. Wie dies erfolgen kann, wird in Kapitel 6.4.1 beschrieben.

Ein weiteres Instrument, die Earned Value Analyse (EVA), die auch als Earned Value Management bezeichnet wird, basiert ebenfalls auf Kennzahlen und wird in Kapitel 6.4.2 erläutert.

6.4.1 Balanced Scorecard

6.4.1.1 Grundlagen der Balanced Scorecard

Die Balanced Scorecard (BSC) wurde von P.S. Kaplan und D. P. Norton Anfang der 90er Jahre für den Bereich Standardcontrolling entwickelt. Es handelt sich um ein Instrument zur Verknüpfung der strategischen Planung mit operativen Plänen und

Maßnahmen zu deren Umsetzung. Man kann damit die Verwirklichung einer Strategie überwachen oder gegebenenfalls anpassen (vgl. Kaplan, R., S.; Norton, D., P.: (1997), S. 15). Die in der Balanced Scorecard beschriebenen Maßnahmen werden oft in Form von Projekten umgesetzt.

Der Einsatz ist unabhängig von der Betriebsgröße. Hierzu finden sich Beispiele in Großbetrieben, aber auch in kleineren mittelständischen Unternehmen (vgl. Gadatsch, A.; Mayer, E.: (2006), S. 217). Ein weiterer Vorteil ist auch darin zu sehen, dass die Balanced Scorecard eines Unternehmens bis hin auf einzelne Projektebenen aufgeschlüsselt werden kann. Hierzu werden die Leitziele des Unternehmens auf die einzelnen Unternehmensbereiche aufgeteilt und daraus Balanced Scorecards für einzelne Projekte oder sogar bis auf die Mitarbeiterebene konkretisiert. Dabei liegt bei der Balanced Scorecard auf Unternehmensebene der Schwerpunkt auf einer strategischen Ausrichtung, während bei den projektbezogenen Balanced Scorecards eher eine operative Ausrichtung gegeben ist. In Abbildung 94 werden die Einsatzebenen grafisch dargestellt (vgl. Engstler, M.; Dold, C.: (2003), S. 132).

Mit kaskadierenden Scorecards können Strategien des Unternehmens bis tief in die Organisation hinein getragen werden, sodass auch in operativen Abteilungen eine strategische Ausrichtung möglich ist (vgl. Wefers, M.: (2000), S. 126 f.). Werden Balanced Scorecards für Unternehmensbereiche oder sogar für IT-Projekte verwendet, ist auf eine sorgfältige Abstimmung zu achten (Abbildung 95). Diese Abstimmung kann zusammen mit dem Topmanagement erfolgen. Dabei werden ausgehend von den übergeordneten strategischen Zielen der Stellenwert und der Beitrag des Projektes für den Unternehmenserfolg herausgearbeitet.
Ebenfalls wird empfohlen, dass das Projektmanagement über ein hohes Maß an Verantwortungsautonomie verfügt, damit eigenverantwortlich über Teilstrategien und über die Maßnahmen entschieden werden kann (vgl. Gadatsch, A.; Mayer, E.: (2006), S. 119).

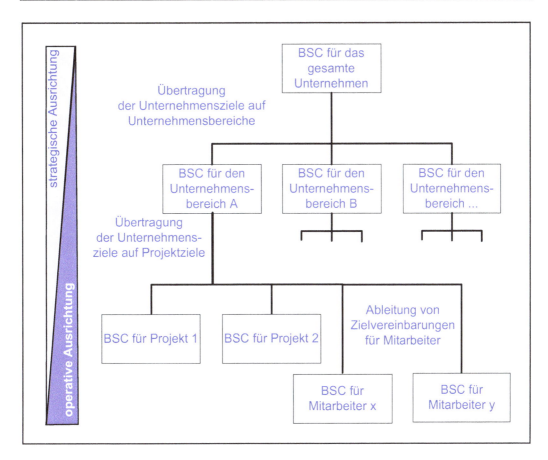

Abbildung 94:   Hierarchische Kaskadierung der Balanced Scorecard

Die BSC fordert nun eine klare Transformation der Unternehmensziele und der Strategie in ein geschlossenes Bündel von Zielsetzungen, Kennzahlen, Vorgaben und Maßnahmen. Diese sind voneinander abhängig. Ausgehend von einer Unternehmensvision oder Unternehmensstrategie werden Ziele abgeleitet und daraus Vorgaben und Maßnahmen gebildet. Abbildung 96 verdeutlicht den Zusammenhang zwischen den Kennzahlen und den treibenden Faktoren für eine zukünftige Leistung an einem Beispiel.

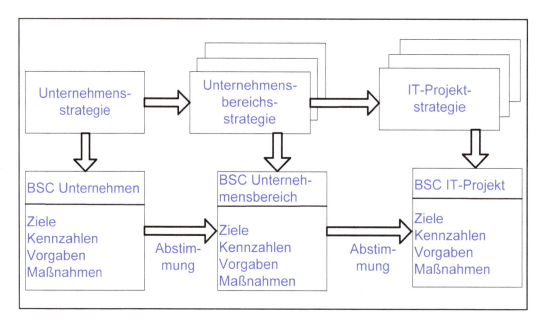

Abbildung 95:   Abstimmung und Integration der IT-Balanced Scorecard

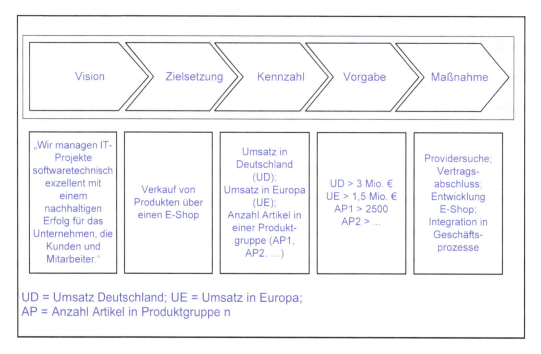

Abbildung 96:   Zusammenhang zwischen den treibenden Faktoren einer zukünfti-
                  gen Leistung

Anschließend werden die Zielsetzungen, Kennzahlen, Vorgaben und Maßnahmen auf mehrere Perspektiven verteilt. Damit können nun Bereichsleiter bis hin zu IT-Projektleitern / Mitarbeitern messen, inwieweit ihr Bereich an der zukünftigen Unternehmenswertschöpfung beteiligt ist.

6.4.1.2 Perspektiven der Balanced Scorecard

Typischerweise werden folgende Perspektiven (Abbildung 97) unterschieden[33]
- Finanzielle Perspektive
- Kundenperspektive
- Perspektive der internen Betriebsabläufe
- Perspektive Lernen und Entwicklung

Jede Perspektive umfasst mindestens ein Ziel und jedem Ziel wird mindestens eine Messgröße zugeordnet. Sofern ein Ziel nicht quantitativ messbar ist, können ersatzweise auch Indikatoren verwendet werden.

Von zentraler Bedeutung ist, dass alle Ziele aus der „Kundenperspektive", der „Perspektive der internen Betriebsabläufe" und der „Perspektive Lernen und Entwicklung" untereinander in Beziehung stehen und mit mindestens einem Ziel aus dem Bereich „finanzielle Perspektive" verknüpft werden. Dadurch wird die herausragende Stellung der finanziellen Perspektive unterstrichen und quasi eine Unterordnung der Ziele und Maßnahmen aus den anderen Perspektiven erreicht. Die Perspektiven sollen in einem Gleichgewicht (balance) stehen.

---

[33] Eine Erweiterung / Änderung der Perspektiven ist durchaus möglich. So wird z.B. von Kütz vorgeschlagen, im IT-Bereich sechs Perspektiven (Finanzmanagement, Kundenmanagement, Prozessmanagement, Lieferantenmanagement, Mitarbeitermanagement und Innovationsmanagment) zu verwenden (vgl. Kütz, M.: (2007), S. 70).

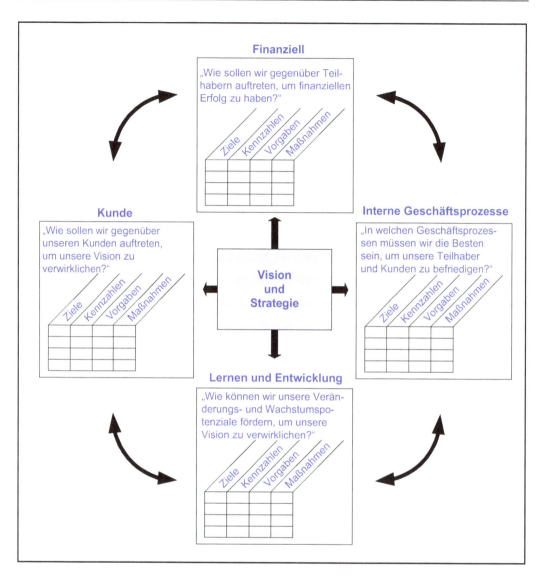

Abbildung 97:   Grundsätzlicher Aufbau einer Balanced Scorecard (Kaplan, R., S.; Norton, D., P.: (1997), S. 9)

a) Finanzielle Perspektive

Durch den Aufbau und die Finanzierung einer Organisation (Unternehmen oder auch einzelne Abteilungen) wird ein bestimmter finanzieller Zweck verfolgt. Der Einsatz von Finanzmitteln und der finanzielle Nutzen der Investition werden im Rahmen der finanziellen Perspektive betrachtet. Hierzu hat die Betriebswirtschaftslehre schon recht lange Kennzahlen und Kennzahlensysteme entwickelt.

Beispiele:

- Umsatzsteigerung durch ein Web-Portal um 20%
- Umsatzrendite von 10%
- 60% des zusätzlichen Umsatzes sollen in Deutschland, der Rest in der EU erzielt werden.
- Budget für das IT-Projekt
- Anteil der IT-Kosten an den Gesamtkosten

b) Kundenperspektive

Durch ein IT-Projekt werden Leistungen erbracht, für die es Abnehmer gibt. Diese stellen die Kundenperspektive dar. In dieser Perspektive wird versucht, das IT-Projektmanagement zu beurteilen. Dazu werden Kennzahlen aus den Kategorien Zeit, Qualität, Service oder Preis verwendet (vgl. Horváth, P.: (2003), S. 264).

Beispiele:

- Lieferzeit für Softwareprodukte / Änderungen
- Lizenzkosten
- Kosten für Wartungsverträge
- Kundenzufriedenheit

c) Perspektive der internen Betriebsabläufe

Die innerbetrieblichen Abläufe sind im Hinblick auf die Kundenzufriedenheit und den möglichst schonenden Umgang mit den bereitgestellten Ressourcen zu beschreiben. Diese Sicht gibt also Auskunft, was innerbetrieblich getan werden muss, um die Kundenerwartungen einerseits und die Erwartung derjenigen, die die Ressourcen zur Verfügung stellen, zu erfüllen. Hierauf haben z.B. folgende Faktoren Einfluss: Qualitätseigenschaften des Produktes, Lieferzeiten oder die Produktivität (vgl. Horváth, P.: (2003), S. 264).

Beispiele für Qualitätseigenschaften von IT-Produkten:

- Funktionalität / Qualität der Softwareprodukte
  - Suchfunktionen in Produktdatenbanken
  - Möglichkeiten zur Bezahlung von Internetbestellungen und zum Download von digitalen Produkten
- Fehlerrate des IT-Produktes
- Einhaltung von Service Level Agreements (SLAs)

d) Perspektive Lernen und Entwicklung

Gerade bei IT-Projekten kann man langfristig nur erfolgreich sein, wenn es gelingt, mit dem ständigen Wandel in den Bereichen Hardware, Software oder Methodenänderungen Schritt zu halten.

Durch diese Kennzahlen soll versucht werden, die Fähigkeit des Unternehmens sich zu verbessern zu beschreiben. Diese Kennzahlen stellen die Notwendigkeit von Investitionen in die Zukunft heraus. Typische Beispiele sind das Durchschnittsalter der Produkte, der Anteil von Forschungsaufwendungen am Umsatz oder auch die Ausgaben für die Qualifizierung der Mitarbeiter.

6.4.1.3   Ein Beispiel für eine Balanced Scorecard

In Abbildung 98 wird ein einfaches Beispiel für eine Balanced Scorecard für IT-Projekte dargestellt (vgl. Gadatsch, A.; Mayer, E.: (2006), S. 123 f.).

Nicht alle Ziele können mit entsprechenden Kennzahlen direkt gemessen werden. Aus einer Kennzahl kann noch keine direkte Aussage getroffen werden, sondern sie ist interpretationsbedürftig. Man kann z.B. jeder Kennzahl neben dem Planwert noch eine Interventionsgrenze vorgeben, die, wenn sie erreicht ist, eine bestimmte Maßnahme auslöst. Ebenfalls können subjektive Kennzahlen wie „Anwenderzufriedenheit" durch eine vorher festgelegte Gruppe zu einem vorgegebenen Zeitpunkt beurteilt werden. Als Interventionsgrenze könnte man „befriedigend" festlegen und damit Maßnahmen verbinden, die getroffen werden, wenn die Bewertung schlechter ausfällt (vgl. Richter, R.: (2003), S. 85).

Finanziell	IT-Prozess
Ziel: Umsatz und Ertragssteigerung durch Verkauf von Produkten über einen E-Shop Kennzahlen: Investitionssumme, Umsatz, Anzahl Artikel aus einem Produktbereich (A_{P1}, A_{P2}) Vorgaben: U > 3 Mio. € A_{P1} > 1400 , A_{P2} > 700 Return on Investment (ROI) > 10% Maßnahmen: Investitionen ROI monatlich je IT-Maßnahme erheben	Ziel: E-Shopentwicklung Kennzahlen: Entwicklungsaufwand (EA), Entwicklungsdauer (ED) Vorgaben: ED < 8 Monate EA < 1,5 Mio. € Maßnahmen: Providersuche Vertragsabschluss E-Shop Entwicklung Integration in die Geschäftsprozesse
Kunde	Lernen und Entwicklung
Ziel: E-Shop mit komfortablen Funktionen und Integrationsmöglichkeiten für Geschäftsprozesse zur Anwenderzufriedenheit (AZ) Kennzahlen: Umsatzanteil am Unternehmensumsatz (U_e) Kosten pro Transaktion (K_T) AZ von „sehr gut, gut, ... - ..., unzureichend" Vorgaben: U_e > 15% K_T < 0,80 € Maßnahmen: Kunden befragen, Anforderungen bezüglich der Schnittstellen ermitteln	Ziel: IT-Personal mit Kenntnissen im Bereich Systementwicklung für E-Business-Anwendungen ausbilden Kennzahlen: Anzahl Weiterbildungstage / Mitarbeiter (W_T); Aufbau Test- und Ausbildungssysteme (T_S) Vorgaben: W_T < 7 Tage / Mitarbeiter T_S < 9.000 € Maßnahmen: Anforderungsprofile der Mitarbeiter prüfen / ändern Schulungsplan erstellen

Abbildung 98:   Beispiel einer Balanced Scorecard für IT-Projekte

6.4.1.4   Balanced Scorecard und Software-Tools

Obwohl es keine Standardisierungen im Bereich Balanced Scorecard gibt und jedes Mal eine unternehmensindividuelle Erstellung erforderlich ist, gibt es dennoch Möglichkeiten, die Balanced Scorecards durch Software-Tools zu unterstützen.

Häufig werden Tabellenkalkulationsprogramme oder Datenbanksysteme hierzu verwendet. Auch wurden in den letzten Jahren Standardsoftwaresysteme wie SAP SEM (vgl. Sinzig, W.: (2002), S. 1532 ff.), ARIS, Business-Intelligence-Lösungen oder Management Information Systems um Funktionalitäten für Balanced Scorecards erweitert.

Eine weitere Möglichkeit zur Nutzung von BSC-Funktionalität bieten separate Produkte wie „hyScore BSC[34]" oder „ScorePrice Business[35]", um nur zwei Beispiele zu nennen, die es für wenige Hundert bis zu mehreren Tausend Euro zu kaufen gibt.

6.4.1.5   Vor- und Nachteile

Schon seit einigen Jahren wird die Balanced Scorecard in Unternehmen eingesetzt und wissenschaftlich diskutiert. Nachfolgend sollen zusammenfassend die wesentlichen Vor- und Nachteile kurz betrachtet werden.

Vorteile der Balanced Scorecard:

– Durch eine Balanced Scorecard für IT-Projekte steht ein Controlling-Konzept mit einer ganzheitlichen Unternehmensorientierung zur Verfügung.

– Mit einer Balanced Scorecard können die Leistungen einzelner Projekte mit den Zielen des Unternehmens verknüpft werden.

– Die Projektmanager können schnell und umfassend den Leistungsstand der IT-Projekte erkennen.

– Eine schnelle Umsetzung der Unternehmensstrategie ist möglich, da Visionen / Strategien mit Hilfe von Kennzahlen operationalisiert werden.

– Es kann eine Aufteilung der Verantwortung auf mehrere Bereiche erfolgen.

– Durch die Ableitung von Balanced Scorecards für Teilbereiche und Projekte lässt sich ein systematischer und durchgängiger Prozess auf Detailebene mit einer Rückkopplung zur Unternehmensstrategie installieren. Damit kann die Balanced Scorecard zur Grundlage für die Unternehmensführung werden (vgl. Horváth & Partners: (2003), S. 220).

– Es erfolgt eine Übertragung der Unternehmensstrategie auf konkrete Kennzahlen.

– Eine Aufteilung der Unternehmensstrategie auf mehrere Perspektiven und damit auf alle Unternehmensebenen ist möglich.

– Durch die Balanced Scorecard lassen sich Ziele bis auf die Mitarbeiterebene herunterbrechen und daraus Zielvereinbarungen ableiten.

---

[34] hyScore BSC ist ein Produkt der hyperspace GmbH Peine.

[35] ScorePrice Business ist ein Produkt der ScorePrice Business Solution GmbH Neu-Ulm.

Nachteile der Balanced Scorecard:

- Die Fokussierung erfolgt weitgehend auf unternehmensinterne Fragestellungen. Nur über die Kundenperspektive können externe Aspekte berücksichtigt werden (vgl. Gabriel, R.; Beier, D.: (2003), S. 147).

- Der Erstellungsaufwand steigt in Abhängigkeit vom Detaillierungsgrad.

- Über die zu verwendenden Kennzahlen gibt es keine genauen Hinweise.

- Die Ableitung einer Vielzahl an Zielvorstellungen, Kennzahlen und Maßnahmen kann auf Projektebene im praktischen Alltag problematisch sein. I.d.R. dürfte sich das Instrument Balanced Scorecard nicht für Kleinprojekte, sondern hauptsächlich für strategische IT-Projekte eignen.

6.4.2 Earned Value Analyse

Die „*Earned Value Analyse*" (EVA), Arbeitswertanalyse oder einfach „*Earned Value*" genannt, wurde in den 60er Jahren durch das amerikanische Verteidigungsministerium im Rahmen des „*Cost / Schedule Control Systems Criteria*" (C/SCSC) entwickelt, um Projekte besser kontrollieren und ihren Status überwachen zu können (vgl. Kütz, M.: (2005), S. 194). Das *Project Management Institute* (PMI) hat die Earned-Value-Analyse als einen grundlegenden Bestandteil in ihr Konzept aufgenommen und erwartet im Rahmen der Zertifizierung zum *Project Management Professional* umfassende Kenntnisse dieser Methode.

Der große Vorteil der Earned-Value-Analyse liegt in der gleichzeitigen Bewertung des wertmäßigen und zeitlichen Verlaufs eines Projektes in einem kombinierten Analyseschritt. Sie wird im Rahmen der Projektsteuerung eingesetzt und eignet sich auch zur Prognose des weiteren Projektverlaufs. Damit stellt sie eine wichtige Hilfe für die Projektverantwortlichen im Rahmen eines Frühwarnsystems dar.

Bei der Analyse werden die Zielgrößen
- Termine, Kosten und Leistung
betrachtet.

Ausgehend von der Sichtweise, dass man ein Projektziel kaum erreichen kann, wenn man nicht die laufenden Projektaktivitäten ständig mit den Zielvorgaben vergleicht, wird im ersten Schritt der Projektstrukturplan näher betrachtet. Der Projektstruktur-plan (*Work-Breakdown-Structure* (WBS)) verweist auf die einzelnen Arbeitspakete, aus denen wiederum die geplanten Kosten und geschätzten Zeiten ersichtlich sind. Der Projektmanager muss entscheiden, wie granular er die Analyse betreiben möch-te und auf welcher Ebene des Projektstrukturplans eine Kosten- und Zeitzuordnung vorgenommen wird. Je tiefer die Hierarchieebene gewählt wird, desto genauer kann die spätere Auswertung erfolgen, aber umso größer ist auch der Aufwand für die Ermittlung der Daten und der aktuellen Werte. Ein in der Praxis üblicher Ansatz ist die Ausgestaltung der Planung und Überwachung bis auf die dritte Ebene der Pro-jekttätigkeiten. Der Projektleiter sollte aber insbesondere aus seiner Erfahrung und natürlich anhand der Größe des Projektes flexibel agieren. Insbesondere im Fall hoher Komplexität sollte das Projekt in dedizierte Teilprojekte zerlegt und betrachtet werden, um die Mechanismen zur Auswertung sinnvoll einsetzen zu können. Nach-folgend wird die Earned-Value-Analyse in mehreren Schritten dargestellt (vgl. Pfet-zing, K.; Rohde, A.: (2006), S. 294 f.).

1.   Planned Value (PV)

Die geplanten Kosten („*Planned Value*")[36] der einzelnen Arbeitspakete werden über die Projektlaufzeit vom Anfang bis zum Ende ermittelt und über der Zeit kumuliert. Es handelt sich dabei um eine Schätzung, die auf Erfahrungswerten und Erwartun-gen beruht. Durch die geplanten Kosten wird die Messlatte für das gesamte Projekt festgelegt. Dieser Wert sollte deshalb entsprechend zuverlässig ermittelt werden, wobei eine Zuverlässigkeit nicht unbedingt durch eine hohe Granularität erreicht werden kann. Wenn alle Arbeitspakete in einem Projekt bewertet worden sind und ein Projektplan den zeitlichen Ablauf der Tätigkeiten widerspiegelt, kann man wäh-rend der Projektumsetzung mit Hilfe von zwei weiteren Parametern, den Actual Costs und dem Earned Value die Kontrolle des Projektes einleiten.

---

[36] Das PMI hat die Nomenklatur in der neuen Auflage des PMBOK geändert. Die frühere Bezeichnung lautete „*Budgeted Cost Work Scheduled*" (BCWS).

2. Actual Costs (AC)

Mit dem Wert Ist-Kosten („*Actual Cost*")[37] werden die tatsächlichen Kosten im Projektverlauf in kumulierter Form erfasst. Die Kurve beginnt mit 0 und endet nach Projektabschluss mit den Projektgesamtkosten. Sie geben also wieder, welcher Aufwand bisher tatsächlich in das Projekt investiert wurde. Die gemessene Einheit muss dabei natürlich der Einheit der geplanten Kosten (PV) entsprechen, um die Daten vergleichbar und auswertbar zu machen.

Mit einem geeigneten Werkzeug zur ständigen Erhebung und Sammlung der angefallenen Kosten sind diese Werte einfach zu ermitteln. Oft werden die Ist-Kosten auch vom Projektcontrolling oder der Kostenrechnung zur Verfügung gestellt. Wird hier allerdings nicht sorgfältig auf alle Projektteile abgehoben, so kommt es zu einer Verfälschung des Ergebnisses und somit zu einer unzuverlässigen Aussage bzgl. des Projektstatus.

3. Earned Value (EV)

Viel schwieriger ist es den Fertigstellungswert („Earned Value") zu ermitteln[38], von dem dieses Verfahren seinen Namen hat. Um diesen Wert dreht sich bei der Statuskontrolle alles. Hieraus werden die Kennzahlen gebildet. Der Fertigstellungswert beschreibt das Ergebnis der realisierten Arbeit. Da die Ist-Kosten und die geplanten Kosten in Währungseinheiten angegeben werden, muss auch der Fertigstellungswert diese Dimension aufweisen.

Leider ist der Fertigstellungswert in der Regel schwer zu ermitteln oder verursacht einen erheblichen Berechnungsaufwand. Aus diesem Grund werden mehrere Alternativen vorgeschlagen, die man zur Ermittlung verwenden kann. Hierzu einige Beispiele:

---

[37] Frühere Bezeichnung: „*Actual Cost Work Performed*" (ACWP)

[38] Frühere Bezeichnung: „*Budgeted Cost Work Performed* " (BCWP)

Die Fertigstellung von Arbeitspaket A (Modul) dauert 10 Tage und der Gesamtaufwand beläuft sich auf 20.000 €.

Alternative 1: Nach n Tagen wird angenommen, dass 20.000 € / n Tage verbraucht worden sind. Man geht also von einer Gleichverteilung der Kosten über den Herstellungszeitraum des Moduls aus.

Alternative 2: Mit der Freigabe eines Arbeitspakets wird ein Budget von 50%, in diesem Fall also 10.000 € veranschlagt. Die verbleibenden 50% werden berechnet, wenn das Arbeitspaket abgeschlossen wurde.

Alternative 3: Wenn es sich bei dem betrachteten Arbeitspaket um eine von vielen kleinen Aufgaben handeln würde, so können die Kosten erst nach Fertigstellung zu 100% verrechnet werden.

Alternative 4: Berechnung des Fertigstellungswertes nach dem prozentualen Fertigstellungsgrad.

Von den oben angegebenen *Alternativen* sollte immer die gewählt werden, die hinsichtlich Größe, Struktur, gewünschter Berechnungstiefe und Effektivität am besten zum Projekt passt. Eine einheitliche Vorgabe gibt es nicht.

Aufgrund der Handhabung ist aber *Alternative* 1 sicherlich eine der einfachsten und in der Summe über alle Aktivitäten relativ genau. *Alternative* 2 erscheint tatsächlich nur bei sehr kurzen Aktivitäten eine verlässliche Aussage zu geben. Für *Alternative* 3 ist es notwendig, dass man die Fertigstellung der Arbeitspakete sehr genau schätzen bzw. anhand weiterer Parameter angeben kann. Dies ist teilweise aufwendig. Bei *Alternative* 4 betrachtet man zunächst den prozentualen Fertigstellungsgrad (=Fortschrittsgrad).[39] Dabei handelt es sich um eine Kennzahl, mit der sich der aktuelle Projektstatus darstellen lässt. Ein Fertigstellungsgrad von 0 bedeutet, dass das Projekt noch nicht angefangen wurde. Ein Fertigstellungsgrad von 100 bedeutet, dass das Projekt abgeschlossen ist. Der Fertigstellungsgrad kann z.B. auf der Basis der rückgemeldeten oder fertiggestellten Arbeitspakete ermittelt werden.

Die drei beschriebenen Kennzahlen werden in einer Grafik dargestellt, um einen schnellen Überblick zu bekommen, aber auch um einen Trend einfacher erkennen zu können.

---

[39] vgl. hierzu Kapitel 5.3.3.7

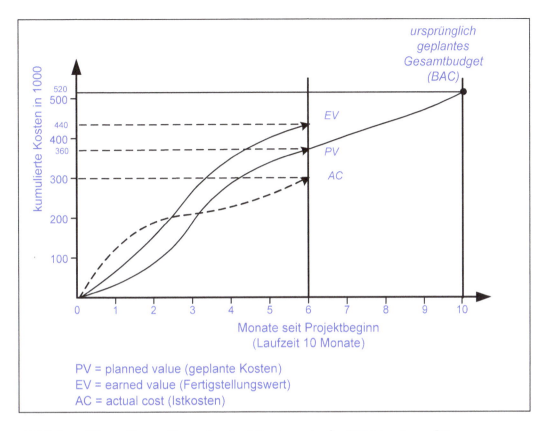

Abbildung 99: Darstellung der drei Basiswerte der EVA in einem Diagramm

So wie in Abbildung 99 dargestellt, zeigt sich das Beispielprojekt in dem folgenden Zustand:

a) Das Projekt soll 10 Monate nach Beginn der Arbeiten mit einem ursprünglich geplanten Gesamtbudget von 520.000 € fertig gestellt sein (budget at completion = BAC).

b) Zum Zeitpunkt t_0+6 (Projektstart + 6 Monate) hätten geplante Aktivitäten im Wert von 360.000 € ausgeführt sein müssen (siehe Pfeilspitze auf Kurve PV (planned value)).

c) Tatsächlich sind aber bereits Leistungen im Wert von 440.000 € erstellt worden (siehe EV).

d) Weiterhin liegen die Kosten für die bisher erbrachten Leistungen bei 300.000 € (siehe Kurve AC).

Insgesamt lässt sich die Projektsituation nun folgendermaßen beschreiben:
Hinsichtlich der fertig gestellten bzw. durchgeführten Aktivitäten liegt das Projekt besser als geplant, also zeitlich über Plan. Dabei sind die Kosten für die erbrachten Leistungen sehr viel geringer, also unterhalb der geplanten Kosten. Ausgehend von dem aktuellen Zeitpunkt sieht es so aus, als ob das Projekt früher abgeschlossen werden kann und dabei geringere Kosten als vorgesehen entstehen werden.

Um einen effektiveren Überblick zu bekommen, reicht die Betrachtung der absoluten Werte nicht aus. Weiterhin möchte man auch erfahren, wie das Endergebnis konkret aussehen wird. Aus diesem Grund werden die Werte PV, AC und EV weiter untersucht.

4. Cost Variance (Kostenabweichung (CV))

       Cost Variance berechnet sich aus der Differenz zwischen EV und AC:

$$CV = EV - AC$$

5. Kosten-Performance (Cost Performance Index (CPI))

       Als etwas aussagekräftiger wird meist der „*Cost Performance Index*" betrachtet. Er ergibt sich aus dem Verhältnis von EV und AC:

$$CPI = EV / AC$$

6. Schedule Variance (Terminplanabweichung (SV))

       Hier wird die „*Schedule Variance*", also die Abweichung zwischen dem Fertigstellungswert und dem geplanten Wert zum Zeitpunkt t betrachtet.

$$SV = EV - PV$$

7. Termin-Performance (Schedule Performance Index (SPI))

       Der dazugehörige prozentuale Wert, der „*Schedule Performance Index*" (SPI) wird berechnet mit:

$$SPI = EV / PV$$

Bezieht man diese Berechnung auf das Beispiel in Abbildung 100, so erhält man folgende Werte:

Beispiel:

$$EV = 420.000 \, €$$
$$PV = 360.000 \, €$$
$$AC = 320.000 \, €$$
$$CPI = 420.000 \, € \, / \, 320.000 \, € = 1,3125$$
$$SPI = 420.000 \, € \, / \, 360.000 \, € = 1,6666$$

Abbildung 100:   Beispiel EVA mit CPI- und SPI-Berechnung

Bei einer Projektabwicklung nach Plan liegen die Indices bei 1,0. Stellt man fest, dass der aktuelle CPI oder der SPI über 1,0 bzw. unter 1,0 liegen, kann man folgende Aussagen hinsichtlich der Fertigstellungszeit und dem Kostenvolumen treffen.

Im Beispielprojekt ergibt sich eine positive Kostenperformance von 131%. Mit dem eingesetzten Kapital sind also wesentlich umfangreichere Aktivitäten durchgeführt worden als geplant. Man kann jedoch nicht automatisch sagen, dass auch der zeitliche Plan übertroffen wird, denn geringere Kosten könnten auch durch weniger Aktivitäten entstanden sein. Darum ist es notwendig, auch den zweiten Wert zu sehen, der aussagt, dass hinsichtlich des geplanten Fertigstellungsgrads eine positive Performance von 166% erreicht wurde.

Insgesamt liegt das Projekt also 66% über dem zeitlichen Plan und der Mehrwert der erstellten Leistungen ist um 31% über der Planung.

8.   Erwartete Gesamtkosten zum aktuellen Zeitpunkt (Estimated at Completion (EAC))

Für die Kennzahl „*Estimated at Completion*" (EAC) gibt es verschiedene Rechenmodelle, die sich hinsichtlich der Genauigkeit unterscheiden.

In der einfachsten Version wird davon ausgegangen, dass das aktuelle Verhältnis zwischen Ist-Kosten (AC) und dem Fertigstellungswert (EV) multipliziert mit dem ursprünglich geplanten Gesamtbudget (BAC) über die gesamte Restlaufzeit des Projektes gleich bleibt.

$$EAC = (AC \, / \, EV) * BAC$$

In der zweiten Form bewertet man den Teil der begonnenen und bereits abgeschlossenen Aktivitäten mit den aktuellen Ergebnissen und addiert den Restwert entsprechend der ursprünglichen Kalkulation.

EAC = (AC / EV) * (*geplanter Wert der zu diesem Zeitpunkt fertig gestellten und begonnenen Aktivitäten*) + (*geplanter Wert der noch fertig zu stellenden Aktivitäten*)

Die dritte Variante geht davon aus, dass die aktuellen Kosten um die Kosten ergänzt werden, die zur Fertigstellung der verbleibenden Aktivitäten benötigt werden:

EAC = AC + (*der geplante Wert aller Aktivitäten, die noch fertiggestellt werden müssen*)

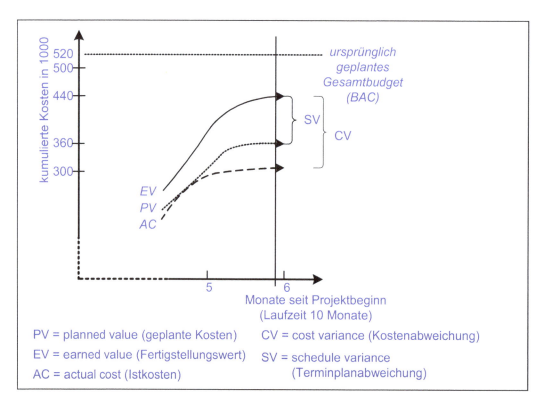

Abbildung 101:   Grafische Darstellung von SV und CV

Es ist zu beachten, dass bei einigen dieser Berechnungen festgelegt sein muss, wie die Kostenzuordnung bei Halbfertigprodukten bzw. laufenden Aktivitäten bewertet werden.

Als Abschluss kann jetzt noch kalkuliert werden, welchen Anteil der Gesamtleistung man bereits erbracht hat, wenn man als Bezugspunkt den erwarteten Fertigstellungswert heranzieht.

Der prozentuale Fertigstellungsgrad wird aus dem Quotient zwischen EV und BAC berechnet.

$$\text{Fertigstellungsgrad [\%]} = (EV / BAC) * 100$$

Das prozentual bisher eingesetzte Kapital ergibt sich aus dem Quotient zwischen AC und BAC:

$$\text{Anteil des bisher eingesetzten Kapitals [\%]} = (AC / BAC) * 100$$

Nach Berechnung bzw. manueller oder automatischer Auswertung können mit Hilfe der Daten der Earned Value Analyse die folgenden Fragen beantwortet werden:

1.) Wie sieht der Status des Projektes zum aktuellen Zeitpunkt aus?

2.) Wie sieht der Status voraussichtlich am Ende des Projektes aus?

Damit liefert die *Earned Value Analyse* eine aussagekräftige Darstellung der Projektperformance. Man muss sich allerdings darüber bewusst sein, dass die Analyse eine sehr genaue Vorarbeit verlangt und im Rahmen der Auswertungen alle Aspekte betrachtet werden müssen.

Durch den unterschiedlichen Einsatz verschiedener Ansätze kann man die Komplexität der Berechnungen und die Tiefe der Annahmen sehr gut steuern. Es ist aber immer darauf zu achten, dass, basierend auf den Annahmen, die Auswertungen vollständig durchgeführt werden. In vielen Fällen ist es besser, auf eine hohe Genauigkeit zu verzichten.

6.4.3   Risikomanagement

Allgemein versteht man unter Risiko:

„…die kalkulierte Prognose eines möglichen Schadens bzw. Verlustes im negativen Fall (Gefahr) oder eines möglichen Nutzens bzw. Gewinns im positiven Fall (Chance)" (wikipedia).[40]

Beispiele für Risiken in IT-Projekten sind aus der in Abbildung 102 dargestellten Checkliste zu entnehmen.

Die Angst vor Risiken ist bei Projekten allgegenwärtig. Sie kann durch folgende Aussagen verringert werden:

1. In jedem Projekt gibt es Risiken.
2. Je risikoreicher ein Projekt ist, desto größer ist oftmals sein potentieller Nutzen im Erfolgsfall.
3. Nicht jedes ermittelte Risiko tritt ein.
4. Unvorhergesehene Ereignisse sind in der Regel schwieriger zu lösen als geplante Risiken.

Unter Risikomanagement versteht man die Art und Weise, wie man beabsichtigt mit Risiken umzugehen. Dies beinhaltet
– die Identifikation und Analyse von Risiken,
– die Beurteilung und Einschätzung von Risiken,
– die Entwicklung von Strategien im Umgang mit Risiken sowie
– die Kontrolle und Überwachung der Risiken
während der Projektumsetzung.

Hindel et al. berichten von einer Untersuchung von Projekten, die außer Kontrolle geraten sind. Dabei wurde festgestellt, dass bei 55% gar kein Risikomanagement betrieben wurde, bei 38% nur halbherzig ein Risikomanagement vorhanden war und in 7% der Fälle wusste man nicht, ob ein Risikomanagement überhaupt gemacht wurde (vgl. Hindel, B.; Hörmann, K.; Müller, M.; Schmied, J.: (2004), S. 143). In einer neueren Studie stellt Rezagholi ähnliche Ergebnisse fest. Danach war in 53%

---

[40] Wikipedia (2007): Risiko; http://de.wikipedia.org/wiki/Risiko; Abruf am 1.7.2007

der untersuchten Projekte in der Softwareentwicklung kein Risikomanagement und in 38% der Fälle lediglich ansatzweise ein Risikomanagement vorhanden. Nur in 9% wurde Risikomanagement systematisch betrieben (vgl. Rezagholi, M.: (2007), S. 94 f.).

Technische Risiken
   – Hardwareausfall
   – erstmaliger Einsatz von Tools, Hard- und Softwarekomponenten
   – fehlerhafte Verwendung von Entwicklungstools
   – mangelhafte Integration in das IT-Produktumfeld
   – fehlerhafte Einschätzung in der künftigen Technologieentwicklung
Finanzielle Risiken
   – zu geringe Ressourcenausstattung
   – nicht einzuhaltende Terminvorgaben
   – Prognosefehler bei der Schätzung des Ressourcenverbrauchs
   – unrealistische Budgets
Personelle Risiken
   – mangelnde Qualifikation der IT-Projektmitarbeiter
   – unerfahrene IT-Projektmitarbeiter
   – unerfahrener IT-Projektleiter
   – mangelnde Kooperationsbereitschaft der IT-Projektmitarbeiter
Produktrisiken
   – zu hohe Komplexität des Endproduktes
   – fehlerhafte Projektstrukturierung
   – Fehler bei der Bildung von Arbeitspaketen
   – fehlerhafte Funktionen
   – Design- und Implementierungsfehler
   – zeitaufwändige Fehlerbehebung
Organisatorische Risiken / Prozessrisiken
   – Qualitätsmängel im Endprodukt
   – mangelnde Unterstützung durch die Fachabteilungen
   – fehlerhafte Zuliefererprodukte
Managementrisiken
   – unklare Projektziele
   – unklarer Projektantrag
   – unklarer Projektauftrag
   – Prognosefehler bei der Schätzung von Projektzeiten
Risiken im Anwendungsumfeld
   – unklare und unvollständige Benutzerwünsche
   – Widerstände bei den Betroffenen
   – behördliche Widerstände

Abbildung 102:   *Beispiel für eine Risikocheckliste*

Die Anwendung eines geeigneten Ansatzes für das Risikomanagement stellt deshalb einen kritischen Erfolgsfaktor für das Projektmanagement dar. Aufgrund der besonderen Risiken bei IT-Projekten kann man es als eine Art „Lebensversicherung" betrachten. Richtig angewendet schützt und warnt ein geeignetes Verfahren sowohl das Projektteam als auch die Projekt-Stakeholder und -Auftraggeber vor unvorhersehbarem Aufwand, Kosten oder Projektverzögerungen. Integriert und als grundlegenden Prozess in einem Unternehmen eingerichtet, stellt Risikomanagement natürlich auch einen wichtigen Bestandteil der jeweiligen IT-Governance[41], also der Steuerung und Kontrolle der gesamten Organisation, dar.

Die Abschätzung von Risiko und Nutzen des Projektes stellt dabei einen komplexen Prozess dar, der auch in den strategischen Planungen des Unternehmens zu berücksichtigen ist. Durch die Verflechtung von Qualitäts- und Risikomanagement wird bereits bei der Auswahl von Projekten eine erste Risikoanalyse im Rahmen einer proaktiven Qualitätssicherung durchgeführt. In dem Zusammenhang wird zum Beispiel geprüft, ob ein Projekt überhaupt durchgeführt werden soll oder welches Projektvorgehen, bei einem Angebot von mehreren, das geeignete ist.

Allgemein bestehen Risiken aus drei Komponenten:
1. aus einem Ereignis, welches zum Eintritt des Risikos führt.
2. aus einer Wahrscheinlichkeit, mit der das Ereignis eintritt.
3. aus einer Auswirkung, die dieses Ereignis mit sich bringt.

Sinn und Zweck von Risikomanagement kann es nicht sein, ein Projekt vollkommen frei von möglichen Störeinflüssen zu gestalten. Vielmehr gilt es, die negativen Einflussfaktoren zu erkennen und so zu beeinflussen, dass die Auswirkungen beim Eintritt eines Risikos minimiert werden.

Es gibt eine Vielzahl von Ansätzen, in welcher Form Risikomanagement durchgeführt werden kann. Einigkeit herrscht im Wesentlichen darüber, dass es sich um

---

[41] Unter IT-Governance versteht man Grundsätze, Verfahren und Maßnahmen, die „sicherstellen, dass mit Hilfe der eingesetzten IT die Geschäftsziele abgedeckt, Ressourcen verantwortungsvoll eingesetzt und Risiken angemessen überwacht werden" (Meyer, M.; Zarnekow, R.; Kolbe, L.: (2003), S. 445).

einen kontinuierlichen Prozess handelt, der spätestens mit dem Projektbeginn einsetzt und bis zum Projektende aufrecht erhalten werden sollte.

Bei genauerer Betrachtung wird deutlich, dass die Wahrscheinlichkeit für den Eintritt einer Risikomenge mit zunehmender Projektdauer kleiner wird. Es steigt jedoch der Einfluss auf das Projekt als Ganzes, je weiter man sich dem geplanten Projektende nähert. Grafisch dargestellt findet man diese Aussage in Abbildung 103.

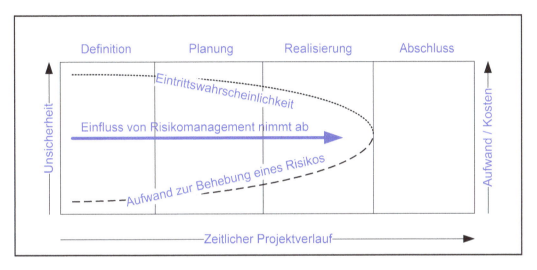

Abbildung 103:   Einfluss des Risikomanagements

Das Risikomanagement kann man sich als einen projektbegleitenden Prozess vorstellen, der sich aus folgenden vier Stufen zusammensetzt:

1. Identifikation von Risiken,
2. Analyse von Risiken,
3. Risiko Reaktionsplanung und
4. Risiken überwachen und Aktionen auslösen.

Diese Stufen gilt es nun etwas genauer zu betrachten.

6.4.3.1   Identifikation von Risiken

Bereits bei der Ermittlung von Risiken muss man entscheiden, ob in die Betrachtung nur diejenigen Ereignisse aufzunehmen sind, die eine negative Auswirkung auf das Projekt haben oder ob auch die Faktoren berücksichtigt werden, die zu einer positiven Veränderung des Projektergebnisses führen können. Die folgenden Ausführungen beschränken sich auf eine Risikobetrachtung mit negativen Auswirkungen. Letztendlich gilt das Beschriebene aber auch für Risiken mit positiven Effekten.

Das Ziel bei der Identifikation von Risiken ist eine möglichst vollständige Erfassung der im IT-Projekt zu erwartenden Risiken. Eine erste, umfassende Risikoidentifikation wird am Anfang eines Projektes durchgeführt. Hier sind einerseits die Unsicherheit und die Zahl der festgestellten Risiken am höchsten. Andererseits ist in dieser Phase der positive Einfluss durch eine proaktive Arbeitsweise auf den Projektverlauf am größten.

Risiken können im Rahmen eines Workshops untersucht werden. Dabei sollte die Durchführung des Workshops eine präzise Einweisung der Workshopteilnehmer vorsehen. Als guter Ansatz in großen Projekten hat sich hierbei die initiale Verwendung von Fragebögen erwiesen. Mit diesen kann eine Vorselektion der zu erwartenden Risiken von den späteren Workshopteilnehmern erfragt werden. Der Fragebogen wirkt darüber hinaus motivierend und integrierend auf die Teilnehmer. Durch eine Auswertung der Fragebogenergebnisse hat der Moderator die Möglichkeit, die spätere Workshopeffizienz zu verbessern. Das Ergebnis der Fragebogenaktion wird an Hand einer Auflistung der Risiken dokumentiert.

Diese können im Rahmen einer Vertiefung, Konkretisierung und Vervollständigung sehr schnell weiter untersucht werden. Dabei lassen sich auch Strukturen und Wechselwirkungen zwischen den Risiken und den möglichen Auswirkungen aufzeigen. Da die Ermittlung von Wechselwirkungen zwischen Entwicklungsalternativen im Qualitätsmanagement eine ebenso große Rolle spielt wie im Risikomanagement, werden diese Aufgaben häufig als eine Einheit betrachtet. Oft wird deshalb das Risikomanagement als Teil des Qualitätsmanagements angesehen. Beim Risikomanagement findet man deshalb Werkzeuge und Methoden, die auch im Qualitätsmanagement zum Einsatz kommen (FMEA[42], Ursache-Wirkungs-Diagramm[43]). Der Mo-

---

[42] FMEA = Fehler-Möglichkeits- und Einflussanalyse
Es handelt sich um eine Präventivmethode zur vorausschauenden Analyse möglicher Fehlerquellen.

[43] Ursache-Wirkungs-Diagramm = Fishbone-Diagramm

derator sollte in einem Workshop verschiedene Methoden mischen. Dies fördert bei der Risikosuche und später bei der Reaktionsplanung die Überwindung von Paradigmen und unterstützt den Kreativitätsprozess.

Beispiel für ein mögliches Vorgehen:
1. Erstellen eines Fragebogens zur Sammlung einer ersten Auswahl bereits erkannter Risiken.
2. Dokumentation der erfassten Risiken und Kategorisierung der Ergebnisse.
3. Ergänzen der Ergebnisse um weitere Haupteinflussgrößen.
4. Durchführung eines Workshops unter Verwendung einer Kreativitätsmethode (z.B. Brainstorming). Als Basis dienen die bereits festgestellten Risiken, deren Kategorien und die hinzugefügten Haupteinflussfaktoren.

6.4.3.2 Analyse von Risiken

Nachdem die Risiken für ein Projekt strukturiert gesammelt und aufgenommen wurden, wird eine Kategorisierung der Ergebnisse vorgenommen. Dieser Schritt ist notwendig, um bei der Planung der nachfolgenden Tätigkeiten den Fokus auf die Kernprobleme zu lenken. In dieser Phase muss besonders sorgfältig gearbeitet werden, damit kein Risiko bzw. keine besonders relevanten Ausprägungen eines Risikos unbetrachtet bleiben bzw. unterbewertet werden. Durch Kommunikation und Interaktion zwischen den Teilnehmern wird hinterfragt, ob z.B. die Elemente einer Kategorie tatsächlich die gleiche Kernaussage widerspiegeln.

Nach der Kategorisierung werden die Risiken bewertet. Abbildung 104 zeigt mehrere Bewertungskriterien, die hier zur Anwendung kommen können.

Jedes Risiko wird mit einer Eintrittswahrscheinlichkeit bewertet. Dabei ist es auch denkbar, dass lediglich eine Zuordnung zu einer Risikoklasse (z.B.: „Hoch", „Mittel" und „Niedrig")[44] erfolgt. Weiterhin wird beurteilt, wie groß die Auswirkungen auf das Projekt als Ganzes oder auf die Bestimmungsgrößen des Projektes (Leistung / Funktionalität, Projektdauer, Ressourcen und Qualität) sein werden, wenn das Risiko tatsächlich eintritt. Durch die funktionale Verbindung von Eintrittswahrschein-

---

[44] Eine weitere etwas feinere Klassifizierung könnte durch die Cluster „tolerierbar", „niedrig", „bedenklich", „kritisch" und „schwerwiegend" gebildet werden.

lichkeiten und der Auswirkung von Risiken ergibt sich eine Gesamtbewertung für die einzelnen Risiken.

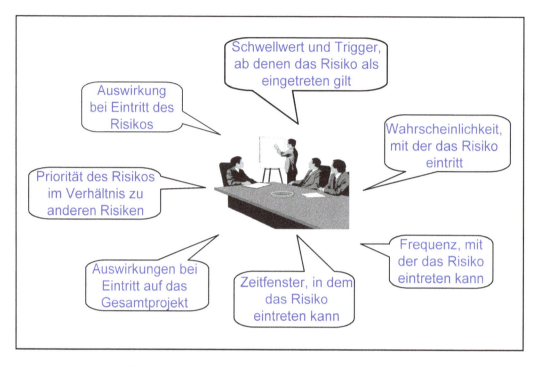

Abbildung 104:   Fragen im Rahmen der Risikoanalyse und Bewertung

Hinweis zur Durchführung:

Es werden nicht die *Auswirkungen* nach erfolgtem Einsatz einer geeigneten Gegenmaßnahme beschrieben, sondern es wird tatsächlich die Situation beim Eintritt des Risikos betrachtet. Hierzu ein vereinfachtes Beispiel in Tabelle 28.

Würde in diesem Beispiel der Einfluss dieses Risikos nach Realisierung der Gegenmaßnahme bewertet werden, so wären die Auswirkungen bzgl. der Projektdauer sicherlich niedrig. Wenn die Gegenmaßnahme jedoch nicht ergriffen wird, ist die Auswirkung im Schadensfall "hoch" und stellt einen erheblichen Unterschied dar, was allen Projektbeteiligten bewusst sein sollte.

Risiko:		Ausfall des Hauptrechners	
Eintrittswahrscheinlichkeit (p) für das Risiko		Niedrig	p = 0,2
Auswirkung auf die Bestimmungsgrößen des Projektes:			
Bestimmungsgröße	**Risikoklasse**		**p**
Leistung / Funktionalität	Niedrig		0,0
Ressourcen	Mittel		0,25
Projektdauer	Hoch		0,55
Qualität	Niedrig		0,0
Schadenshöhe			85.000
Risikowert (A) = Eintrittswahrscheinlichkeit * Schadenshöhe			17.000
Gegenmaßnahme:		Aufbau eines Parallelsystems	

Tabelle 28:   Risikobeurteilung

Als Projektmanager muss man sich ständig versichern, dass alle Teilnehmer ein einheitliches Verständnis davon haben, was sich hinter einer Risikoklassifizierung „Hoch", „Mittel" und „Niedrig" verbirgt. Da hierbei die Gefahr der Wiedergabe eines persönlichen, subjektiven Eindrucks sehr groß ist, bietet es sich an, gemeinsam mit dem Team einen Bewertungsmaßstab für die Zuordnung von Risikoklassen (Tabelle 29) vorzugeben.

Wahrscheinlichkeit für das Eintreten des Risikos		
Risikoklasse	**Eintrittswahrscheinlichkeit**	**Wahrscheinlichkeit (p)**
Sehr Hoch	Über 80%	0,75 – 1,0
Hoch	51% – 80 %	0,51 – 0,74
Mittel	20% – 50%	0,25 – 0,5
Niedrig	Unter 20%	0,0 – 0,24

Tabelle 29:   Beispiel für die Zuordnung einer Risikoklasse aufgrund von Eintrittswahrscheinlichkeiten

Tabelle 30 zeigt ein Beispiel für eine mögliche Risikobeurteilung aufgrund von Eintrittswahrscheinlichkeit und deren Auswirkung auf das Projekt. Dabei ist zu beachten, dass die Wirkung eines Risikos natürlich nicht nur global auf „das Projekt", sondern auch auf die Bestimmungsgrößen „Projektdauer", „Ressourcen" oder „Qualität" oder auch auf weitere Größen wie z.B. die „Kundenzufriedenheit" oder „Leistung / Funktionalität" bezogen werden kann.

Neben der vertraglichen Basis mit ihren Projektanforderungen und Rahmenparametern führt die Abfrage über den Status der folgenden kritischen Erfolgsfaktoren, auch bekannt als „The Seven Keys to Success", zu Hinweisen auf mögliche Projektrisiken (vgl. IBM BCS (2004), S.2):

1. Sind alle Projektziele klar definiert und beschrieben?
2. Ist der Mehrwert für den Auftraggeber deutlich herausgearbeitet?
3. Unterstützen alle Projektbeteiligten das Projekt?
4. Sind alle Risiken bekannt und unter ständiger Kontrolle?
5. Sind der Aufwand und der Projektablauf kalkulierbar?
6. Ist das Projektteam motiviert und leistungsfähig?
7. Ist für die Leistungserbringer ein Mehrwert vorhanden?

Bei Eintritt des Risikos wird bewertet:					
Mehraufwand Projekt-dauer		**Mehraufwand Ressourcen**		**Qualität**	
Sehr Hoch	> 100%	Sehr Hoch	> 100%	Sehr Hoch	Projektstop
Hoch	50 – 80%	Hoch	50 – 80%	Hoch	Mängel
Mittel	20 – 50%	Mittel	20 – 50%	Mittel	Zielkorrektur
Niedrig	< 20%	Niedrig	< 20%	Niedrig	Korrekturen

Tabelle 30:   *Beispiel für Risikoauswirkung der Faktoren „Zeit", „Kosten" und „Qualität".*

Nachdem die Risikobeurteilung durchgeführt wurde, kann eine Tabelle mit allen Risiken erstellt werden. Die Bewertungsparameter sind naturgemäß von subjektiven Einflüssen geprägt.

Der Risikowert wird ermittelt aus (vgl. Pfetzing, K.; Rohde, A.: (2006), S. 336):

Risikowert = Eintrittswahrscheinlichkeit * Schadenshöhe

Über den Risikowert wird eine Gesamtbewertung vorgenommen. Damit erhält man ein Ranking unter den ermittelten Risiken und kann eine Priorisierung vornehmen.

Es erscheint auf den ersten Blick nicht unbedingt ratsam, eine Reihenfolge der Risiken zu definieren. Dies ist allerdings in den meisten Fällen dennoch notwendig, um die Bearbeitung der Risiken in vertretbarem Maß durchführen zu können.

Ein bestimmtes Risiko kann z.B. großen Einfluss auf den Faktor Projektdauer, aber geringen Einfluss auf den Faktor Ressourcen haben. Damit wäre dieses Risiko einem anderen Risiko „unterlegen", welches mit großem Einfluss auf „Projektdauer" und „Ressourcen" versehen wurde. Ein Problem wird hierbei deutlich: Die Beurteilung ist immer noch sehr subjektiv und muss deshalb mit Vorsicht behandelt werden.

Eine zusätzliche Auswertung erfolgt durch die Bildung eines Risikoportfolios (Abbildung 105). Dabei wird das Portfolio aus den Dimensionen „Wahrscheinlichkeit für das Risiko" und „Schadenshöhe" gebildet.

Schadenshöhe					
Sehr hoch	Dringend	Dringend	**Maximal**	**Maximal**
Hoch	Relevant	Dringend	Dringend	**Maximal**
Mittel	Relevant	Relevant	Dringend	Dringend
Niedrig	Niedrig	Relevant	Relevant	Dringend
	Niedrig	Mittel	Hoch	Sehr hoch
		Wahrscheinlichkeit		

Abbildung 105:   Risikoportfolio (Mapping von Wahrscheinlichkeit und Schadenshöhe)

Es gilt die Faustformel: IT-Risiken und ihre Komplexität zu verstehen, ist der erste Schritt zur Vermeidung derselben.

Nachdem jetzt die Risiken aufgenommen und bewertet wurden, sind im nächsten Schritt das Verhalten bzw. die Vorkehrungen zu planen, die sich aus diesen Risiken ableiten lassen.

6.4.3.3   Risiko-Reaktionsplanung

Es gilt, die den Bedrohungen zugrunde liegenden Muster, Strukturen und die Wechselwirkungen zwischen den einzelnen Risiken zu erkennen, um entsprechende Gegenmaßnahmen treffen zu können. Diese Gegenmaßnahmen werden im Rahmen des proaktiven Risikomanagements als Strategien bezeichnet. Nachfolgend betrachten wir hierzu folgende Aspekte:

– Risiken vermeiden (Kapitel 6.4.3.3.1)

– Risiken akzeptieren (Kapitel 6.4.3.3.2)

– Risiken übertragen (Kapitel 6.4.3.3.3)

– Risiken eingrenzen (Kapitel 6.4.3.3.4)

– Risiken versichern (Kapitel 6.4.3.3.5)

6.4.3.3.1   Risiken vermeiden

Im Rahmen der Strategie zur Risikovermeidung werden Prozesse und Aufgaben definiert, die das Eintreten dieses speziellen Risikos verhindern sollen. Fallabhängig können solche Verfahren sehr aufwendig und teuer werden. Daneben kann durch die Vermeidung eines Risikos oftmals an anderer Stelle eine Reihe von neuen Problemen entstehen.

6.4.3.3.2   Risiken akzeptieren

Wenn sich das Projektteam dazu entschließt, Risiken zu akzeptieren, so gilt dies in der Regel für wenig kritische Bereiche.

Man wird also keinerlei proaktive Aufgaben durchführen, die das Projekt in irgendeiner Weise auf den Eintritt dieses Risikos vorbereiten. Folgende Gründe können zu einer Akzeptanz von Risiken führen:

1. Die Konsequenzen sind so gering, dass der Aufwand den Nutzen übersteigt.

2. Das Verhältnis von Eintrittswahrscheinlichkeit zu Auswirkung ist sehr klein.

3. Es gibt keine andere Alternative. Die Auswirkungen müssen getragen werden.

6.4.3.3.3   Risiken übertragen

Es kommt immer wieder vor, dass Risiken aus verschiedenen Betrachtungswinkeln unterschiedlich bewertet werden. Insbesondere die finanziellen Auswirkungen beim Eintritt des Risikos können vollkommen unterschiedlich ausfallen. So sind manche Unternehmen durch ihre organisatorische Struktur teilweise schlechter in der Lage, die negativen Effekte aufzufangen als andere. In dieser Situation bietet es sich an, ein Risiko zu übertragen.

Dies kann z.B. dadurch erfolgen, dass man die Herstellung und Produktion bestimmter Produktteile des Gesamtergebnisses an Dritte auslagert. Diese Auslagerung wird dann vertragsrechtlich so abgesichert, dass für das beauftragende Unternehmen das Risiko minimiert wird. Das beauftragte Unternehmen hingegen bewertet das Risiko anders oder bezieht sich bei seiner Betrachtung auf andere Erfolgsfaktoren.

Es kann, z.B. unter dem Gesichtspunkt einer angestrebten Partnerschaft, durchaus sinnvoll sein, ein finanzielles Risiko in diesem Fall einzugehen, wenn die langfristigen Strategien höher priorisiert sind.

6.4.3.3.4   Risiken eingrenzen

Risiken können auf zwei Arten eingegrenzt werden:

1. indem die Wahrscheinlichkeit des Eintritts oder die Auswirkung nach Eintritt reduziert wird.
2. indem bereits frühzeitig Aktionen eingeleitet werden, die bei Eintritt des Risikos ergriffen werden.

Hierzu ein Beispiel:

Situation

Das Risiko für den Ausfall eines wichtigen Mitarbeiters wurde sehr hoch priorisiert. Die Kenntnisse des Mitarbeiters sind in dem Unternehmen einmalig. Die Tätigkeiten und Aufgabenpakete des Mitarbeiters liegen mehrfach auf dem kritischen Pfad. Der Mitarbeiter ist zusätzlich ein begeisterter Skifahrer.

Risikobegrenzung

a) Eine sofortige Aktion für das Eindämmen der Auswirkungen wäre, einen Mitarbeiter zu schulen und beide Mitarbeiter ab sofort gemeinsam einzusetzen.

b) Ein Plan, der bei Eintritt des Ereignisses greift, wäre zum jetzigen Zeitpunkt die Vorbereitung für den Einsatz eines externen Dienstleisters durchzuführen und entsprechende Anforderungs- und Auftragsprofile zu erstellen.

6.4.3.3.5   Risiken versichern

In einigen Fällen bietet es sich an, sich gegen massive Auswirkungen von Risiken zu versichern. Dies wäre z.B. bei Elementarschäden durch Feuer, Wasser und Sturm, aber auch bei Diebstahl, Transportschäden und Währungsschwankungen möglich. Elektroniksachversicherungen oder Datenträgerversicherungen decken Schäden im Hardwarebereich ab. Von der Gothaer wird beispielsweise eine umfangreiche Versicherung angeboten, die auch den Ausfall von Hard- und Software (inkl. Webseiten bei Providern), insbesondere durch menschliche oder technische Ursachen wie Bedienungsfehler, Vandalismus, Hackerattacken usw. abdeckt (vgl. Ruf, W.: (2002), S. 270 f.).

Natürlich ist es auch möglich, sich finanziell auf die Auswirkungen möglicher Problemsituationen einzustellen und die Kosten im Rahmen des Projektbudgets zu berücksichtigen. Diese Sicherheitsreserve sollte der Projektmanager ganz bewusst und kalkuliert einsetzen und keinesfalls mit anderen Überschüssen vermischen. Weiterhin ist dieses Vorgehen nicht mit einem allgemeinen Risikozuschlag zu verwechseln, der durch eine dem Projekt vorgelagerte Qualitätssicherung aufgeschlagen wurde. Im Verlauf der Projektphasen wird sich hoffentlich zeigen, dass das Budget und die damit verbundenen Unsicherheiten im Projekt korrekt vorhergesehen wurden. Zur Berechnung der jeweiligen Rückstellung sollten die Annahmen hinsichtlich Wahrscheinlichkeit und Auswirkung herangezogen werden.

Lag der kalkulierte Umfang des Risikobudgets über den tatsächlichen Werten, so wird am Projektende dieser Überschuss zu Gewinn.

6.4.3.4   Risiken überwachen und Aktionen auslösen

Für diesen Teilbereich ist es wichtig, dass man einen gültigen Risikomanagementplan entwickelt und etabliert hat. Alle Risiken, die identifiziert und bewertet wurden, sind darin enthalten. Der Risikomanagementplan ermöglicht jederzeit die Risikolage des Projektes und den Umfang von Risiken zu beurteilen und darüber zu berichten.

Zusammen mit dem Risikoprotokoll, in dem die entsprechenden Trigger und Reaktionspläne definiert sind, werden dort die Regeln und Zuständigkeiten für den Ernstfall beschrieben. Der wesentliche Faktor im Zusammenhang mit dem Start einer geplanten Aktion ist die Feststellung, ob das auslösende Ereignis eingetreten ist. Die Prüfung, ob ein reaktionspflichtiger Fall vorliegt, kann entweder ereignisgesteuert oder zeitgesteuert erfolgen.

Übungsfragen zu Kapitel 6:

1. Was versteht man unter einem ganzheitlichen Informationsmanagement?
2. Welche Ziele werden beim IV-Controlling verfolgt?
3. Worin unterscheidet sich das Projektcontrolling vom Produktcontrolling?
4. Controlling ist eine Querschnittsfunktion im Unternehmen. In verschiedenen Unternehmensbereichen kann man sich Controllingteilsysteme vorstellen. Wie könnte man ein integriertes IV-Controllingsystem im Unternehmen aufbauen, das den Bereich der Informationsverarbeitung umfasst und aus mehreren Schichten besteht?
5. Was spricht für ein zentrales IV-Controlling und was spricht für ein dezentrales IV-Controlling?
6. Welche Inhalte hat eine Stellenbeschreibung für einen IT-Projektcontroller?
7. Nennen Sie Beispiele für IT-Kennzahlen:
   a) absolute Zahlen
   b) Beziehungszahlen
   c) Gliederungszahlen
   d) Indexzahlen
8. Was drückt die Kennzahl TCO aus und wo könnte man sie einsetzen?
9. Eine ganz wesentliche Kennzahl, die im IT-Projektmanagement an vielen Stellen auftritt, ist der Fortschrittsgrad.
   a) Wie ist diese Kennzahl definiert?
   b) Nennen Sie Berechnungsbeispiele in IT-Projekten.
10. Wann würden Sie die Amortisationsdauer und wann den Kapitalwert zur Beurteilung der Wirtschaftlichkeit einsetzen?
11. Beschreiben Sie die BSC-Methode an einem Beispiel aus dem IT-Projektmanagement.

7   Schlussbetrachtung

Die vorherigen Ausführungen sollen das umfangreiche und sensible Aufgabengebiet des IT-Projektmanagements aus unterschiedlichen Perspektiven beleuchten. Dabei wurde rasch klar, dass ein erfolgreiches Management viel Wissen, Geschick und Können verlangt.

Selbstverständlich lassen sich in allen Kapiteln noch spezifischere und noch ausführlichere Detailbetrachtungen anstellen. Uns war es jedoch ein Anliegen stets den Überblick zu wahren und den Gesamtzusammenhang aufzuzeigen.

Auf die Erläuterung von Softwaretools, ohne die ein effizientes IT-Projektmanagement heute nicht mehr vorstellbar ist, wurde bewusst fast vollständig verzichtet. Hier wollten wir nicht in handbuchartige Erörterungen verschiedener Systeme abschweifen. Dem Leser sollte jedoch nun ein individueller Einstieg in die grundsätzliche Funktionsweise derartiger Systeme nicht mehr schwer fallen.

Alle erläuterten Formulare lassen sich IT-technisch mit noch mehr Informationen versehen und gewinnen erst ihre volle Effizienz, wenn eine Integration zwischen den Teilbereichen und eine Verbindung zu den administrativen IT-Systemen des Unternehmens hergestellt werden. Bei mittleren und besonders bei größeren IT-Projekten wird empfohlen, als zentrales Kommunikationsmittel für alle Projektbeteiligten eine Projekt-Website einzurichten.

Eine weitere große Herausforderung entsteht mit jedem erfolgreichen IT-Projektabschluss. Es ist nur eine Frage der Zeit, bis bestehende IT-Produkte verändert werden müssen. Die Verfahren, mit denen Veränderungsnotwendigkeiten und –potenziale erkannt werden können und die Entwicklung von zweckmäßigen Strategien und Vorgehensweisen hierzu, werden im Rahmen des Changemanagements diskutiert und würden genügend Stoff für ein weiteres Buch liefern.

Nützliche Links

Stichwort / Organisation	Link	Hinweis
Bundesamt für Sicherheit in der Informationstechnik	www.bsi.de	zentraler IT-Sicherheitsdienstleister des Bundes
Deutsche Gesellschaft für Projektmanagement	www.gpm-ipma.de	Der deutsche Fachverband für Projektmanagement wurde 1979 gegründet.
Deutsches Institut für Normung (DIN)	www.din.de	Normen zum Projektmanagement
Extreme Programming	www.xprogramming.com	Definitionen, Artikel, Anwendungsbeispiele und Links
Fachgruppe IT-Controlling in der GI	www.gifg57.de	Fachgruppe innerhalb des Fachbereichs Wirtschaftsinformatik
Gesellschaft für Informatik	www.gi-ev.de	gemeinnütziger Verein zur Förderung der Informatik
Hochschule Albstadt – Sigmaringen	www.hs-albsig.de/ruf	Website mit Informationen zu IT-Vorlesungen
IBM	www.ibm.com	bekanntes Unternehmen im Projektgeschäft
IEEE (Institute of Electrical and Electronics Engineers)	www.ieee.org	Berufsverband von Ingenieuren aus den Bereichen Informatik und Elektrotechnik
International Project Management Association	www.ipma.ch	Verbund aus vorwiegend europäischen PM-Vereinigungen
IPMA	www.ipma.ch	International Project Management Association

IT-Governance Institute	www.itgi.org/	IT-Governance hat das Ziel IuK-Technologien so einzu- setzen, dass die Unterneh- mensziele erreicht werden.
ITIL (IT Infrastructure Library)	www.itil.org	„best practice" – Lösungen für das Service Management
PMI	www.pmi.org	Project Management Institute

Literaturverzeichnis

Aguanno, K.: Beyond the PMP: Advanced Project Management Certification, www.mmpubs.com/aguanno/Free/advpmcertification.pdf, Abruf am: 23.07.2007

Bea, F.X.; Dichtl, E.; Schweitzer, M.: Allgemeine Betriebswirtschaftslehre, Band 2: Führung, 8., neubearb. und erw. Aufl. 2001

Beck, K.: Extreme Programming – Die revolutionäre Methode für Softwareentwicklung in kleinen Teams; Übersetzung Ingrid Tokar; München 2000

Becker, J.; Winkelmann, A.: IV-Controlling, in: Wirtschaftsinformatik 46 (2004) 3, S. 213 - 221

Beier, J.; Tyschler, P. (ohne Jahr): IT Business Consultant, Fraunhofer ISST, www.apo-it.de/download/referenzprojekte/Referenzprojekt _IT_Business_Consultant_Nov03.pdf, Abruf am 11.4.2007

Berkun, S.: Die Kunst des IT-Projektmanagements, Köln 2007

Biethahn, J.; Mucksch, H.; Ruf, W.: Ganzheitliches Informationsmanagement, Band I: Grundlagen, 6. Auflage, München 2004

Biethahn, J.; Mucksch, H.; Ruf, W.: Ganzheitliches Informationsmanagement, Band II: Grundlagen, 4. Auflage, München 2007

Böckle, G.; Kamsties, E.; Pohl, K.: Einleitung, in: Böckle, G.; Knauber, P.; Pohl, K.; Schmidt, K. (Hrsg.): Software-Produktlinien, S. 1 - 11

Böckle, G.; Knauber, P.; Pohl, K.; Schmid, K. (Hrsg.): Software-Produktlinien – Methoden, Einführung und Praxis, Heidelberg 2004

Boehm, B.W.: Software Engineering, in: IEEE Transactions on Computing: 12/1976, S. 1226 - 1241

Boehm, B.W.: Software Engineering Economics, Engelwood Cliffs 1981

Boehm, B.W.: Wirtschaftliche Software-Produktion, Wiesbaden 1986

Breisig, Th.: Betriebliche Organisation; Herne / Berlin 2006

Brugger, R.: Der IT Business Case, Berlin Heidelberg New York, 2005

Buhl, A.: Grundkurs Software-Projektmanagement, München, Wien 2004

Bundschuh, M.; Fabry, A.: Aufwandschätzung von IT-Projekten; 2. überarbeitete und erweiterte Auflage, Bonn 2004

Bunse, C.; Knethen, v. A.: Vorgehensmodelle kompakt, Heidelberg – Berlin 2002

Coldewey, J.: Agile Entwicklung Web-basierter Systeme – Einführung und Überblick, in: Wirtschaftsinformatik 44 (2002) 3, S. 237 - 248.

Dawson, C., W.: Computerprojekte im Klartext, München 2003

von Dobschütz, L.: Organisation des IV-Controllings, in: Dobschütz, von, L.; Barth,
M.; Jäger-Goy, H.; Kütz, M.; Möller, H.-P. (Hrsg.): IV-Controlling, Wiesbaden 2000, S. 13 - 22

Engstler, M.; Dold, C.: Einsatz der Balanced Scorecard im Projektmanagement, in:
Kerber, G.; Marré, R.; Frick, A. (Hrsg.): Zukunft im Projektmanagement,
Heidelberg 2003, S. 128 - 141

Etzel, H.-J.; Heilman, H. (2003): Ein Management-Leitfaden zur Führung von IT-
Projekten, in: Heilmann, H.; Etzel, H.-J.; Richter, R. (Hrsg.): IT-
Projektmanagement, 2. Auflage Heidelberg, S. 57 - 74

Fehlmann, T., M.: Six Sigma in der SW-Entwicklung – Umsetzung der Nullfehler-
Strategie bei SW-Produkten, Wiesbaden 2005

Frese, E.: Grundlagen der Organisation, 9., vollständig überarbeitete Auflage, Wiesbaden 2005

Friesike, W.: Project Management@IBM - IBM auf dem Weg zum "project-based
Enterprise", (Präsentation), Berlin 2004; www.pmi-
berlin.org/files/InnerCircle040701-IBMPM.pdf; Abruf am: 23.07.2007

Frühauf, K.; Ludewig, J.; Sandmayr, H.: Software-Projektmanagement und
-Qualitätssicherung, 4., durchgesehene Auflage, Zürich 2002

Gabriel, R.; Beier, D.: Informationsmanagement in Organisationen, Stuttgart 2003

Gadatsch, A.; Mayer, E.: Masterkurs IT-Controlling, 3., verbesserte und erweiterte
Auflage, Wiesbaden 2006

Grupp, B.: Das IT-Pflichtenheft zur optimalen Softwarebeschaffung, 2. Auflage,
Bonn 2003

Hahn, D.; Hungenberg, H.: PuK –Wertorientierte Controllingkonzepte, Wiesbaden
2001

Hansel, J.; Lomnitz, G.: Projektleiter-Praxis: optimale Kommunikation und Koope-
ration in der Projektarbeit; Berlin, Heidelberg, New York, Hongkong; u.a.
2003

Haufs, P.: DV-Controlling, Heidelberg 1989

Heilmann, H.: Erfolgsfaktoren des IT-Projektmanagements, in: Heilmann, H.; Etzel,
H.-J.; Richter, R. (Hrsg.): IT-Projektmanagement, 2. Auflage Heidelberg
2003; S. 5 - 56

Heinrich, L.: Informationsmanagement, 7. vollständig überarbeitete und ergänzte Auflage, München 2002

Hindel, B.; Hörmann, K.; Müller, M.; Schmied, J.: Basiswissen Software-Projektmanagement, 1. Auflage, Heidelberg 2004

Hoffmann, K.: IT-Projektmanagement in der modernen Software-Entwicklung, in: Kerber, G.; Marré, R.; Frick, A. (Hrsg.): Zukunft im Projektmanagement, Heidelberg, 2003, S. 19 - 30

Holzbauer, U., D.: Management, Ludwigshafen 2001

Horváth, P.: Controlling, 9. Auflage, München 2003

Horváth, P.; Reichmann, T.: Vahlens großes Controllinglexikon, 2. Auflage, München 2002

Horváth & Partners: Das Controllingkonzept; 5., vollständig überarbeitete Auflage, München 2003

IBM: Project Management (Präsentation), Chicago 2006, http://facweb.cs.depaul.edu/yele/Course/IS372/Guest/IBM-PM.ppt, Abruf am: 23.07.2007

IBM: Project Managament Center of Excellence, "PM/COE Methods and Tools", interne Dokumentation (Intranet), http://w3-03.ibm.com/transform/project/pmtoolsuite/pmoview.html, Abruf am: 23.07.2007

IBM BCS: Early Warning Indikators – A quick reference guide, 2004

IBM Global Services: Altering project history - Seven Keys to Success, Whitepaper 2004

Jeffries, R.: What is Extreme Programming?, www.xprogramming.com/xpmag/whatisxp.htm, Abruf am 7.5.2007

Jenny, B.: Projektmanagement – Das Wissen für eine erfolgreiche Karriere, Zürich 2003

Kaplan, R., S.; Norton, D., P.: Balanced Scorecard, Stuttgart 1997

Kerth, N., L.: Post Mortem – IT-Projekte erfolgreich auswerten, Landsberg 2003

Kerzner, H.: Project Management - A systems approach to planning, scheduling, and controlling, Berea 2001

Keßler, H.; Winkelhofer, G.: Projektmanagement – Leitfaden zur Steuerung und Führung von Projekten; 3., erw. und überarb. Aufl., Berlin Heidelberg New York, 2002

Krcmar, H. Informationsmanagement, 3. Auflage, Berlin; Heidelberg 2003

Krcmar, H.; Buresch, A.: IV-Controlling – Ein Rahmenkonzept, in: Krcmar, H.; Buresch, A.; Reb, M. (Hrsg.): IV-Controlling auf dem Prüfstand, Wiesbaden 2000, S. 3 - 19

Kurbel, K.; Pietsch W.: Expertensystem-Projekte: Entwicklungsmethodik, Organisation und Management, in: Informatik Spektrum: 3/1989, S. 133 - 146

Kütz, M.: Lebenszyklussteuerung von IV-Anwendungen, in: Dobschütz, v. L.; Barth, M.; Jäger-Goy, H.; Kütz, M.; Möller, H.-P. (Hrsg.): IV-Controlling – Konzepte – Umsetzungen – Erfahrungen, Wiesbaden 2000

Kütz, M.: IT-Controlling für die Praxis, Konzeption und Methoden, Heidelberg 2005

Kütz, M.: Kennzahlen der IT – Werkzeuge für Controlling und Management, 2., überarbeitete und erweiterte Auflage; Heidelberg 2007

Ludewig, J.; Lichter, H.: Software Engineering, Grundlagen, Menschen, Prozesse, Techniken, Heidelberg 2007

Mangold, P.: IT-Projektmanagement kompakt, Heidelberg; Berlin 2002

Mayr, H.: Projekt Engineering, Ingenieurmäßige Softwareentwicklung in Projektgruppen, Leipzig 2001

Meyer, M.; Zarnekow, R.; Kolbe, L., M.: IT-Governance – Begriff, Status quo und Bedeutung, in: Wirtschaftsinformatik 45 (2003) 4, S. 445 - 448

Möller, H.-P.: IV-Controlling in der Softwarewartung, in: Dobschütz, von, L.; Barth, M.; Jäger-Goy, H.; Kütz, M.; Möller, H.-P. (Hrsg.): IV-Controlling, Wiesbaden 2000, S. 319 – 336

Olfert, K.: Kompakt-Training Projektmanagement, 5. Auflage, Leipzig 2007

o.V. (2007) www.standishgroup.com/ (abgerufen am 17.3.2007)

o.V. Computer Zeitung, 38. Jahrgang, Nr. 8 vom 19.2.2007, S. 1

o.V. Computerwoche v. 16. März 2007, Softwareentwicklung wird besser, S. 1

o.V.: V-Modell XT, Version 1.2.0; www.v-modell-xt.de, Abruf am 25.4.2007

Pfetzing, K.; Rohde, A.: Ganzheitliches Projektmanagement, 2., überarbeitete Auflage, Gießen 2006

PMI (Hrsg.): PMBOK® Guide, Ausgabe 2000; Newtown Square, Pennsylvania 2003

Rezagholi, M.: Risikomanagement in der Softwareentwicklung – Verfahren und Anwendung, in: Kütz, M.; Meier, A. (Hrsg.): IT-Controlling, Heidelberg 2007, S. 94 - 102

Richter, R.: Die Balanced Scorecard im IT-Projektmanagement, in: Heilmann, H.; Etzel, H.-J.; Richter, R. (Hrsg.) IT-Projektmanagement – Fallstricke und Erfolgsfaktoren, 2., überarbeitete Auflage, Heidelberg 2003, S. 75 - 102

Ruf, W.: Ganzheitliches Informationsmanagement für E-Businesslösungen, in: Gabriel, R.; Hoppe, U. (Hrsg.): Electronic Business, Heidelberg 2002 (S. 253 - 272)

Saleck, T.: Auftragsklärung in IT-Projekten – Die Ziele des Kunden erkennen und punktgenau realisieren, Braunschweig / Wiesbaden 2003

Schwarze, J.: Informationsmanagement, Herne / Berlin 1998

Sinzig, W.: Strategische Unternehmensführung mit SAP SEM®, in Wirtschaftsinformatik 42 (2000) 2, S. 147 - 155

Sneed, H., M.: Ein Vorgehensmodell für EAI-Projekte, in: Kerber, G., Marré, R.; Frick, A. (Hrsg.): Zukunft im Projektmanagement, Heidelberg 2003, S. 31 - 46

Sneed, H., M.: Software-Projektkalkulation, Praxiserprobte Methoden der Aufwandsschätzung für verschiedene Projektarten, München 2005

Sneed, H., M.: Bedeutung der Projektaufwandschätzung für den Festpreiserfolg, in: Management der Anwendungsentwicklung und –wartung, Jahrgang 13 Heft 1, 2007, S. 55 - 64

Stahlknecht, P.; Hasenkamp, U.: Einführung in die Wirtschaftsinformatik, 11. Auflage, Berlin Heidelberg New York 2005

Standish Group International Inc. (2001): Extreme CHAOS; www.vertexlogic.com/processOnline/processData/documents/pdf/ extreme_chaos.pdf, Abruf am: 23.07.2007

Steinle, C.: Ganzheitliches Management, Wiesbaden 2005

Streitz, S.: IT-Projekte retten, Risiken beherrschen und Schieflagen beseitigen, München Wien 2004

Strunz, H.: Vorwort des Herausgebers, in.: Hansel, J.; Lomnitz, G. (Hrsg.): Projektleiter-Praxis, Berlin 1987, S. V - VI.

Süß, G.; Eschlbeck, D.: Der Projektmanagement-Kompass – So steuern Sie Projekte kompetent und erfolgreich; Braunschweig / Wiesbaden 2002

Ulrich, H.; Problst, G., J., B.: Anleitung zum ganzheitlichen Denken und Handeln: Ein Brevier für Führungskräfte, 4. unveränderte Auflage, Bern 1995

Vahs, D.: Organisation – Einführung in die Organisationstheorie und –praxis; 5. Auflage, Stuttgart 2005

Vahs, D.; Schäfer-Kunz, J.: Einführung in die Betriebswirtschaftslehre, 5., überarbeitete und erweiterte Auflage, Stuttgart 2007

Versteegen, G. (Hrsg.): Software-Management, Beherrschung des Lifecycles; Berlin; Heidelberg; New York u.a. 2002

Versteegen, G. (Hrsg.): Vorgehensmodelle, in: Versteegen, G. (Hrsg.): Software-Management, Beherrschung des Lifecycles, S. 29 - 61

Wallmüller, E.: Risikomanagement für IT- und Software-Projekte; Ein Leitfaden für die Umsetzung in der Praxis; München Wien 2004

Wollnik, M.: Ein Referenzmodell des Informationsmanagements, in: Information Management 3/1988, S. 34 - 43

Wefers, M.: Strategische Unternehmensführung mit der IV-gestützten Balanced Scorecard, in: Wirtschaftsinformatik 42 (2000) 2, S. 123 - 130

Wolf, H.; Roock, S.; Lippert, M.: eXtreme Programming; 2. überarbeitete und erweiterte Auflage, Heidelberg 2005

Wieczorrek, H., W.; Mertens, P.: Management von IT-Projekten, 2., überarbeitete und erweiterte Auflage, Berlin Heidelberg New York, 2007

Zahrnt, C.: Richtiges Vorgehen bei Verträgen über IT-Leistungen – Ein Ratgeber für Auftragnehmer und Auftraggeber, 2. Auflage, Heidelberg 2005

Zehnder, C., A.: Informatik-Projektentwicklung, 4. Auflage, Zürich 2003

Stichwortverzeichnis